Stefanie Stadon

DOWN UNDER IM WOHNMOBIL ERFAHREN
CAMPING IN
AUSTRALIEN

Tipps und Tricks für Selbstfahrerreisen auf dem Fünften Kontinent

D1726659

IMPRESSUM
Down Under im Wohnmobil erfahren. Camping in Australien
Tipps und Tricks für Selbstfahrerreisen auf dem Fünften Kontinent
Stefanie Stadon

Bibliografische Information der Deutschen Bibliothek
Die Deutsche Bibliothek verzeichnet diese Publikation in der deutschen Nationalbibliografie.
Detaillierte bibliografische Daten sind im Internet über http://dnb.ddb.de abrufbar

© 2016 360° medien gbr mettmann I Nachtigallenweg 1 I 40822 Mettmann
www.360grad-medien.de

Redaktion und Lektorat: Andreas Walter

Satz und Layout: Serpil Sevim

Gedruckt und gebunden:
Westmünsterland Druck GmbH & Co. KG I van-Delden-Str. 6-8 I 48683 Ahaus
www.lensing-druck.de

Bildnachweis:
Alle Fotos stammen von Stefanie Stadon, außer Mark Clinton, Tourism Holdings Limited S. 50;
Great Ocean Road Marketing S. 14; James Harris, Tourism Holdings Limited S. 48;
Maps4News S. 40, 70/71; Tourism Australia S. 20, 44, 66; Tourism Holdings Limited S. 78

ISBN: 978-3-944921-56-3
Hergestellt in Deutschland

www.360grad-medien.de

Stefanie Stadon

DOWN UNDER IM WOHNMOBIL ERFAHREN
CAMPING IN AUSTRALIEN

Tipps und Tricks für Selbstfahrerreisen auf dem Fünften Kontinent

360° medien
mettmann

Inhaltsverzeichnis

WESTAUSTRALIEN:
DAS PARADIES FÜR CAMPER UND SELBSTFAHRER

AUSSERGEWÖHNLICHE TAGE – AUSSERGEWÖHNLICHE NÄCHTE

Endlose weiße Strände, überwältigende Schluchten, riesige Rinderfarmen und über allem der funkelnde Sternenhimmel des Outbacks – so vielfältig wie die Landschaft sind auch die Abenteuer, die Selbstfahrer und Camper hier erleben.

WESTAUSTRALIEN FREUT SICH AUF SIE!

Glamping im Karijini Nationalpark

Camping an der Lucky Bay

Zelten unter Eukalyptusbäumen

Übernachten in Nationalparks

1

Über 100 Nationalparks in Westaustralien erwarten Sie mit einzigartigen Campingerlebnissen: vom Frühstück mit Meerblick bis hin zum Lagerfeuer im Outback.

Unser Tipp: Lucky Bay Campground, Esperance – Hier schlagen Sie im Cape Le Grand Nationalpark Ihr Zelt direkt neben dösenden Kängurus auf.

Caravan Parks

2

Die meisten Campingplätze in Westaustralien sind bestens ausgestattet: Neben einem Swimmingpool, WLAN-Internet und Spielplätzen gibt es meistens auch einen Mini-Markt, Münzwäschereien und Gemeinschaftsküchen.

Unser Tipp: Monkey Mia Dolphin Resort, Shark Bay – Hier schlafen Sie in unmittelbarer Nähe zum Strand und erleben morgens hautnah die weltberühmten Delfine von Monkey Mia.

Catered Camping

3

Camping leicht gemacht! Wer sich das tägliche Auf- und Abbauen des eigenen Zelts ersparen möchte, für den bietet WA Wilderness den Zelt-Aufbau-Service.

Unser Tipp: Drafty's Campsite, Warren Nationalpark – Der von hohen, alten Eukalyptusbäumen gesäumte Warren River lädt zum Schwimmen und Kanufahren ein.

Blick auf die Shark Bay im Francois Peron Nationalpark

Glamping – Luxuscamping

4

Sie wollen Natur, Weite und Wildnis Westaustraliens erleben und dabei nicht auf die Annehmlichkeiten des Alltags verzichten? Beim Glamping erwartet Sie ein Safarizelt mit gemütlichem Bett, dicken Kissen und privatem Badezimmer.

Unser Tipp: Karijini Eco Retreat – Hier erleben Sie Luxuscamping unterm endlosen Sternenhimmel, in einem der spektakulärsten Nationalparks Australiens.

Outback Station Stays

5

Bei der Übernachtung auf einer Rinderfarm im Outback erhalten Sie einen Einblick in eine völlig andere Welt. Treffen Sie auf Originale, die die Legende des Outbacks am Leben erhalten oder genießen Sie einfach die unglaubliche Ruhe des australischen Outbacks.

Unser Tipp: Bullara Station – Genießen Sie echtes Outback-Feeling ganz in der Nähe des Ningaloo Reef.

Vorwort

Australien – wie geschaffen für einen *road trip*

Keine andere Reiseart verspricht ein solches Gefühl von Freiheit und Individualität wie eine Campertour quer über den Fünften Kontinent. Man ist unabhängig und fernab überfüllter Touristenpfade unterwegs. Nicht etwa feste Abfahrtszeiten oder Zielorte bestimmen den Reiserhythmus, sondern der eigene Entdeckerdrang.

Allerdings kommt dem Camping Down Under eine etwas andere Bedeutung zu, als wir es hierzulande kennen. Statt mit Zelt und Schlafsack sind die Aussies meist mit einem Wohnmobil oder Caravan unterwegs. Und die Weltenbummler aus Übersee tun es ihnen gerne nach – so auch ich. Seit meiner ersten Reise nach Australien anno 2010 bin ich nicht nur Feuer und Flamme für das Land, sondern auch für einen ganz bestimmten Einheimischen, meinem Mann Corey. Zwar leben wir, für viele unverständlich, in Deutschland, aber so haben wir ein ziemlich gutes Alibi, unseren Urlaub ständig am gleichen Ort zu verbringen. Seither erkunden wir immer wieder aufs Neue die Ecken und Winkel Australiens – natürlich mit dem Camper.

Meine private *road trip*-Leidenschaft ging über in den Beruf. Mehrere Jahre lang vermittelte ich das passende Wohnmobil an aufgeregte Australien-Urlauber und weiß daher genau, welche Informationen entscheidend sind, um den angehenden Selbstfahrer bestens vorbereitet und vor allem mit der richtigen Erwartungshaltung nach Down Under fliegen zu lassen. Oft fing die Beratung bei herausfordernden Etappenplanungen an und endete mit dem Hinweis, dass ein Fahrzeug mit 140.000 gefahrenen Kilometern in Australien fast noch als Neuwagen gilt. Die Ausgangslage ist eben doch etwas anders, als wenn man mit dem Zelt im Auto nach Italien fährt.

Aus diesem Grund gibt der erste Teil des Buches zunächst einen Überblick über das Streckennetz sowie die Routenplanung. Inhalte wie Verkehrsregeln, Straßenbelag, Distanzen sowie Jahres- und Saisonzeiten sollen dem Reisenden möglichst schon vorab ein gutes Fahrgefühl für Australien vermitteln. Dem Thema Reisen mit Kindern ist ein eigenes Kapitel gewidmet.

Anschließend dreht sich alles darum, das passende Wohnmobil für die bevorstehende Reise zu finden. Teil 2 umfasst Informationen rund um die verschiedenen Campermodelle sowie Vermieter und gibt Einblicke in die Preisgestaltung sowie Ausstattung der Fahrzeuge. Das Kleingedruckte des Mietvertrages darf dabei natürlich ebenso wenig fehlen wie der Exkurs zum Autokauf als Alternative zur Anmietung.

Mit Kevin gings 2015 durch den Südwesten Australiens

In Teil 3 geht es schließlich für den Leser hinauf auf die Straße. Der umfangreichste Abschnitt des Ratgebers beginnt mit der Abholung des Campers und befasst sich im Weiteren mit den Themen Pausen, Tanken oder den berühmten *road trains*, gibt Auskünfte zu Übernachtungsmöglichkeiten, behandelt mögliche Unterbrechungen und berichtet über den Alltag auf einer Camperreise.

Der 4. Teil stellt einige Routen exemplarisch vor. Kein Ratgeber übers Camping in Australien wäre vollständig ohne eine Erwähnung der legendären Great Ocean Road oder dem Offroad-Abenteuer Gibb River Road. Allerdings halten sich die Infos hier bewusst wage. Weder soll das Buch einen Reiseführer ersetzen noch dem Leser vorgeben, wo er idealerweise entlang zu fahren hat. Denn letztendlich sollte jeder selbst entscheiden, wohin ihn der Weg Down Under führt.

Teil 5 bildet schließlich mit zahlreichen nützlichen Internetseiten und persönlichen Tipps den Ausklang des Ratgeber und runden diesen thematisch ab. Darin enthalten sind nicht nur die Websites der Fremdenverkehrsämter oder Campingplatzverzeichnisse, sondern auch Packtipps, Einkaufslisten sowie ein umfangreiches Camping-Wörterbuch. Reinschauen lohnt sich also.

Eine kurze Anmerkung noch zum Schluss: Der begrifflichen Einfachheit halber spreche ich im Folgenden allgemein von Campern, Campervans oder Wohnmobilen, ohne damit eine bestimmte Größenordnung bzw. Ausstattung des Fahrzeuges zu implizieren.

An diesem Punkt bleibt uns nur zu sagen: Ab hinein ins Fahrvergnügen Australien und *„have a good one"*!

Steffi Stadon

Teil 1
Das Land – Selbstfahrerparadies für Unabhängige

Die Highways sind die Lebensadern des Kontinents

Die Zahlen sprechen für sich: 2015 verbrachten mehr als 183.000 Deutsche ihren Urlaub in Australien – ein leichter Anstieg zum Vorjahreszeitraum, ein stetiger über die vergangenen zehn Jahre. Nicht nur die landschaftliche Traumszenerie sowie einzigartige Tier- und Pflanzenwelt, sondern auch die Gastfreundlichkeit der Einheimischen und schiere Größe Australiens lassen den Besucher eine Anreise von mindestens 24 Stunden willig in Kauf nehmen. Auf einer Fläche von 7,6 Mio. Quadratkilometer findet jeder sein bevorzugtes Plätzchen. Paradiesische Strände treffen auf einsames Outback, vorzeitliche Regenwälder auf schillernde Millionenstädte. Australien trägt nicht umsonst den inoffiziellen Titel „Land der Extreme".

Down Unders Sehenswürdigkeiten mögen über eine riesige Fläche verteilt sein, doch sie sind durch ein Netz an endlosen Straßen miteinander verbunden. Entlang der gewundenen Küstenhighways, geradlinigen Hinterlandstraßen oder staubigen Outbackpisten entfaltet sich die wahre Mentalität des Fünften Kontinents. Hier kann der Reisende die Wunder und Weiten Down Unders im wahrsten Sinne des Wortes „erfahren".

Und wie ließe sich das besser tun als mit einem Wohnmobil? Selbst die Australier sind begeisterte Campingfans und haben ihrem Land im Laufe der Zeit ein perfektes Set-up dafür verliehen. Dazu gehören eine immense Auswahl an Mietfahrzeugen sowie einladende Übernachtungsmöglichkeiten, traumhafte Selbstfahrerrouten oder schlichtweg ein öffentliches Toilettensystem, wie man es sich in Deutschland vergeblich wünscht.

Egal, ob in Nationalparks mitten im Grünen oder auf dem Campingplatz am Meer, bei einer Tour durch das Red Centre oder die Ostküste hinauf Richtung Great Barrier Reef, sei es ein Trip unter Freunden im klassischen Bulli oder als Familie in einem großen Motorhome – Australien offenbart ein Spektakel an Campingerlebnissen, das sich hervorragend auf die eigenen Wünsche abstimmen lässt.

Do as the locals do! Wer sich für einen Campingtrip in Australien entscheidet, lässt sich mitreißen von einer einzigartigen Euphorie des Reisens und wird dabei ein Stück weit selbst australisch. Dem Ruf der großen Freiheit, die dieser Kontinent wohl wie kein anderer verspricht, folgt man einfach am besten auf den eigenen vier Rädern. Denn keine andere Reiseart ermöglicht es zugleich, das Land ganz individuell zu entdecken und dabei Zeit und Raum selbst zu bestimmen. Eine Campertour durch Australien verspricht nicht weniger als eine atemberaubende, relaxte, abenteuerliche, mitunter unbegreifliche Reise.

1. Life is a Highway

Great Ocean Road

1. Life is a Highway

Das Auto ist Fortbewegungsmittel Nr. 1 in Australien. Zwar nutzen innerhalb der Großstädte viele Einheimische das gut ausgebaute öffentliche Verkehrsnetz. Doch je weiter man sich aus den großen Ballungsgebieten heraus begibt, desto größer wird die Abhängigkeit vom Fahrzeug. Kleinere Städte liegen mitunter hunderte Kilometer voneinander entfernt. Nicht in jeder davon gibt es einen größeren Supermarkt geschweige denn Bekleidungsgeschäfte oder Freizeitvergnügungen. Bus- bzw. Zuglinien fahren oft nur einmal täglich, wenn überhaupt, und lassen damit jede Flexibilität hinten anstehen.

Die Entfernungen, die in Australien mit dem Auto zurückgelegt werden, zählen zu den längsten der Welt. Sie begründeten nicht nur den Nutzen des Autos, sondern auch die Leidenschaft für das Fahren. Australier sind kein Volk von Spaziergängern. Irgendwo „hingehen" bedeutet nicht etwa, die Füße für das Laufen zu nutzen, sondern um damit das Gaspedal hinunterzudrücken.

1.1 Die Leidenschaft fürs Campen

Wer einen großen Teil seines Alltages mit Vergnügen auf vier Rädern verbringt, tut das erst recht während des Urlaubs. Australien ist wahrhaftig und ohne Zweifel eine Campingnation. Laut der letzten Studie der Caravan Industry Association of Australia sind Wohnwagen sowie Wohnmobile die am häufigsten registrierten Fahrzeugtypen des Landes – und zwar das sechste Jahr in Folge! Während Touristen überwiegend in Wohnmobilen unterwegs sind, bevorzugen die Australier den Wohnwagen. 85 Prozent der Einheimischen waren mindestens einmal in ihrem Leben campen. Vor allem das Verlangen, mehr vom Land

Der Camping-Sektor in Australien
- 528.210 Wohnwagen und 58.375 Wohnmobile waren zum Januar 2015 landesweit registriert.
- Es gibt ca. 1700 Campingplätze mit insgesamt 170.000 Stellplätzen.
- 90% der Übernachtungen finden in den ländlichen Gegenden fernab der großen Metropolen statt.
- Der Camping-Sektor beschäftigt etwa 25.000 Arbeitnehmer.
- Campingurlauber geben ca. 7 Mrd. AUD während ihrer Reise aus.
- Die Australier verbrachten 2014 rund 43 Mio. Nächte auf Campingplätzen.
- Der eigene Campervan eines Australiers ist durchschnittlich stolze 17,9 Jahre alt.

Auf in den Urlaub mit dem eigenen Caravan

zu entdecken, entfacht ihre Motivation. *On the road* fühlen sie sich glücklicher und ausgelassener als andere Reisende. Gerade Familien empfinden Camping als eine tolle Möglichkeit, einander näher zu sein. So umfassen die 30- bis 54-Jährigen mit 50 Prozent die größte Gruppe der einheimischen Selbstfahrer, dicht gefolgt von den 55- bis 70-Jährigen, die ein Viertel der Camper ausmachen. Stehen die Feiertage oder der Jahresurlaub vor der Tür, begegnet man vielen Einheimischen fahrend auf der Straße oder grillend auf dem Campingplatz.

Niemand versinnbildlicht die Leidenschaft fürs Campen mehr als die *grey nomads*, auch *sundowners* oder *silver nomads* genannt. Die Ü55-Generation verkauft Haus und Hof und verbringt ihren Lebensabend fortan damit, im eigenen Wohnwagen oder Wohnmobil kreuz und quer durch Australien zu touren. Die Chance, ihnen zu begegnen und von ihren Geschichten zu erfahren, ist also sehr hoch.

Neue Camping-Trends zeichnen sich ab oder sind bereits fest etabliert. Das sogenannte *gramping* bezeichnet den gemeinsamen Campingurlaub der Großeltern mit ihren Enkelkindern, zusammen gesetzt aus *grandparents* und Camping. Dem steht das sogenannte *glamping* gegenüber – der Kombination von Glamour, also Luxus und Camping.

Wenngleich die überragende Mehrheit von 90 Prozent der Wohnmobilurlauber die Australier selbst sind, ist der Selbstfahrer-Markt für Touristen besonders attraktiv und gilt als einer der am schnellsten wachsenden Tourismusbereiche des Landes. Der Reisende aus Übersee kann von diesem Hype nur profitieren!

Schließlich steht ihm ein weit verzweigtes Infrastrukturnetz und vor allem jahrelange Erfahrungswerte der Einheimischen zur Verfügung.

Internationale Camperurlauber

- 46% der internationalen Camperurlauber sind zwischen 20 und 29 Jahre alt.
- Sie geben durchschnittlich 7507 AUD während ihrer Reise aus (andere Besucher durchschnittlich 4776 AUD).
- Sie verbrachten 2014 ca. 5,1 Mio. Nächte auf Campingplätzen (10% aller Übernachtungen ausländischer Besucher).
- Die drei Hauptdestinationen für Camperreisen sind New South Wales (33%), Queensland (21%) und Victoria (18,5%).
- Deutsche (15,7%) sind nach den Briten (19%), aber weit vor den Neuseeländern (9,5%) und den US-Amerikanern (6,3%) die häufigsten Camperurlauber in Australien.

Übrigens: Im Jahr 2010 sind sämtliche Camperfahrzeuge Australiens insgesamt 607 Mio. Kilometer durch das Land getourt. Das entspricht der Fahrt zum Mond und zurück ganze 790 Mal! Na dann – ab auf die Straße!

1.2 Das Straßennetz Australiens

Australien verfügt über mehr als 820.000 Straßenkilometer (Stand 2011). Damit sichert sich der Kontinent einen Platz in den Top 10 der Länder mit dem längsten Straßensystem. Allerdings relativiert sich die Länge beim internationalen

Szenische Küstenstrecken wie die Sea Cliff Bridge vor Sydney

Vergleich: Deutschland verfügt über ebenso stolze 645.000 Kilometer (Stand 2010, Platz 12), die USA über 6,5 Mio. Kilometer (2012, Platz 1)! Wenn man bedenkt, dass die USA annähernd genauso groß sind wie Australien, Deutschland hingegen deutlich kleiner, wird offensichtlich, dass ein immenser Teil des Fünften Kontinents nicht durch Straßen erschlossen ist. Dazu reicht ein Blick auf die Landkarte.

Die große Mehrheit der australischen Bevölkerung lebt an der Ost- bzw. Südostküste. In der Region zwischen Melbourne, Sydney und Brisbane ist das Straßennetz entsprechend weitläufig ausgebaut. Hier hat der Selbstfahrer eine große Auswahl an unterschiedlichen Streckenführungen, die ihn direkt oder auf Abstechern zum Ziel bringen. Die zentralen Routen führen meist an der Küste entlang und bieten die schönere Szenerie. Sie sind oft länger und während der Hochsaison deutlich verkehrsreicher. Als Alternative ist in der Regel eine kürzere Inlandsroute vorhanden, die jedoch weniger Sightseeing-Potenzial hat. Ein Beispiel dafür ist die Route zwischen Melbourne und Sydney. Während der Princes Highway auf fast gesamter Strecke entlang der Küste verläuft und ein Highlight der South Coast dem nächsten folgt, bietet die Inlandsroute über den Hume Highway höchstens mit der Hauptstadt Canberra eine „klassische Sehenswürdigkeit". Doch selbst die wird von vielen Reiseführern links liegen gelassen.

Je weiter der Urlauber von der Ostküste landeinwärts fährt, desto spärlicher werden die Straßen. Nur wenige Highways führen hier von A nach B, die Streckenführung ist für den Fahrer weitestgehend vorgegeben. Schaut man sich die Straßenkarten des Northern Territory und South Australias an, sticht eigentlich nur ein Highway besonders hervor: der Stuart Highway. Er verbindet über mehrere tausend Kilometer hinweg die Hauptstädte Darwin und Adelaide.

Nirgendwo offensichtlicher ist der Mangel an Straßen allerdings in Western Australia. Das ist nicht etwa inkompetenten Straßenbauern geschuldet, sondern der geringen Einwohnerdichte. Gerade einmal 2,3 Mio. Menschen leben im größten Bundesstaat Australiens, 1,7 Mio. davon in und um Perth. Reger Verkehr herrscht hier nur im Süden. Auch wer mal eben schnell querfeldein durch Australien reisen möchte und nicht gerade einen Geländewagen hat, muss dafür erhebliche Umwege in Kauf zu nehmen. Die Luftlinie zwischen Perth und Alice Springs beträgt vielleicht nur 2000 Kilometer, doch gemessen in Straßenkilometern legt der Fahrer mühelos 3700 Kilometer zurück.

Je abgelegener und dünner besiedelt eine Region ist, desto spärlicher fallen also die Zufahrtswege aus. Und ob diese dann auch für jeden Camper befahrbar sind, hängt maßgeblich vom Straßenbelag ab.

1. Life is a Highway

Das grobe Straßennetz Australiens

1.3 Der Straßenbelag entscheidet

Weniger als die Hälfte der 820.000 Straßenkilometer sind befestigt, d.h. geteert oder gepflastert. Darunter fallen die *national highways* oder auch *national routes* genannten Fernstraßen, die die Zentren der Bundesstaaten untereinander verbinden sowie Landstraßen, sogenannte *state roads*, die kleinere Städte im Hinterland mit den Hauptverkehrsadern verlinken. Jene sogenannten *sealed roads* bringen den Fahrer zu den wichtigsten Zielen des Landes. Wer mit einem Camper unterwegs ist, hat auf den klassischen Routen keinerlei Probleme, vorwärts zu kommen.

Asphaltierte Highways verbinden die Zentren des Landes

Möchte man sich auf die verbleibenden, nicht befestigten Straßen wagen, benötigt man ganz klar einen Geländewagen. Die sogenannten *unsealed roads* werden auch als *gravel roads* bezeichnet. Dabei handelt es sich um Schotterstraßen, Sandpisten oder sonstige Wege mit losem Belag. Auf den Landkarten fallen sie zumeist in die Kategorie *other roads & tracks* oder *minor roads*. Sicherlich ist es jedem, der ein eigenes Auto hat, überlassen, ob er der Schotterstraße über Kilometer folgt und Schäden am Unterboden oder Kratzer im Lack in Kauf nimmt. Mit einem Mietcamper jedoch sind solche Abenteuerfahrten ein Risiko für jede Versicherungsdeckung. Doch dazu später im Teil 2 mehr.

> **TIPP: Straßenzustand**
> Falls die beste Karte nichts hergibt, ist, Internet vorausgesetzt, die Satellitenansicht bzw. Street View von Google Maps eine große Hilfe, um den Straßenbelag zu bestimmen.

Für Offroad-Fahrer ist Australien ein Paradies auf Erden. Mit einem Geländewagen und den nötigen Erfahrungen kommt der Abenteurer hier ganz auf seine Kosten. So ist die größte Sandinsel der Welt, Fraser Island, z. B. nur mit Geländewagen befahrbar. Und auch der Old Telegraph Track oder die legendäre Gibb River Road lassen sich, wenn überhaupt, nur mit einem 4WD bezwingen. Nähere Routendetails können in Teil 4 nachgelesen werden.

Roter Sand, soweit das Auge reicht

Nicht jede Route, die einen Highway im Namen trägt, ist übrigens befestigt. Zuverlässiger sind die Legenden der Straßenkarten. Je dünner eine Straßenlinie auf der Karte erscheint, desto unwahrscheinlicher ist fester Belag.

Nach eigener Erfahrung sind jedoch mitunter selbst die besten Reiseführer oder Karten irreführend. So standen wir z. B. während unserer Camperfahrt im Südwesten von Western Australia häufig vor dem Problem, dass der Weg zu einer angepriesenen Sehenswürdigkeit nur über eine unbefestigte Straße erreichbar war. In den Infobroschüren gab es dazu keinerlei Hinweise. Ein anderes Mal versicherte uns die Dame aus der Touristeninformation, dass unsere geplante Route zum Cape le Grand National Park ebenfalls ohne Weiteres mit unserem Hochdachcamper befahrbar sei. Ein wenig später tuckerten wir mit gefühlten 10 km/h über eine rote Schotterpiste, die zuvor auf der Karte von der netten Dame als *sealed* markiert worden war. In solchen Situationen heißt es abwägen. Handelt es sich um eine vergleichsweise kurze Zufahrtsstraße, kann diese auch mit einem normalen Auto unter Vorsicht und im schleichenden Fahrmodus befahren werden. Manchmal lässt sich das auch gar nicht vermeiden. Auf unserer Fahrt nach Kalgoorlie wurde der Highway auf recht langer Strecke neu asphaltiert, eine Umleitung gibt es im Outback nicht wirklich. Für eine gute halbe Stunde hieß es daher, ab aufs rote Fahrparkett und anschließend direkt in die Waschanlage.

Adopt a Highway

Sind hierzulande Tierpatenschaften im Zoo üblich, ist es in Australien gang und gäbe, einen Highway-Abschnitt zu adoptieren. Dazu sind am Straßenrand Schilder mit dem Hinweis „Adopt a Highway" aufgestellt. Die Patenschaft mag nicht allzu zugänglich und süß sein, aber praktisch allemal. Auf diesem Weg finanzieren die Verkehrsbehörden nämlich nötige Baumaßnahmen.

1.4 Fahr- und Verkehrsregeln in Australien

Die größte Sorge fahrender Touristen in Australien gilt in der Regel dem Linksverkehr. Selbst routinierte Autofahrer verbringen die erste Zeit hinterm Steuer unter höchster Anspannung. Doch die Gewohnheit hält oft schneller Einzug als gedacht. Denn wenn alle links fahren, schließt man sich dem als Fahrer naturgemäß an. Es bleiben einige wenige, heikle Verkehrssituationen, die besondere Aufmerksamkeit erfordern, z. B. das Abbiegen auf Kreuzungen. Als ich einmal von einem Aldi-Parkplatz fuhr, ertappte ich mich dabei, dass ich in der rechten statt linken Spur stand. Gott sei Dank kam in diesem Moment kein

Gefahren wird links, gesteuert rechts

anderes Auto, mein Fahrfehler blieb also unbemerkt. In diesen Situation helfen Hinweise in den Mietcampern, die mehr als deutlich an den Linksverkehr erinnern und daran, dass man zuerst nach rechts und dann nach links schaut.

Da auf der „falschen" Straßenseite gefahren wird, befinden sich das Lenkrad, die Handbremse sowie der Schaltknüppel auf der anderen Seite im Auto bzw. werden mit der anderen Hand bedient. Keine Sorge, auch als Rechtshänder lässt es sich erstaunlich gut mit links schalten. Ebenfalls vertauscht sind Scheibenwischer- und Blinkerhebel, Ursache des Urlauber-Fahrerklischees schlechthin. So erkennt man einen Touristen im Auto leicht daran, dass er den Scheibenwischer benutzt, obwohl die Sonne scheint und währenddessen ohne zu blinken abbiegt. *No worries* – die Routine kommt schneller als erhofft und bleibt. Wer nach mehrwöchigem Australienurlaub erstmals wieder mit dem Auto zur Arbeit fährt, steigt mitunter auf der rechten Seite ein und greift mit den Händen vor sich ins Leere. So erging es zumindest einem guten Freund, der für drei Wochen mit uns im Camper tourte und die meiste Zeit auch fuhr. Zurück in der Heimat wunderte er sich tatsächlich, wer sein Lenkrad im Auto ausgebaut hätte, ehe er es auf der vermuteten Beifahrerseite wiederfand.

Der Linksverkehr und damit verbundene Fahrweisen beanspruchen die wohl größte Fahrkonzentration der Reisenden. So wird auf mehrspurigen Straßen in der linken Spur gefahren und auf der rechten überholt. Im Kreisverkehr fährt man im Uhrzeigersinn und nicht diesem entgegen. Aber Achtung, nicht alles findet „auf links gedreht" statt: An Kreuzungen gilt wie hierzulande rechts vor links. Auch andere Regeln sind dem Fahrer von Zuhause vertraut. Autos auf der durchgehenden Straße haben Vorrang gegenüber Fahrzeugen aus Einmündungen. Ist die Linie auf der Straße unterbrochen, darf überholt werden; ist sie durchgezogen, heißt das Überholverbot. Es gilt unbedingte Anschnallpflicht. Telefonieren während der Fahrt ist nur mit Freisprechanlage erlaubt. Fahren unter Alkohol- und Drogeneinfluss ist strengstens untersagt. Die Promillegrenze liegt bei 0,05 Prozent. In manchen Bundesstaaten gilt darüber hinaus Rauchverbot im Auto, falls Kinder mitfahren.

Der Verkehr in Australien hat neben dem Linksverkehr weitere Besonderheiten zu bieten, die das Fahren nicht nur fließender, sondern auch ein Stück weit herausfordernder, aber vor allem sicherer machen.

Linksherum im Kreisverkehr!

An Ampeln hält der Urlauber in Australien eigentlich nur in den größeren Städten. Außerhalb davon regelt sich der Verkehrsfluss reibungslos und schnell über Kreisverkehre, den sogenannten *roundabouts*. Fahrzeuge im Kreisverkehr haben Vorrang. Per Blinker wird bereits beim Einfahren die Richtung der Ausfahrt angezeigt. Mit dieser Regelung soll den wartenden Autos frühzeitig deutlich gemacht werden, wo im Kreisverkehr befindliche Fahrzeuge abbiegen. Wer nach rechts oder links blinkt, nimmt folglich die unmittelbar nächste Ausfahrt

bzw. umrundet den Kreisverkehr. Kein Blinken indiziert das Fahren geradeaus. Die eigentliche Ausfahrt wird kurz vorher mit einem Linksblinken angedeutet. Aber selbst die Australier wissen mitunter nicht so richtig, wann genau sie eigentlich beim Rundendrehen blinken müssen.

Eine bei Touristen berüchtigte Verkehrsregel gibt es im Bundesstaat Victoria, genauer gesagt im Stadtzentrum von Melbourne. Hier regeln sogenannte *hook turns* das Abbiegen auf Kreuzungen mit Straßenbahnverkehr. Entsprechende Straßenschilder geben den Hinweis. Bei einem *hook turn* ordnet sich der Fahrer äußerst links ein, um rechts abzubiegen. Bei grüner Ampel fährt er bis zu einem ausgewiesenen Punkt auf die Kreuzung hinauf und biegt nach

Hook Turn in Melbourne

rechts ab, sobald die Ampel für diese Fahrtrichtung grün zeigt bzw. der Gegenverkehr dies zulässt. So werden die Straßenbahngleise nicht durch abbiegende Autofahrer blockiert.

> **Tramverkehr**
>
> Melbourne verfügt als einzige australische Stadt über ein ausgedehntes Straßenbahnnetz. Die Stationen befinden sich in der Regel auf Verkehrsinseln, sodass der Verkehrsfluss nicht verzögert wird. Mancherorts ist jedoch auf ein- und aussteigende Passagiere zu achten.

Außerhalb der Städte und Ballungszentren sind die Bahnübergange in der Regel unbeschrankt. Auch wenn kein Zug in Sicht ist, reduziert der Fahrer besser die Geschwindigkeit und schaut mehrmals nach rechts und links.

Mehrspurige Straßen, wie wir es von den Autobahnen hierzulande kennen, gibt es Down Under nur selten. Außerhalb der Metropolen sind die Highways zumeist zweispurig, was ein Überholen gelegentlich ziemlich langatmig und herausfordernd macht. Hier leisten regelmäßig wiederkehrende Überholspuren, die *overtaking lanes*, gerade in kurvenreichen Gegenden Abhilfe. Auf riskante Überholmanöver sollte bei uneinsehbarem Straßenverlauf also verzichtet und stattdessen auf die nächste Überholspur gewartet werden.

Des Weiteren ist es ratsam, den rückwärtigen Verkehr im Auge zu behalten. Nähert sich z. B. ein Truck, ist zu bedenken, dass dieser einen deutlich längeren

Achtung Wildwechsel

Bremsweg hat. Abruptes Stoppen oder Schleichen, weil man noch schnell das Känguru am Straßenrand fotografieren möchte, bringen jeden Truckfahrer berechtigterweise zur Weißglut und in die Bredouille. Mein Schwiegervater, der selbst einen dicken Brummi fährt, kann wahrlich es Lied davon singen. Wer sich mit einem australischen Lkw im Nacken nicht wohl fühlt, lässt diesen überholen. Der Truckfahrer zeigt sich dankbar. Andersherum indiziert dieser per Blinker, dass die Straße vor ihm frei ist und man ohne Mühe überholen kann. Auf australischen Straßen herrscht eben ein Geben und Nehmen.

Ebenso ist auf den regen Wildwechsel zu achten, gerade außerhalb der Städte. Kängurus, Emus, Rinder- und Schafherden sowie weitere wanderlustige Tiere schlendern ohne Rücksicht auf nahende

Beliebtes Fotomotiv bei Urlaubern

Vierräder über die Straßen. Die Gefahr ist zur Dämmerung besonders hoch, aber auch am Tage sollte im wahrsten Sinne des Wortes vorausschauend gefahren werden. Viele Farmen verlaufen am Highway entlang. Mitunter kreuzen Zäune die Straße. Sogenannte *grids*, in den Boden eingelassene Gitter, halten die Herden davon ab, Reißaus zu nehmen. Beim Überfahren dieser *grids* sollte der Reisende besser vom Gas gehen, ansonsten wird es ruppig.

Förderlich für langsames Fahren sind ebenso *dips*, plötzliche Fahrsenken, sowie *construction sites*, also Baustellen. Diese sind durch zahlreiche Verkehrshütchen markiert und bieten mit den Stoppschild-Haltern ein markantes Fotomotiv. Denn steht infolge der Bauarbeiten nur eine Fahrspur zur Verfügung, regulieren nicht etwa Ampeln den Verkehrsfluss, sondern Bauarbeiter, die nichts anderes tun, als ein Verkehrsschild mit den Aufschriften „Stop" und „Go" herumzudrehen. Und das bei jeder Wetterlage. Ein Lächeln und Danke-Sagen seitens des Fahrers gilt hier als Zeichen des Mitgefühls.

An die Geschwindigkeitsbeschränkungen in Australien hat sich so mancher Fahrer erst zu gewöhnen. Denn diese geben deutlich weniger Spielraum nach oben als in der Heimat. Auf den Highways gilt ein Limit von 100 bis 110 km/h, nur im Northern Territory darf mitunter 130 km/h oder schneller gefahren werden. In Wohngebieten sind 50 bis 60 km/h zugelassen, in beruhigten Straßen- oder Schulzonen 30 bis 40 km/h. Schilder am Straßenrand verweisen auf die geltende Geschwindigkeit. Wo es keine solchen gibt, z. B. entlang unbefestigter Straßen, gelten die Standard-*speed limits* des jeweiligen Bundesstaates. Nicht nur der Sicherheit wegen, sondern auch dem Geldbeutel zuliebe sollten diese strikt befolgt werden. Verhängte Bußgelder liegen deutlich über den uns geläufigen und erreichen schnell dreistellige Dollarbeträge.

TIPP: Bußgeldhöhe

Eine gleich aussehende, vorbeiziehende Landschaft, eine gerade Strecke sowie fehlender Gegenverkehr stören die Wahrnehmung der eigenen Geschwindigkeit mitunter erheblich. Ohne sich dessen bewusst zu sein, zeigt der Tacho schnell 120 bis 130 km/h. Also Fuß runter vom Pedal, sonst wird es teuer! Bei einer Geschwindigkeitsüberschreitung von bis zu von 10 km/h zahlt der Raser derzeit in Victoria 190 AUD, bei 10-25 km/h drüber sind es bereits 303 AUD. Einen Überblick über die Höhe der Bußgelder gibt es im Teil 5.

Es gelten die gleichen Vorfahrtsregeln wie bei uns

Die australische Polizei führt regelmäßig Verkehrskontrollen durch und zeigt bei Verstößen keinerlei Kulanz, auch nicht gegenüber Touristen. Mobile oder stationäre *speed cameras* messen die Geschwindigkeit. Alkoholpegel, Gurtpflicht, eventuell erforderliche Plaketten etc. werden penibel geprüft. Zu größeren Events oder an Wochenenden ist die Polizeipräsenz erhöht. Eine besondere Regelung tritt an Feiertagen in Kraft: Zwischen Weihnachten und Neujahr sind die Fehlerpunkte bzw. Bußgelder grundsätzlich doppelt so hoch wie üblich – eine wirkungsvolle Abschreckung zu verkehrsintensiven Saisonzeiten.

Verkehrsdelikte von Urlaubern sind nicht durch eine etwaige Versicherung des Vermieters abgedeckt. Ein Ticket fürs Parken im Halteverbot sollte, wenn möglich, umgehend beglichen werden. Gelangt der Bußbescheid zum Vermieter als Fahrzeughalter, droht neben dem eigentlichen

Bußgeld eine zusätzliche Bearbeitungsgebühr. Wer versucht, durch Ausreise eventuellen Strafzahlungen zu entgehen, kommt wohl oder übel davon. Bisher gibt es kein Abkommen zwischen Deutschland und Australien, das ausstehende Verkehrsdelikte nachträglich abwickelt. Ob diese jedoch bei erneuter Einreise wieder ans Licht kommen, bleibt ein offenes Risiko. Darüber hinaus räumt sich der Vermieter über den Kreditkarten-Durchschlag das Recht ein, nachkommende Bußbescheide von der Kreditkarte zu berechnen.

Unbeschrankte Bahnübergänge sind die Regel

Plaketten im Fahrzeug

In einigen australischen Autos sieht der Urlauber an der Windschutz- und Heckscheibe eine L-oder P-Plakette. Die L-Plakette verweist auf einen Fahrschüler im Auto. Fahrer mit einem P-Schild befinden sich in der vierjährigen Probezeit. Das Anbringen der Plaketten ist Vorschrift in Australien.

1. Life is a Highway

 • Geschwindigkeitsbe-
grenzung

 • kommende Baustel-
le mit Geschwindig-
keitsbegrenzung

 • kommende Ge-
schwindigkeitsbe-
grenzung

 • kommender Stopp

 • Vorfahrt gewähren

 • enge Brückenüber-
fahrt

 • Kreisverkehr

 • Umleitung

 • Einbahnstraße

 • kurviger Straßen-
verlauf

 • *hook turn*, d.h. links
einordnen für Rechts-
abbiegen

 • Kreuzung

 • kommende Überhol-
spur

 • linke Spur endet,
rechts einordnen

 • links fahren, rechts
überholen

 • Abbiegen Verboten

 • Gefahrenstelle, z. B.
beschädigte Straße

 • Umkehren Verboten

 • kommender Fahr-
bahnanstieg, nicht
für jedes Fahrzeug
geeignet

• verkehrsberuhigter Bereich

 • kreuzende Viehherden haben Vorrang

 • Schulzone mit Geschwindigkeitsbegrenzung

 • drohender Wildwechsel

 • Fußgängerübergang

 • Senke in der Fahrbahn

 • Fußgänger haben Vorrang

 • Hochwasserkanal

 • runter vom Gas

 • Schotterstraße

 • Bahnübergang

 • rauer Straßenbelag

 • falsche Fahrspur

 • loser Straßenbelag

 • Viehgitter in der Straße

 • Parkverbot

 • Bodenwelle

 • Parkzeiten

 • Rüttelstreifen auf Fahrbahn

2. Streckenplanung

Eine grobe Streckenplanung ist hilfreich

2. Streckenplanung

Dass die Entfernungen in Australien größer ausfallen als in der Heimat, kann in Bezug auf eine geplante Camperreise nicht oft genug betont werden. Wohin möchte man fahren? Was möchte man unbedingt sehen, was nur vielleicht? Und wie viel Zeit hat bzw. nimmt man sich dafür? Diese Fragen sind die Eckpfeiler eines Trips mit einem Mietcamper. Sowohl der Abhol- und Abgabetag als auch -ort stehen fest. Damit ist der Reiseroute zwar nicht der Verlauf, aber die Richtung vorgegeben. Ein open end gibt es nicht, es sei denn, das Auto ist gekauft statt gemietet. Damit einher geht ein gewisser Freiheitsverlust beim Reisen. Die eigene Unabhängigkeit wird der bevorstehenden fixen Abgabe geopfert. Doch wer realistisch und bedächtig an die Planung herangeht, gibt nur so viel an Flexibilität auf, wie er wirklich muss. Zu berücksichtigen sind dabei sowohl die Saison als auch das Wetter. Den Anfang macht allerdings das Bewusstsein für die Weiten des Landes.

2.1 Zeit als Maß aller Dinge

Deutsche Urlauber bleiben im Schnitt drei bis vier Wochen in Australien. Dass man in einem Monat nicht jeden Winkel des Kontinents entdecken kann, steht außer Frage. Nur welche Strecken sind für diese Zeit realistisch und – viel wichtiger – auch empfehlenswert?

Kurvige Strecken reduzieren die Fahrgeschwindigkeit

Aus beruflicher, aber auch persönlicher Erfahrung weiß ich, dass die Entfernungen eine der größten Unterschätzungen für Camperreisen in Australien sind, gerade für Selbstfahrer. Natürlich möchte man möglichst viel sehen, wenn man schon einmal Down Under ist. Die Anreise war schließlich teuer genug. Und wer weiß, ob oder wann man das nächste Mal wiederkommt. So ist der weit abseits im Nirgendwo stehende Uluru wahrhaftig ein störrisches Hindernis für jede ambitionierte Reiseplanung. Auch wir haben bei einer Tour schon den Fehler gemacht, uns zu viel Strecke zuzumuten. So hatten wir für die Fahrt von Melbourne bis zur Gold Coast gerade einmal sieben Tage zur Verfügung. Zwar sind wir pünktlich im Ziel angekommen, aber von der Tour ist ehrlich gesagt nicht viel in Erinnerung geblieben. Dafür war einfach zu wenig Zeit, die Szenerie und Erlebnisse entlang des Weges zu verinnerlichen.

Es mag schwer fallen, einen Routenabschnitt links liegen zu lassen, um andernorts mehr Zeit zu haben, aber weniger ist für Autoreisende in Australien tatsächlich mehr. Nur so kann man die Eindrücke unterwegs auch wirklich genießen. Eine machbare Strecke zu fahren und weiter entfernte Orte mit dem Flugzeug anzusteuern, sofern Zeit dafür bleibt, wäre eine weitere Alternative. Schließlich spricht nichts gegen eine Campertour von Melbourne nach Sydney, um von dort nach Alice Springs zu fliegen.

> **TIPP: Entfernungen**
> Um die Distanzen zu verinnerlichen, hilft es bei der Vorbereitung ungemein, in europäischen Dimensionen zu denken. Die Strecke Melbourne – Sydney entspricht der Entfernung zwischen Paris und Prag. Auf der Fahrt von Perth nach Darwin käme man in Europa nach dem Start in Madrid in St. Petersburg an. Natürlich kann der Urlauber die besagten Strecken auch in wenigen Tagen zurücklegen – mit einem Bleifuß und wenig Abwechslung zwischendurch. Doch wer will das schon?

Erschwerend bei der Streckenplanung wirkt der begrenzte Urlaubsanspruch. Länger als ein Monat ist für die meisten Arbeitnehmer nicht drin. Es gilt, die Zeit ideal zu nutzen. Ob ideal bedeutet, so viel wie möglich zu sehen oder sich einen ausgewählten Zipfel des Landes genauer anzuschauen, ist Geschmackssache. Mit einem Camper hat man den Luxus, sein Tempo weitestgehend selbst zu bestimmen. Der Weg ist das Ziel – zugegeben ein vielleicht abgedroschenes, aber berechtigtes Motto für Wohnmobilfahrten Down Under. Letztendlich reist man nicht, um schnell von A nach B zu kommen, sondern um das C, D und E unterwegs zu entdecken.

Drei Wochen in Australien sind eine tolle Zeit, um z. B. entspannt von Sydney aus die Ostküste nach Cairns hinauf zu fahren. Das australische Fremdenver-

Vierstellige Kilometerangaben sind keine Seltenheit auf den Schildern

kehrsamt empfiehlt Selbstfahrern für diese 2717 Kilometer lange Strecke eine Reisedauer von 16 Tagen. Zum Vergleich: Für die Route Perth – Darwin (4205 Kilometer) sollten mindestens 21 Tage eingeplant werden, was nicht sehr viel mehr erscheint angesichts der deutlichen längeren Strecke. Warum also nur fünf Tage mehr? Ganz einfach: An der Westküste gibt es deutlich weniger zu sehen. Weit und breit nichts außer rotem Sand und weißem Strand mit ein wenig Asphalt und Zivilisation mittendrin. So fährt man in Western Australia längere Strecken am Stück und kommt schneller voran. An der dicht besiedelten Ostküste hingegen tourt der Selbstfahrer von einer Touristenattraktion zur nächsten, auch wenn es nur die „Big Banana" in Coffs Harbour ist. Mehr Zerstreuung und häufigere Pausen sorgen hier für ein langsameres Reisen.

300 Kilometer am Tag sind ein machbarer und damit empfehlenswerter Fahrdurchschnitt. Man kommt gut vorwärts und hat genügend Zeit für Erkundungen und Pausen. An einigen Tagen wird vielleicht weniger gefahren, an anderen dafür mehr, weil z. B. das Wetter schlecht ist. So pendelt sich die Fahrdistanz im Verlauf der Reise auf ein gemächliches, aber stetiges Vorwärtskommen ein. Doch selbst die beste Theorie kommt in der Praxis gelegentlich ins Wanken. In Queensland ist das die Dämmerung, die bereits gegen 17 Uhr den Himmel schwarz einfärbt und jede Weiterfahrt zum Konzentrationswagnis macht. Wer denkt, hier locker bis 21 Uhr auf den Straßen unterwegs zu sein, wird mit hoher

Zeitempfehlung für beliebte Routen, inkl. Sightseeing		
Strecke	**Distanz in km**	**Zeit, mind.**
Melbourne – Sydney	872	5 Tage
Sydney – Brisbane	1001	6 - 7 Tage
Brisbane – Cairns	1716	10 Tage
Perth – Darwin	4205	21 Tage
Darwin – Alice Springs	1489	6 Tage
Alice Springs – Adelaide	1533	6 Tage
Adelaide – Perth	2781	10 Tage
Adelaide – Melbourne	731	5 Tage

Wahrscheinlichkeit von scheinwerfergeblendeten Kängurus ausgebremst. Auf Tasmania oder an der Küste zwischen New South Wales und Victoria reduzieren kurvige Straßen die Geschwindigkeit. 100 km/h zeigt der Tacho hier nur selten.

Und schließlich zerstört ein ganz natürliches Urlaubsverlangen die Kilometerplanung für den Tag – die Entdeckerlust. Eigentlich waren die Sightseeing-Aktivitäten des Tages abgehakt, als ein Einheimischer im Café von einem spektakulären Aussichtspunkt abseits des Weges erzählt. Was tun? Den Abstecher wagen und damit das Erreichen des Etappenziels riskieren oder ihn links liegen lassen und mit Bestzeit durchs Ziel fahren? Egal, für welche Variante der Urlauber sich entscheidet: Je großzügiger die Streckenplanung ist, desto mehr Zeit bleibt für ungeahnte Entdeckungen und desto entspannter lassen sich Verzögerungen abfedern. Denn beim Thema Pannen sind wir noch gar nicht angekommen.

2.2 Fahren nach Jahreszeit

Um eines der hartnäckigsten Klischees gleich zu Beginn auszuräumen – nein, in Australien scheint nicht an 365 Tagen im Jahr die Sonne. Hier fällt sogar Schnee, was für Camperreisen nicht unbedeutend ist. Als sechstgrößtes Land besitzt Australien mehr als eine Klimazone. Hier prallen tropische auf europäi-

Der Winter Australiens bringt Bodenfrost im Süden

sche Wetterverhältnisse, die sich grob gesagt am Wendekreis des Steinbocks die Hand reichen. Dieser durchläuft Australien von Exmouth in Western Australia über Alice Springs im Zentrum hinüber nach Rockhampton in Queensland.

Im Norden drohen zur Regensaison überflutete Straßen

Südlich davon herrscht weitestgehend gemäßigtes Wetter, das sich in vier Jahreszeiten aufteilt, die unseren entgegengesetzt sind. Der Frühling dauert von September bis November, die Sommermonate Dezember bis Februar gehen in den Herbst von März bis Mai über. Und zwischen Juni und August hält der australische Winter Einzug. Dieser fällt nicht annähernd so frostig aus wie unserer. Vielmehr entspricht er von den Temperaturen her dem Herbst. Einige Gebiete wie die Victorian Alps oder Snowy Mountains verwandeln sich allerdings in ein Winter-Wonderland mit Skipisten und Sesselliften. In den letzten Jahren meldeten auch die Blue Mountains bei Sydney oder die Grampians nördlich der Great Ocean Road Schneefall. Der sorgt aber in den seltensten Fällen für Chaos auf den Straßen. Doch es schadet nicht, den Vermieter nach Schneeketten zu fragen, falls man in den Wintermonaten in den höheren Lagen zwischen Melbourne und Sydney unterwegs sein möchte. Auch ohne Frau Holle sorgen Minusgrade nachts für Eiskristalle an den Fensterscheiben und vereiste Türen. Dickere Kleidung, gerade zum Schlafen, kann ich nur wärmstes empfehlen. Als wir im Juni von Melbourne aus mit dem Camper Richtung Queensland aufbrachen, schliefen wir die ersten Nächte stilsicher mit Mütze, Handschuhen, Socken & Co, Kuscheln inklusive. Denn eine Standheizung hatte unser kleiner Minivan damals nicht. Ist man allerdings erst einmal an der Küste unterwegs, sind die Nächte gleich spürbar milder.

Während die Wintermonate einen Insektenschutz unnötig machen, gehören Mückennetze im Sommer zu den unbedingten Ausstattungsmerkmalen eines

> **TIPP: Camping im Winter**
> Aufgrund der kühlen Außentemperaturen verbringt der Urlauber während der Wintermonate tendenziell mehr Zeit im Camper, vor allem abends. Die Campingstühle werden nur selten aufgestellt, die Markise so gut wie gar nicht ausgefahren. Hinsichtlich des Komforts sollte daher ein Fahrzeug gewählt werden, in dem man sich ohne Platzangst länger auf der Pelle hocken kann.

Wohnmobils. Nächtliche Temperaturen über 20 Grad sind keine Seltenheit. Wer unter diesen Umständen das Fenster nicht öffnen kann, da sonst unzählige Blutsauger mit der Arbeit loslegen, sitzt morgens sehr unausgeschlafen am Steuer. Auch eine Klimaanlage gehört nicht bei jedem Modell und Vermieter zur Grundausstattung. Bläst die Lüftung bei 35 Grad Außentemperatur zu viel heiße Luft ins Auto, sorgt selbst die beste Playlist beim schweißtreibenden Fahren für keine gute Laune. Doch all der Jammer ist vergessen, sobald die Füße ins Meer tauchen und vom Grill leckerer Steakgeruch hinüber weht. Schließlich ist man im Sommerurlaub!

Je weiter der Urlauber Richtung Norden fährt, desto mehr wird das Klima von der Trocken- und Regenzeit bestimmt. Während der *dry season* von April bis Oktober sind die Temperaturen angenehm warm bis heiß und das Wetter größtenteils trocken. Von November an hält die *wet season* Einzug in die Region der Kimberleys in Western Australia, in das Top End rund um Darwin im Northern Territory sowie auf der Cape York Peninsula und in der Region um Cairns in Queensland. Bis in den März hinein fällt wiederholt mal schwacher, mal starker Regen, tropische Gewitterstürme ziehen durch das Land, die Temperaturen sinken kaum, die Luftfeuchtigkeit ist extrem hoch, es wird unerträglich schwül. Der November ist zumeist der heißeste, unerträglichste Monat, Januar und Februar sind die nassesten Monate der *wet season*.

Von Camperfahrten hinauf in den Norden raten die Vermieter während der Regenzeit ab. Nicht selten schließen sie in den betroffenen Monaten ihre dortigen Depots oder passen die Öffnungszeiten an. Die Gründe dafür sind naheliegend: Mit einsetzendem Regen werden viele der Straßen überflutet. Davon betroffen sind nicht nur Zufahrtsstraßen, sondern auch die zentralen Highways. An ein Weiterkommen ist ohne Geländewagen nicht zu denken. Selbst wenn das Wasser allmählich zurückweicht, ist die Straße darunter oft so stark beschädigt, dass diese zunächst unbefahrbar bleibt. Sofern keine alternative Route zur Verfügung steht, hängt der Camper fest und die Reiseplanung kommt gehörig ins Wanken. Naht ein Zyklon, ist ein Wohnmobil darüber hinaus kein geeigneter Zufluchtsort. Wer zur Regenzeit fährt, reist auf eigenes Risiko und sollte daher vor allem Flexibilität hinsichtlich Zeit und Streckenführung einplanen. Sowohl

Günstige Reisezeiten nach Wetterlage

der Rückgabeort als auch das Abgabedatum stehen bei Einbuchung fest. Gibt der Mieter den Camper aufgrund von Überschwemmung zu spät oder anderswo als vertraglich vereinbart ab, muss er mit nachträglichen Gebühren rechnen.

2.3 Fahren nach Saison

Ob in Australien Hoch- oder Nebensaison herrscht, ist an die Jahreszeit der Reiseregion gekoppelt. Zwischen Dezember und Februar zeigt sich im Süden der Sommer von der sonnigsten und die Hochsaison von der teuersten Seite. Wird es im April zunehmend kühler, bewegt sich der Touristenstrom allmählich in nördliche Gefilde. Mit der hier einsetzenden Trockenzeit kehrt das touristische Leben in den Norden des Kontinents zurück und läutet die *high season* ein, während der Süden in den wohlverdienten Winterschlaf geht.

Eine Campermiete zur Hochsaison hat die gleichen Begleiterscheinungen, wie man es auch von der Flug- oder Hotelbuchung kennt: erhöhte Nachfrage, knappes Angebot, hohe Preise. Einen wesentlichen Unterschied gibt es jedoch: Nach Last-Minute-Schnäppchen hält der Weltenbummler bei der Wohnmobilanfrage vergeblich Ausschau. Hier gilt: Je früher, desto besser! Erst wenige Wochen vor Abreise buchen oder gar erst vor Ort nachfragen, endet fast sicher ohne passendes Fortbewegungsmittel oder mit einer deutlich geschrumpften Reisekasse. Je näher die Hochsaison rückt, desto exorbitanter steigen die Mietpreise. Erfahrungsgemäß sind die günstigsten Modelle am schnellsten ausgebucht. Es kommt zum Dominoeffekt: Die Nachfrage stürzt sich auf den nächsten, halbwegs erschwinglichen Camper, bis auch dieser nicht mehr verfügbar ist. Hinzu kommen Mindestmieten. Über das Jahr fangen diese meist bei fünf Tagen an. Während der Hochsaison oder Feiertage betragen diese gut und gerne auch zehn Tage oder mehr. Auf diese Weise stellt der Vermieter eine bestmögliche Auslastung der Flotte sicher. Mehr dazu im 2. Teil des Buches.

Der Sommer in Sydney ist auch für Camperurlauber verlockend

Auf die Spitze getrieben wird der Wettlauf um den Wunschcamper zwischen den Jahren, dem Reisezeitraum mit der höchsten Nachfrage. Die Mietpreise liegen weit über dem Jahresdurchschnitt, nicht selten bekommt der Anfragende schon Monate im Voraus ein „ausgebucht" zu hören. Selbst wenn noch Mietfahrzeuge verfügbar sind, ist unter Umständen der Wunschabholtag nicht mehr frei. Übersteigen die Abholungen und Abgaben die Kapazitäten des Depots, muss der Mieter auf den Folgetag ausweichen. Wer diese emotionale und finanzielle Achterbahn ungern fahren möchte, fragt den Camper für Mieten in der Hochsaison sehr frühzeitig an. Unter Umständen gibt es dann sogar noch einen *Early-Bird*-Rabatt.

> TIPP: Camping zwischen den Jahren
>
> Wer auf den eigenen vier Rädern an Weihnachten in Melbourne losfahren möchte um an Silvester in Sydney anzukommen, sollte allerspätestens im September sein rollendes Gefährt reserviert haben, um einen Spießrutenlauf nach verfügbaren und erschwinglichen Fahrzeugen zu vermeiden.

Zu den Feiertagen campen
besonders viele Einheimische

Neben der erhöhten Nachfrage an Wohnmobilen offenbart sich die Hochsaison während der Camperreise noch auf anderen Wegen. Zu den Touristen gesellen sich die Einheimischen, die ihren Sommerurlaub als begeisterte Camper ebenfalls *on the road* verbringen. Auf den gängigen Touristenrouten sind deutlich mehr Autos unterwegs. Außerdem ist es ratsam, am Tag zuvor bei Campingplätzen nach Verfügbarkeiten und Konditionen zu fragen. Unter Umständen sind bereits alle Stellplätze belegt oder an Mindestmieten von mehreren Nächten gebunden. Und natürlich sind die Übernachtungs- sowie Spritpreise auf einem Jahreshoch. Liegen letztere zur Nebensaison in Melbourne bei ca. 1,35 AUD, steigen diese zur Hauptsaison mitunter auf über 1,55 AUD.

Wer etwas klimaresistenter oder ungern in einem fahrenden Urlauberstrom unterwegs ist, liebäugelt mit einem Campingurlaub zur Nebensaison. Im Süden des Landes muss man sich dafür zwar etwas wärmer anziehen und im Norden gießt es unter Umständen aus Kübeln. Aber dafür kommt man in den Genuss überzeugender Vorteile: Wohnmobile sind in der Regel noch sehr kurzfristig und inklusive eventueller *low season discounts* preiswert zu buchen. Ist man mit seinem Wunschfahrzeug zum Schnäppchenpreis erst einmal unterwegs, teilt man die Highways höchstens mit einigen Trucks. Campingplätze sind leerer und ebenfalls deutlich günstiger. Meist kann der Besucher seinen Stellplatz frei

Leere Campinplätze im Winter bedeuten freie Platzwahl

wählen und steht nicht Tür an Tür mit einem anderen Camper. Und schließlich ist das Benzin spürbar billiger.

Vielleicht mag das touristische Angebot nicht ganz so ausgeprägt sein wie zur Hochsaison und eventuell zeigt sich der australische Petrus von seiner launigen Seite. Aber ein Campertrip zur Nebensaison ist nicht nur kostensparender, sondern bietet den Luxus, durch weniger Reservierungsstress mehr ins Blaue hinein fahren zu können. Letztendlich erblickt der Selbstfahrer in dieser Zeit Australien so, wie es nur wenige Urlauber zu Gesicht bekommen – fernab des gängigen Postkartenmotivs sozusagen. Gerade der Norden ist zur Regenzeit eine Augenweide: tosende Wasserfälle, riesige Seen, eine lebendige Tierwelt und Grün, so weit das Auge reicht. Nicht umsonst wird die *wet season* auch als *green season* bezeichnet.

Camping zur Hoch- oder Nebensaison – ein Vergleich

Strecke	Hochsaison	Nebensaison
Vorteile	• Sommer, Sonne, Sonnenschein • Camping-Gefühl mit Barbecue, Fischen etc. • viele touristische Angebote • Outdoor-Aktivitäten • unterwegs unter Gleichgesinnten • ideale Straßenbedingungen • kaltes Bier schmeckt besser	• kurzfristige Camperbuchung möglich • günstige Miet- und Übernachtungspreise • leere Campingplätze • billiger Sprit • leere Straßen • Flexibilität • Australiens Natur von einer anderen Seite
Nachteile	• Mindestmieten für den Camper • teure Miet- und Unterkunftspreise • überfüllte Campingplätze • hohe Spritpreise • dichter Verkehr • Reservierungsstress vorab • stechende Plagegeister und aktive gefährliche Tiere	• kältere Temperaturen (Winter) bzw. extreme Schwüle (Regenzeit) • schwierige Straßenverhältnisse (Schnee o. Flutwasser) • Camping findet eher im Camper als draußen statt • eingeschränktes touristisches Angebot • weniger Mitcamper

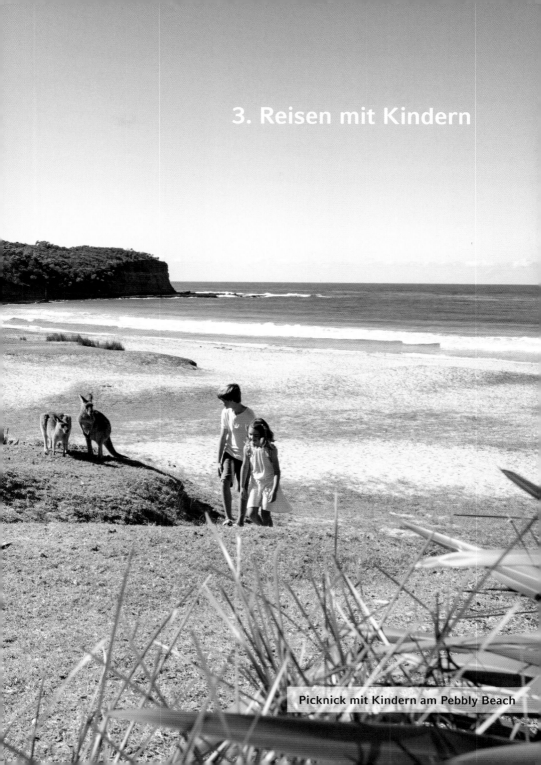

3. Reisen mit Kindern

Picknick mit Kindern am Pebbly Beach

3. Reisen mit Kindern

Trotz der mitunter beschwerlichen und langen Anreise nach Australien zieht es immer mehr Eltern mit ihren Kindern für einen mehrwöchigen Urlaub nach Down Under. Ein gemieteter Camper ist für die Familie oft das bevorzugte Reisemittel. In den Weiten des Internets findet der interessierte Leser zahlreiche Erfahrungsberichte und Reiseblogs zu diesem Thema. Bezüglich der Motivation stimmen fast alle Beiträge überein: Gerade die Elternzeit ist ein idealer Moment, um für längere Dauer ohne Zeitdruck weit entfernte Regionen zu entdecken. Auch wenn der Nachwuchs erst einige Monate alt sein mag, stellt dies für wenige Eltern ein Wagnis dar. Ganz im Gegenteil: Ein Baby erlebt den Flug sowie das Umherreisen meist entspannter als ältere Kinder oder gar die lieben Eltern – nämlich schlafend. Also nur weil Australien am anderen Ende der Welt liegt, sollte das keine Hürde für gemeinsame Familienurlaube sein. Es bedarf lediglich ein wenig mehr Vorbereitung und Recherche.

3.1. Australien – ein kinderfreundliches Land

Kinder erfreuen sich an den Tieren Australiens

Australien gehört zu den sichersten Reiseländern weltweit, die Kriminalitätsrate ist entsprechend gering. Außerdem verfügt das Land über einen hohen Hygiene- und Gesundheitsstandard, was besonders für Familien ein entscheidender Pluspunkt bei der Länderauswahl ist. Mit Englisch als Amtssprache gestaltet sich die Verständigung im Alltag sowie im Notfall außerdem sehr einfach. Die Lockerheit und Unbekümmertheit der Einheimischen zeigt sich ebenso im alltäglichen Umgang mit Kindern. So sorgen z. B. Stillen in der Öffentlichkeit oder auch schreiende Kinder für kein größeres Augenverdrehen.

Überzeugend ist vor allem die Infrastruktur des Landes. In den Supermärkten und Drogerien bekommen Eltern alle nötigen Dinge für den Nachwuchs, in den Apotheken im Bedarfsfall auch ohne Rezept hilfreiche Arzneien bei kleineren und größeren Wehwehchen. Es ist nicht erforderlich, mit einem Wochenvorrat an Windeln oder Babypuder im Gepäck nach Australien zu reisen. Öffentliche Toiletten mit Wickelräumen finden sich in jeder kleineren Stadt. Großzügige und gepflegte Spielplätze sowie Parkanlagen sorgen für Unterhaltung, die aufgestellten Sonnensegel für den nötigen Sonnenschutz der Kleinsten.

> **TIPP: Spielplatzsuche**
>
> Unter www.playgroundfinder.com finden Eltern eine Auflistung der besten Spielplätze für jeden Bundesstaat. Oder man entscheidet sich gleich für den größten Buddelkasten der Welt – Fraser Island.

Ebenso viel zu entdecken gibt es entlang der Strecke: Unzählige Zoos und interaktive Museen laden zum Besuch ein, Themenparks, vor allem an der Gold Coast, bringen selbst Mutti und Papa zum Lachen. Und an den unzähligen Stränden lassen sich hervorragend unter professioneller Aufsicht der *life guards* Sandburgen bauen. Gerade für Aktivitäten in der freien Natur ist Australien ein regelrechtes Abenteuerland für die Kleinsten. Hier erleben und entdecken sie Dinge, wie sie es zu Hause nur aus Büchern kennen: tosende Wasserfälle, gigantische Bäume sowie super-süße oder spannende Tiere.

Hinsichtlich der bekanntermaßen gefährlichen Tierwelt Australiens herrscht oft Bedenken. Schließlich gehören giftige Schlangen und Spinnen genauso wenig zu den Dingen, die man Down Under unbedingt gesehen haben muss, wie berüchtigte Haie oder Quallen. Wer aufmerksam mit der nötigen Vorsicht durch das Land reist, geht jedoch kein Risiko für die Kleinen ein. Haben z. B. die Schuhe nachts draußen gestanden, genügt in der Früh ein Blick hinein, um sicherzustellen, dass keine Spinne darin genächtigt hat. Warnschilder am Strand geben Aufschluss darüber, ob und wie sich der Nachwuchs bedenkenlos im Wasser abkühlen kann. Und sollte entgegen jeglichen Erwartens doch etwas passieren, ist die australische Ambulanz bestens auf solche Vorfälle vorbereitet.

3.2. Das Wohnmobil als ideale Familienkutsche

Ein Campingtrip ist die perfekte Möglichkeit, Australien als Familie unbeschwert zu erkunden. Das Heim auf vier Rädern verspricht eine Routine auch an fremden Orten, was gerade für die Kleinen wichtig ist. Sie schlafen jede Nacht im selben Bett, wenngleich vor anderer Kulisse, und ihr Spielzeug hat einen festen Aufbewahrungsplatz im Fahrzeug. Auch für die Eltern bedeutet ein Urlaub im Wohnmobil weniger Stress. So muss das Gepäck nicht ständig umgeladen werden und das Lieblingskuscheltier wird nicht im Hotel der letzten Nacht unterm Bett vergessen. Ein Camper entwickelt sich für alle Reisenden zu einem vertrauten Zuhause mit selbstgewähltem Tagesrhythmus. Als Schlafplatz eignen sich die zahlreichen Campingplätze des Landes. Gerade größere Ketten wie z. B. „Top Parks" sind überaus kinderfreundlich angelegt. Spielplätze oder Swimmingpools erfreuen das Kinderherz, gepflegte Wasch- und Kochküchen das Elternherz. Und da viele australische Familien selbst mit dem Camper unterwegs sind, entstehen hier kurzweilige oder langlebige Freundschaften zwischen Groß und Klein.

Camping in Australien ist auch ein Abenteuer für die Kleinsten

Damit den Sprösslingen bei der Fahrt nicht zu langweilig wird, sind die täglichen Strecken besser kurz zu halten. Stundenlanges Fahren, nur um des Vorwärtskommens willen, bringen selbst das geduldigste Kind früher oder später zum Zappeln. Regelmäßige Pausen oder Sightseeing zwischendurch sorgen stattdessen für die nötige Abwechslung. Um kindgerechte Outdoor-Aktivitäten sicherzustellen, sollte ein Augenmerk auf der richtigen Reisezeit liegen. Wer in den Wintermonaten unterwegs ist, riskiert aufgrund von schlechtem oder kaltem Wetter tendenziell mehr Aufenthaltszeit im Wohnmobil statt in der freien Natur. Im Hochsommer oder kurz vor der Regenzeit hingegen sorgen selbst schattige Plätze kaum für Abkühlung; der ständige Wechsel zwischen Klimaanlage und heißen Außentemperaturen schwächt das stärkste Immunsystem.

Um nicht nur stressfrei, sondern auch komfortabel zu reisen, achten Eltern bei der Camperauswahl besser auf eine großzügige Raumaufteilung. Die beste Planung nützt nichts, falls kaum Stauraum für Spielzeug oder Windeln vorhanden ist und allabendlich das Gepäck umher geräumt werden muss, um die Schlafplätze zu schaffen. Auch die Sitzanordnung ist von Bedeutung. Bei manchen Campertypen liegen die Sitze im Innenraum an der Heckklappe und damit recht weit entfernt vom Fahrer.

TIPP: Was tun für eine unbeschwerte Camperreise mit Kindern

- Den Campertrip gemeinsam planen: Aktivitäten zusammen auswählen, die Strecke auf der Karte nachzeichnen, Tagesetappen festlegen.
- Für Unterhaltung während der Fahrt sorgen: z. B. Malstifte, Kartenspiele oder Bücher. Weniger geeignet sind Puzzle oder Lego, da sie bei der Fahrt schnell in den Ecken des Campers verloren gehen.
- Mehrere Tage am gleichen Ort verbringen: Man „holt Luft" zwischen den ständigen Ortswechseln und hat mehr Zeit für längere Aktivitäten wie Wandern.
- Interessante Outdoor-Aktivitäten planen: Der Sonnenuntergang am Meer mag für Kinder nicht ganz so spannend sein wie für die Eltern. Daher auch für „Action" sorgen, wie z. B. bei aufregenden Bootstouren mit Krokodil-Spotting oder mit dem Quad über Sanddünen rauschen.
- Alternative Aktivitäten bei schlechtem Wetter: Die vier Wände eines Campers werden schnell erdrückend. Australische Museen sind z. B. weitaus interaktiver als hierzulande gestaltet und damit für Kinder besonders interessant. Auch bei heißem Wetter sind die klimatisierten Räume sehr erfrischend.
- Die Entdeckerlust schüren: Mit einer Einwegkamera halten die Kleinen ihre ganz eigenen Erinnerungen an den Urlaub fest.
- Feste Aufgabenverteilung: Alltägliche, kleine Aufgaben wie den Camper an den Strom anschließen oder, wenn erlaubt, das Holz für das Lagerfeuer sammeln, erhöhen nicht nur das Verantwortungsbewusstsein der Kinder, sondern auch das bewusste Erleben des Campings.

3.3. Gesetzliche Vorschriften

Australien genießt einen der strengsten Sicherheitsstandards, wenn es um die Mitnahme von Kindern in Fahrzeugen geht. So muss ein Kindersitz dem australischen Standard entsprechen, der sich über einen Sticker am Gehäuse mit der Aufschrift „AS/NZS 1754" erkennen lässt. Europäische Kindersitze erfüllen diesen Standard nicht und können demnach nicht in Australien genutzt werden. Widerrechtliche Nutzungen sind gesetzeswidrig und werden mit hohen Bußgeldern belangt. Bei vielen Vermietern können die Eltern daher einen passenden Kindersitz hinzu buchen. Alternativ besteht die Möglichkeit, diesen zu erschwinglichen Preisen vor Ort zu kaufen oder auch zu mieten.

> TIPP: Vermietung von Kinderzubehör fürs Camping
> - www.hireforbaby.com
> - www.allbabyhire.com.au
> - www.bebababy.com.au
> - www.anythingbaby.com.au

Nur geprüfte Kindersitze dürfen genutzt werden

Nicht nur das Prüfsiegel des Kindersitzes ist entscheidend, sondern auch, wo dieser im Fahrzeug positioniert werden kann. Babyschalen, Kindersitze und z. T. auch Sitzerhöhungen verfügen in Australien über eine sogenannte *teather strap*, eine Fangleine, die zusätzlich zum Dreipunktegurt als Befestigung dient. Diese wird dafür an einem *anchor point*, einem Ankerpunkt im Gehäuse des Fahrzeugs, eingehakt. Nicht jeder Wunschplatz im Wohnmobil verfügt über einen solchen Ankerpunkt bzw. wenn ja, unter Umständen nicht in der erforderlichen Anzahl.

Wo darf das Kind im Camper sitzen?

- Kinder bis zu vier Jahren müssen in einem Kindersitz auf der Rückbank, also im Innenraum des Campers, sitzen. Der Platz muss über einen sogenannten *anchor point* verfügen.
- Kinder zwischen vier und sieben Jahren müssen in einem Kindersitz oder auf einer Sitzerhöhung im hinteren Bereich des Fahrzeuges sitzen. Ausnahme: Sofern alle hinteren Plätze durch jüngere Kinder besetzt sind oder das Wohnmobil über keine Sitze im Wohnraum verfügt (z. B. Hitop), darf das Kind auf dem Beifahrersitz sitzen. Dies wird von den Vermietern jedoch nicht empfohlen und z. T. auch nicht zugelassen.

Vor der Einbuchung des Campers sollten die Eltern daher frühzeitig mit dem Vermieter oder Vermittler Rücksprache halten, ob und wie viele Kinder im Wunschfahrzeug mitreisen dürfen und wenn ja, wo sie sitzen können.

Teil 2
Das Fahrzeug – Ein Heim
auf vier Rädern

Der Camperpreis unterliegt vielen Faktoren

Australien ist als Reiseziel erkoren und die Entscheidung getroffen, den Fünften Kontinent mit dem Wohnmobil zu erkunden. Man hat sich mit den Straßen- und Verkehrsverhältnissen vertraut gemacht und auf der Landkarte die Fahrroute grob mit dem Finger nachgezeichnet. Jetzt heißt es, das passende Eigenheim auf vier Rädern zu finden. Wer einmal mit der Suche begonnen hat, stellt schnell fest, dass die Wohnmobilauswahl für Selbstfahrer in Australien den Ausmaßen des Landes in nichts nachsteht. Angebotene Camper unterscheiden sich je nach Vermieter nicht nur deutlich im Preis, sondern auch hinsichtlich der Ausstattung und des Alters, örtlicher Verfügbarkeit und Konditionen wie Mindestalter und Versicherung.

Hier ist unter einer Vielzahl potenzieller Kandidaten der eine Camper zu finden, der perfekt zu den eigenen Bedürfnissen und finanziellen Ansprüchen passt. Und da ein Auto hierzulande nicht nur als bloßer Gebrauchsgegenstand behandelt, sondern liebevoll umsorgt wird, sollte zwischen dem Fahrer und seinem Modell der Wahl unbedingt die Chemie stimmen. Nicht jede gewünschte Ausstattung oder Größenordnung lässt sich mit dem verfügbaren Budget vereinen. Um Enttäuschungen und damit Urlaubsfrust zu vermeiden, heißt es, Kompromisse einzugehen und/oder die eigene Erwartungshaltung neu auszurichten. Sind mögliche Differenzen erst einmal aus dem Weg geräumt, steht dem Happy End der mobilen Partnerwahl nichts mehr im Weg.

4. Preisgestaltung der Campermiete

Je größer der Camper, desto tiefer muss man in die Tasche greifen

4. Preisgestaltung der Campermiete

Der Mietpreis eines Campers wird pro gebuchtem Kalendertag berechnet und damit unabhängig von der Uhrzeit. Wer das Fahrzeug also erst um 16 Uhr abholt, zahlt für diesen Tag ebenso den vollen Preis wie derjenige, der bereits um 9 Uhr abgibt. Die gültigen Tagesraten werden auf Grundlage unterschiedlicher Berechnungsmodelle ermittelt. Einige Vermieter bestimmen ihre Konditionen nach Saisonphasen, wodurch innerhalb einer festgelegten Periode die Tagessätze weitestgehend konstant bleiben. Andere Anbieter hingegen nutzen sogenannte *flexrates*, in denen die aktuelle Nachfrage für das gewünschte Modell, die Strecke und den Zeitraum einkalkuliert sind. Daher werden die Preise regelmäßig, meist einmal pro Woche, je nach Auslastung angepasst.

Im Preis grundsätzlich enthalten sind eine Standardhaftpflicht- und -kaskoversicherung sowie Grundausstattung und unbegrenzte Freikilometer. Letzteres ist gerade für australische Streckenverhältnisse ein kostensparender Bonus, wenn man etwas mehr vom Land bereisen möchte als nur die Vororte von Sydney. Einzige Ausnahme sind die Geländewagen, für die meist ein Tageslimit von z. B. 300 Kilometer/Tag vorgegeben ist. Für jeden weiteren Kilometer kommt eine Pauschale hinzu. Beim Anbieter Britz liegt diese derzeit bei 0,50 AUD/Kilometer.

Davon abgesehen variieren die Mietpreise für Camper in Australien stark. Nicht nur die Fahrzeuggröße und Ausstattung, sondern weitere naheliegende, aber auch unerwartete Kostenpunkte beeinflussen den endgültigen Preis. Oft lachen dem Interessenten in den Angeboten traumhafte Preise entgegen. Der Tagesmietpreis beginnt mitunter ab einladenden 30 AUD/Tag. Bei diesen „ab-Preisen" handelt es sich allerdings um den nackten Standardpreis, der besonders werbewirksam ist. Hinzu gesellen sich gegebenenfalls Kosten für die Versicherung, Zusatzequipment, Einweggebühren und Saison- oder Routenzuschläge. Hat der Urlauber also erst einmal seine gewünschten Reisedaten angegeben, steigt der Gesamtpreis recht schnell in die Höhe.

4.1 Zusätzliche Kostenfaktoren

Vermieter: In Australien existieren je nach Zielgruppe diverse Camperkategorien mit verschiedener Preisausrichtung. Sogenannte *low cost*-Camper sind besonders bei Backpackern beliebt, während Interessenten von luxuriösen Wohnmobilen deutlich mehr Geld für die Miete ausgeben. Steigende Qualität bedeutet höhere Kosten.

Fahrzeuggröße: Je größer das Modell, desto teurer das Gesamtpaket. Die Anzahl der Mitreisenden spielt allerdings eine Rolle, denn der Mietpreis gilt pro Fahrzeug. Je mehr Insassen an Bord sind, desto günstiger wird es für den Einzelnen.

Versicherung: Der Standardpreis beinhaltet nur eine Basisversicherung unter Einbezug einer Selbstbeteiligung sowie Kaution. Wer seine wertvollen Ersparnisse nicht für Lackschäden, geplatzte Reifen und Auffahrunfälle ausgeben möchte, bucht ein zusätzliches Versicherungspaket. Mehr Schutz hat natürlich seinen Preis.

Reisezeit: Zur Hochsaison schellen die Mietpreise aufgrund der enormen Nachfrage in astronomische Höhen. Aber auch an stark besuchten Events wie dem Formel 1 Grand Prix in Melbourne liegen sie über dem Jahresdurchschnitt.

Reisestrecke: Die gewünschte Route beeinflusst ebenfalls den Preis. Wer im Dezember in Cairns auf Tour sein möchte, fährt in der tiefsten Nebensaison und hat dank kräftiger Regengüsse und Schwüle ordentlich gespart. Für Trips von Melbourne nach Sydney hingegen kostet der gleiche Camper für den gleichen Zeitraum ein kleines Vermögen.

Einwegmiete: Für Mieten, die nicht den gleichen Abgabe- wie Abholort haben, verlangt der Vermieter in der Regel eine einmalige Einweggebühr (ab 150 AUD). Diese ist umso höher, je weiter abgelegen und weniger nachgefragt eine der gewählten Niederlassungen ist.

Mietlänge: Mit steigender Mietdauer sinkt der Tagesmietpreis. Grund dafür sind einkalkulierte Langzeitrabatte, die meist ab drei Wochen zum Tragen kommen. Bucht der Reisende zwei Camper desselben Anbieters zu unterschiedlichen Zeiträumen, aber in einer bestimmtem Periode (meist drei Monate), kann er sich über Ermäßigungen für die Mehrfachmiete freuen. Da die meisten Vermieter oft auch Depots in Neuseeland haben, lässt sich eine Miete im Kiwi-Land ebenso anrechnen.

Für jeden weiteren Fahrer falllen i.d.R. Gebühren an

Feiertage: Haben die Niederlassungen an Feiertagen geöffnet, wie am 2. Weihnachtsfeiertag oder an Neujahr, fällt für die Abgabe bzw. Abholung mitunter eine zusätzliche Gebühr an (ca. 100 AUD).

4. Preisgestaltung der Campermiete

Buchungszeitpunkt: Es ist ratsam, das Fahrzeug frühestmöglich zu reservieren. Gerade in stark nachgefragten Reisezeiträumen sind Wohnmobile oft weit im Voraus ausgebucht bzw. steigen im Preis, je näher die Abholung rückt. Wer frühzeitig bucht, jubelt darüber hinaus über mögliche Frühbucherrabatte.

Zusatzequipment: Jeder Camper verfügt über eine Grundausstattung, zu der u. a. Küchenzubehör und Bettzeug gehören. Der Mieter kann außerdem weiteres Equipment hinzu buchen, z. B. Campingstühle, Navigationsgerät, Ventilator oder auch Kindersitze (ab 15 AUD).

Zusatzausrüstung wie Campingstühle erhöhen den Mietpreis

Alter: Bei einigen wenigen Vermietern müssen Reisende zwischen 18 und 21 Jahren mitunter einen höheren Beitrag für die Versicherung zahlen.

Extra-Fahrer: Jeder weitere Fahrer bezahlt eine zusätzliche Gebühr dafür, dass er ebenfalls hinterm Steuer sitzen darf (ab 3 AUD/Tag).

Auf eigene Kosten

Es steht wohl außer Frage, dass Nebenkosten für Kraftstoff und Lebensmittel prinzipiell vom Mieter zu tragen sind. Auch Gebühren für die Übernachtung auf Campingplätzen sowie Mautstraßen oder eventuelle Strafzettel etc. werden nicht übernommen. Selbst ein All-Inclusive-Super-Premium-Paket des Vermieters hat irgendwann seine Grenzen.

4.2 Das Wann und Wo der Miete

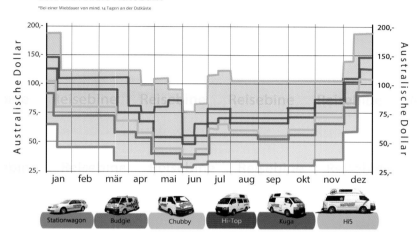

Tagespreise* und ihre Entwicklung übers Jahr für einen Camper von Travellers Autobarn

*Bei einer Mietdauer von mind. 14 Tagen an der Ostküste

www.autofahren-australien.de

(Quelle: autofahren-australien.de)

Je nach persönlicher Ausgangslage kann der Camper sowohl vor Abreise als auch in Australien gebucht werden. Backpacker sowie Langzeitreisende haben viel Zeit im Gepäck und sind damit deutlich flexibler. In ihrem Fall rentiert es sich, das Fahrzeug erst vor Ort zu mieten. Auf diese Weise können sie sich das Wunschmodell zunächst anschauen und sicherstellen, dass die Chemie zwischen ihnen stimmt.

Der klassische „Kurzzeiturlauber" hingegen sollte das Fahrzeug möglichst schon vor Abflug reservieren. So umgeht er die Gefahr, dass das Wunschmobil nach Ankunft ausgebucht ist bzw. verliert keine wertvolle Reisezeit bei der Suche nach dem passenden Gefährt. Zwar lässt sich der Camper so zuvor nicht „live und in Farbe" anschauen, aber viele Reiseveranstalter und Vermieter hierzulande verfügen über ein umfangreiches Foto- sowie Videomaterial, womit sich der Interessent einen realistischen Eindruck vom Wohnmobil machen kann.

Auch was den Preis betrifft, kommt der Reisende in der Regel günstiger, wenn er von zu Hause aus bucht. Er profitiert nicht nur von eventuellen Frühbucherrabatten und generell günstigen Preisen, da die Abholung noch in weiter Ferne liegt. Ebenso geben die Vermieter über ihre Partneragenten Vergünstigungen an den Kunden weiter, um durch Vorabbuchungen die Auslastung ihrer Fahrzeugflotte frühzeitig zu optimieren. Last-Minute-Schnäppchen kommen eher selten vor. Wer in der Heimat bucht, sichert sich außerdem in der Regel einen garantierten Reisepreis seitens des Anbieters, sobald die Buchung bestätigt ist. Der Urlauber geht so kein Währungsrisiko aufgrund von Wechselkursschwankungen ein; eine nachträgliche Preisanpassung ist ausgeschlossen.

> **TIPP: Relocation eines Campers**
> Entscheidet sich der Reisende für eine kurzfristige Anmietung vor Ort, kann er mit einem sogenannten Relocation-Deal ein wahres Schnäppchen machen. In diesem Fall fährt er ein ganz bestimmtes Fahrzeug für den Vermieter von A nach B. Vorteil: Der Mieter zahlt, wenn überhaupt, nur einen Tiefstpreis. Nachteil: Modell und Fahrroute liegen fest. Hinzu kommt ein sehr enger Zeitrahmen, in welchem das Fahrzeug zu überführen ist. Für Sightseeing bleibt da wenig Zeit.

Und schließlich überzeugt ein ganz simpler Grund, sich den Camper bereits bei einem Reiseveranstalter bzw. Vermittler in der Heimat zu sichern: Der Selbstfahrer kann sich ausführlich auf Deutsch beraten lassen. Gerade bei der kostspieligen Fahrzeugmiete sind viele Fragen oder Unsicherheiten zu klären. Informationsmaterial zu Touren und Fahrtipps gibt es oft gratis dazu. Ein ausgestellter Sicherungsschein sichert die Vorauszahlungen des Mieters im Fall einer Insolvenz des Vermieters. Hat der Kunde während der Reise Probleme am Fahrzeug oder mit dem Vermieter, ist es ihm möglich, sich an seinen Reiseveranstalter zu wenden. Auch wenn diesem durch die Distanz ein Stück weit die Hände gebunden sind, kann er zumindest zwischen Mieter und Vermieter vermitteln. Und sollte es schließlich zu einem Rechtsstreit kommen, unterliegt der Reisende aufgrund des Vertragsrechts der Rechtsprechung seines Heimatlandes. Streitigkeiten müssen so nicht mühselig über die Distanz mit einem australischen Gericht ausgetragen werden. Doch dazu kommt es hoffentlich nicht.

Für die eigentliche Campersuche bzw. -reservierung stehen dem Interessenten zahlreiche Wege offen. So kann er sein perfektes Angebot entweder im Katalog der großen Reiseveranstalter finden oder ins Reisebüro gehen und dort nicht nur einen Camper, sondern ebenso Flug und Touren buchen. Online-affine Urlauber stürzen sich in die Tiefen des Internets. Hier wartet eine mittlerweile immense Zahl an Camper-Vergleichsportalen nur darauf, mithilfe der Suchmaschine den passenden Gefährten auszuspucken. Angebote sind entweder direkt buchbar oder werden nach unverbindlicher Anfrage per E-Mail geschickt. So kann der kommende Selbstfahrer bequem von der Couch aus nach dem perfekten Preis-Leistungs-Verhältnis schauen. Es lohnt sich auf jeden Fall, mehrere

Seiten und Kataloge miteinander zu vergleichen, denn oft bietet nicht jeder Reiseveranstalter alle renommierten Camperfirmen an. Wer ohne Zwischendistanzen buchen möchte, kann dies natürlich auch direkt beim Vermieter tun. Eine Übersicht über Camperanbieter in Deutschland ist im Anhang zu finden.

5. Campervermieter in Australien

In Australien gibt es viele renommierte Vermieter

5. Campervermieter in Australien

Urlauber in Australien, allen voran Deutsche, haben einen hohen Qualitätsanspruch, wenn es um Autos geht. Sie sind an zuverlässige Fahrzeuge gewöhnt, die sie problemfrei zum Ziel bringen. Was nicht ihrer bekannten Norm entspricht, wird bisweilen zunächst mit Skepsis beäugt. Dies gilt vor allem bei Mietfahrzeugen, deren Pflege und Wartung nicht ihrer Kontrolle unterliegen und somit detailliert hinterfragt werden.

Bei australischen Vermietern ist jede Sorge hinsichtlich Sicherheit und Service unbegründet. Natürlich gibt es unter ihnen die schwarzen Schafe, über die man jedoch ausgiebig im Internet nachlesen und sich ein eigenes Urteil bilden kann. Die bekannten Vermieter sind hingegen seit vielen Jahren im Geschäft und bieten einen hohen Standard. In der Regel operieren sie parallel in Neuseeland, sodass sich für Inselhopper eventuell ein Mehrfachmieten-Rabatt ergibt. Die Fahrzeugflotte ist gemäß ihrem Baujahr gepflegt und wird regelmäßig gewartet. Während der gesamten Miete stehen die Vermieter nicht nur als Ansprechpartner zur Verfügung, sondern sie geben darüber hinaus hilfreiche Tipps sowie Rabatte auf Attraktionen und Campingplätze. Welches Gesamtpaket der Mieter bucht und zu welchem Preis, hängt maßgeblich davon ab, für welche Vermieterkategorie er sich entscheidet.

5.1 Vermieter im Budgetbereich

Australien ist sehr beliebt bei jungen Erwachsenen zwischen 18 und 31 Jahren, die den Kontinent mit einem Working-Holiday-Visum bereisen. Jene Backpacker möchten möglichst günstig durch das Land touren. Einige Vermieter haben sich auf diese preisbewusste Zielgruppe spezialisiert. Sie vermieten mehrheitlich kleinere Modelle an Reisende ab 18 Jahren. Damit sind die sogenannten

Jucy fällt auf durch knallige Farben

low cost-Camper vor allem für die jüngeren Urlauber von Interesse, da das erforderliche Mindestalter anderer Anbieter oft bei 21 Jahren liegt.

Die niedrigen Tagesmietpreise resultieren aus einer bis zu zehn Jahre alten Fahrzeugflotte (wenn nicht sogar älter), die mitunter deutliche Gebrauchsspuren aufweist, seien es Kratzer, Dellen oder sichtbare

Reparaturarbeiten an der Innenausstattung. Dem Alter und der Fahrleistung entsprechend hoch sind die gefahrenen Kilometer, die nicht selten jenseits der 300.000 Kilometer liegen.

TIPP: Vom Schock über den Kilometerstand

Auch unser erster Camper „Franky" hatte bereits mehr als 500.000 km auf dem Buckel; der anfängliche Tacho-Schock war entsprechend heftig. Der hohe Kilometerstand, für heimische Verhältnisse vielleicht nicht undenkbar, aber zumindest fraglich, ist einmal mehr den großen Entfernungen Australiens geschuldet und damit alles andere als ungewöhnlich. Gerade bei einem regelmäßig vermieteten Camper summieren sich die Kilometer sehr schnell. So gesellten sich während unserer dreiwöchigen Tour allein 5000 km zur Tachoanzeige hinzu. Hier mit deutschen Maßstäben anzusetzen und die Fahrtauglichkeit des Autos anzuzweifeln, widerspräche wohl der australischen Auffassung eines *fairgo*.

Die Wohnmobile der Budget-Vermieter sind komfortabel und zuverlässig. Sie werden regelmäßig gewartet und technisch überprüft. Eine Grundausstattung ist in der Regel enthalten bzw. kann ebenso wie Zusatzequipment dazu gemietet werden. Auch der Service der Vermieter steht dem neuwertiger Fahrzeuganbieter in nichts nach, wenngleich er deutlich reduziert ist. So gibt es z. B. weder einen kostenfreien Bettwäsche-Wechsel im nächsten Depot noch Porzellangeschirr in der Küche.

Travellers Autobarn ist seit über 20 Jahren im Geschäft

Wicked-Camper

Ein auch unter den Australiern sehr umstrittener Vermieter ist Wicked, der in erster Linie an Backpacker auf der Suche nach dem ultimativen Schnäppchen vermietet. Die sehr schrill, mit kontroversen Sprüchen bemalten Vans locken mit offensiven Werbekampagnen für ihre Tiefstpreise. Dass dabei die Fahrtauglichkeit auf der Strecke bleibt, deckte eine Untersuchung des Staates Queensland im Jahr 2010 auf. Mechaniker sprachen der Mehrheit der Fahrzeuge ein bedenkliches Zeugnis aus; sie wurden umgehend aus dem Verkehr gezogen. Wicked wehrte sich gegen die Vorwürfe. Doch noch immer weht ein kräftiger Gegenwind, z. B. mit Unterschriftsammlungen gegen frauenfeindliche Marketing-Aktionen.

Budget-Vermieter wenden sich an junges bzw. junggebliebenes Zielpublikum, das sehr preisbewusst reist und dafür Abstriche beim Komfort und Alter des Fahrzeuges in Kauf nimmt. Ein hoher Qualitätsanspruch steht bei diesen Campermodellen nicht im Vordergrund, sonder eher die Einsparungen beim Mietpreis. Wer bei Gebrauchsspuren und 300.000 gefahrenen Kilometern Bauchschmerzen bekommt, sollte lieber etwas mehr Geld für die Miete beiseite legen.

Beispiele für Budget-Vermieter
- Travellers Autobarn
- Jucy Rentals
- Mighty Campers
- Cheapa Campa
- Hippie Camper
- Camperman
- Spaceships
- Tassie Motor Shacks

5.2 Vermieter im Economybereich

Traditionelle Vermieter lassen sich in der Economy-Sparte einordnen und bewegen sich im preislichen Mittelfeld. Das Mindestalter für Mieten liegt in der Regel bei 21 Jahren. Die Fahrzeugflotte ist besonders breit gefächert und umfasst sowohl kleinere Hochdachcamper als auch große Motorhomes für bis zu sechs Personen sowie Geländewagen. Sie sind meist nicht älter als fünf Jahre. Entsprechend neuwertig ist die Einrichtung, wenngleich sich auch nach mehrjähriger Nutzung Gebrauchsspuren nicht ausschließen lassen. Zusätzliche Ausstattungsmerkmale wie eine Nasszelle mit Dusche und WC sowie ein großzügiges Raumangebot erhöhen den Reisekomfort.

Apollo ist ein führender Economy-Anbieter in Australien

Verglichen mit den Campern aus dem Budgetbereich punkten die Modelle aus der Economy-Kategorie mit einem für die breite Mehrheit ansprechendem Preis-Leistungs-Verhältnis, das die

Qualität auf Reisen stärker in den Fokus rückt. Darunter fällt ein ausgiebiger Service sowie ein breites Spektrum an zusätzlich buchbaren Equipment. Eine intensive Wartung sowie Pflege garantieren ein neuwertiges Fahrzeug. Nichtsdestotrotz ist auch bei den Fahrzeugen dieser Gruppe mit einem etwas erhöhten Kilometerstand zu rechnen.

Zielgruppe dieser Vermieter sind anspruchsvollere Reisende, meist älter als 30 Jahre. Die Urlauber sind gern dazu bereit, für neuere Modelle und erhöhten Komfort mehr Geld auszugeben. Besonders Familien richten aufgrund ihrer erhöhten Ansprüche, aber der begrenzten Reisekasse ihr Augenmerk auf Camper dieser Kategorie. Daher vermieten viele Anbieter zusätzlich Kindersitze und informieren umfassend über Selbstfahrerreisen mit Kindern.

Beispiele für Economy-Vermieter
- Britz Rentals
- Apollo Motorhome Holidays
- Let's Go Motorhomes
- Cruisin Motorhomes

5.3 Vermieter im Premiumbereich

Maui ist ein Premiumanbieter und gehört zur thl-Gruppe

Wer ein Wohnmobil im Luxussegment mietet, erhält ein Fahrzeug, das nicht älter als ein oder zwei Jahre ist und damit als brandneu bezeichnet werden kann. Sie werden von den Vermietern als Neufahrzeuge angeschafft und anschließend in den betriebseigenen Werkstätten umgebaut. Die Bedürfnisse der äußerst anspruchsvollen Kunden, die älter als 21 Jahre alt sein müssen, stehen dabei voll und ganz im Vordergrund.

Der hochwertige, großzügige Innenausbau sowie stilvolle Ausstattungsdetails vermitteln dem Mieter ein Gefühl von Luxus, auf den auch bei Campingreisen nicht verzichtet werden muss. Ein herausragender Service von Anfang bis Ende runden das exklusive Gesamtangebot ab – ein Angebot, das natürlich seinen Preis hat. Da ein weitläufiges Platzangebot ebenso zu den Anforderungen der Mieter gehört, finden sich in der Fahrzeugflotte der Premiumanbieter meist ausschließlich längere Kastenmodelle oder große Motorhomes.

Premiumcamper eignen sich für Urlauber, die während ihrer Reise nicht auf erstklassigen Komfort und ein gewisses Maß an Luxus verzichten möchten. Ihre Reisekasse lässt den hohen Qualitätsanspruch ohne Weiteres zu.

Beispiele für Premium-Vermieter
- Maui Rentals
- Star RV Rentals

Mehrere Vermieter unter einem Dach
Viele Camperfirmen vereinen mehrere Anbieter. Maui, Britz und Mighty gehören beispielsweise alle zur neuseeländischen thl-Gruppe. Die Modelle sind überwiegend identisch, besitzen jedoch ein unterschiedliches Branding und richten sich gemäß ihres Baujahres an verschiedene Zielgruppen. So werden praktischerweise die Wohnmobile von einer Kategorie in die nächste durchgereicht. Ist z. B. ein Maui-Fahrzeug älter als zwei Jahre und genügt damit nicht mehr den Ansprüchen, wird daraus ein Britz-Modell. Es verbleibt weitere zwei bis drei Jahre in der Economy-Sparte, ehe die Firma es schließlich zu einem Mighty-Camper der Budgetkategorie umfunktioniert.

5.4 Niederlassungen

Wohnmobilanbieter verfügen über kein annähernd so weit verzweigtes Netz an Niederlassungen, wie man es von der Pkw-Miete kennt. Nicht etwa in jeder größeren Stadt, sondern lediglich in den großen Touristen-Hotspots des Landes befinden sich die Depots der Camperfirmen. Von allzu großem Nachteil ist das für den Selbstfahrer jedoch nicht, da dieser in der Regel eh zwischen den bekannten Urlaubsorten verkehrt bzw. einen Camper dort anmietet, wo ein Flughafen zur An- und Abreise vorhanden ist. Vermieter, die zu einer Gruppe gehören, teilen sich in der Regel den Standort. So stehen die Fahrzeuge der thl-Gruppe, Mighty, Britz und Maui, in den selben Niederlassungen.

Die Standorte liegen zum Teil direkt am Flughafen und sind damit fußläufig oder durch eine kurze Taxifahrt erreichbar. Nur die Premiumvermieter bieten in der Regel eine Abholung vom

Die Niederlassungen sind gemütlich eingerichtet

Flughafen an. In anderen Fällen befindet sich das Depot in der Nähe des Stadtzentrums, sodass mitunter eine Anfahrt mit öffentlichen Verkehrsmitteln oder dem Taxi erforderlich ist.

Etwas einschränkend ist die regionale Verteilung der Depots, denn sie befinden sich vermieterübergreifend mehrheitlich an der viel besuchten Ostküste – in Cairns, Brisbane, Sydney und Melbourne. Spaceships hat z. B. ausschließlich Niederlassungen dort. Je nach Vermieter kommen weitere Büros hinzu. Travellers Autobarn vermietet ebenso wie viele weitere Anbieter zusätzlich in Perth und Darwin. Die weniger nachgefragten „Außenposten" Adelaide sowie Alice Springs, Broome und Hobart auf Tasmania sind oft nur bei den Economy- und Premiumanbietern verfügbar. Einige Depots wurden aufgrund der geringen Nachfrage bereits geschlossen. So verfügte die thl-Gruppe bis vor wenigen Jahren noch über eine Niederlassung in Ballina bei Byron Bay. Andere Anbieter hingegen wie Camperman Australia oder

In den Depots findet der Mieter zahlreiches Infomaterial

Jucy betreiben weiterhin einen Standort an der Gold Coast bzw. in Townsville. Des Weiteren ist nicht zwangsläufig jedes Fahrzeugmodell in jedem Depot des Vermieters erhältlich. Gründe dafür können die geringe Anzahl an Fahrzeugen oder begrenzter Stellplatz sein. Wer sich für ein Fahrzeugmodell entscheidet, sollte also zuvor sicherstellen, dass der gewünschte Abhol- bzw. Abgabeort auch zur Verfügung steht.

Die Öffnungszeiten variieren je nach Vermieter, Depot sowie Saison und orientieren sich an den normalen Geschäftszeiten in Australien. Eine Abholung und Abgabe der Fahrzeuge ist in der Regel zwischen 8 und 16 Uhr möglich. Vom Gedanken eines 24/7-Betriebes sollte sich der Reisende also schnell verabschieden. Einige Vermieter, z. B. Travellers Autobarn, haben sogar am Samstag verkürzte Öffnungszeiten und sonntags geschlossen. Größere Anbieter wie Britz reduzieren ihren Betrieb nur in der Nebensaison. So sind die Standorte an der Ostküste mit Ausnahme von Cairns im Winter am Sonntag ebenfalls zu, andere Depots wie Hobart, Darwin oder Alice Springs komplett geschlossen. Hinzu kommen Schließ- oder angepasste Bürozeiten an Feiertagen und zu besonderen Events.

Ein Überblick über die bekannten Vermieter und deren Mietkonditionen befindet sich im Teil 5.

> **TIPP: Camperrückgabe nach Schließzeit**
> Bei einigen Vermietern ist ein sogenannter *late-drop-off* möglich, also eine Abgabe außerhalb der Geschäftszeiten. In diesem Fall wird der Camper auf einem ausgewiesenen Stellplatz geparkt und der Zündschlüssel in eine Schlüsselbox geworfen. Eine vorherige Genehmigung des Vermieters ist zwingend erforderlich.

Landesweite Verteilung der Campermietstationen in Australien

Darwin

Cairns

Townsville

Alice Springs

Brisbane
Gold Coast

Sydney

Adelaide

Melbourne

Launceston

Hobart

6. Campertypen in Australien

Ob groß oder klein – in Australien findet jeder sein passendes Gefährt

6. Campertypen in Australien

Auf den Straßen Australiens ist ein buntes Sammelsurium an Campern unterwegs. Die einen sind umgebaute Vans, andere gleichen fahrenden Bungalows. Sie kommen als Anhänger mit einem ziehenden Geländewagen oder als Kompaktcamper mit Zelt auf dem Dach. Einige von ihnen sind in knalligen Farben bemalt, viele fahren schlicht in weiß umher. Trotz aller Verschiedenheiten greifen die Vermieter untereinander bei ihrer Fahrzeugflotte weitestgehend auf die gleichen Standardmodelle zurück. Diese tragen zwar allesamt ein anderes Logo auf dem Lack, sind aber in Modell, Größe und technischen Daten meist identisch.

> **Kein Wunschkonzert**
>
> Oft liegen einem Campertypen mehrere Fahrzeugmodelle zugrunde wie Mercedes oder VW. Davon abhängig kommt das Wohnmobil entweder mit Automatik oder Gangschaltung und variiert mitunter deutlich in den Ausmaßen. Es ist dem Mieter allerdings nicht möglich, vorab ein Wunschmodell, z. B. vorzugsweise mit Automatik, zu reservieren.

Ehe sich der Reisende mit voller Motivation in die üppige Camperauswahl stürzt, noch ein, zwei kurze Überlegungen vorab:

Abhängig von der Führerscheinklasse kann ggf. nicht jedes Modell gefahren werden. Wer seinen Führerschein noch zu „grauen" oder „rosa" Zeiten gemacht hat, darf mit der Klasse 3 auch nach Umschreibung in einen EU-Scheckkartenführerschein Wohnmobile bis zu 7,5t fahren. Entscheidend dafür ist die Klasse C1. Fahrer, die ihre Fahrerlaubnis erworben haben, als der EU-Führerschein bereits im Umlauf war, besitzen ohne weitere Fortbildungen nur die Klasse B und müssen sich mit den 3,5t-Modellen zufrieden geben. Weitere Infos zum Führerschein und Fahren im Ausland folgen im Kapitel 8.

Die Van-Flotte von Jucy

Außerdem ist es nicht immer empfehlenswert, die Maximalbesetzung eines Campers voll auszuschöpfen. Auf engem Raum bleiben mitunter die Privatsphäre und damit auch der Urlaubsfrohsinn auf der Strecke. Möchte man dem befreundeten Pärchen auch nach dem gemeinsamen Camperurlaub noch nahestehen, sollten vielleicht besser zwei kleinere Fahrzeuge statt eines großen Campers gemietet werden.

6.1 Kombis und Minivans

Diese Campertypen sind beinahe ausschließlich in der Fahrzeugflotte der Budgetanbieter zu finden und besonders bei den jungen Backpackern beliebt. Sie versprechen in ihrer Einfachheit die klassische Vorstellung eines *road trips*, wie ihn viele Work and Traveller noch heute haben.

Der Kombi in Australien, auch *station wagon* genannt, ist zumeist ein Ford Falcon, Mitsubishi Magna oder der einheimische und hoch verehrte Holden Commodore. Bis zu fünf Personen können mit diesem zuverlässigen und pflegeleichten Modell unterwegs sein, das aufgrund des soliden Motors sowie schnittiger Form besonders schnell und auf langen Strecken spritsparend unter-

wegs ist. Für den geringen Mietpreis nimmt der Reisende einen bescheidenen Komfort in Kauf. Das Fahrzeug bietet wenig Platz bzw. Stauraum. Geschlafen wird durch Umklappen der Rückbank im Kofferraum zwischen Gepäck, Kühlbox und Flipflops. Eine Matratze sowie Schlafsäcke geben ein wenig Gemütlichkeit während der Nacht. Ist der Wagen voll besetzt, müssen die weiteren Insassen auf ein Zelt ausweichen.

Station wagon **inkl. Ausstattung im Kofferraum**

Hier genießen Mieter die wohl ursprünglichste Form des Campings. Ein Kombi dient in erster Linie dem Vorwärtskommen und nicht als Camper im eigentlichen Sinne. Hoch im Kurs steht dieses Modell daher eher bei kauf- und weniger bei mietinteressierten Reisenden.

Station wagon
- bis zu 5 Personen
- Führerscheinklasse 3 bzw. B
- 4,1 l Benzinmotor, ca. 13-14 l/100 km
- Automatik, Servolenkung
- bis zu 5,3 x 1,7 x 1,5 m (Länge x Breite x Höhe)

Für den Minivan bzw. Kleinbus stellen der Mitsubishi Express, Ford Econovan, Mazda E2000 oder Toyota Tarago ihre Karosserie zur Verfügung. Bei den meisten Vermietern ist er das kleinste verfügbare Fahrzeugmodell, überzeugt jedoch beim Preis. Im Vergleich zum Kombi hat er zwar den schwächeren Motor, bietet allerdings deutlich mehr Platz und damit Komfort. Der Lebensbereich ist von der Fahrerkabine getrennt. Durch eine seitliche Schiebetür sowie die hintere Heckklappe gelangt man schnell in den Innenraum. Darin kann man zwar nicht stehen, aber durch geschickte Ausbauten lassen sich Küchenzeile, Bett und Stauraum räumlich gut voneinander trennen. Jeder noch so kleinste Platz wird effektiv genutzt.

Im Innenraum befindet sich eine Sitzecke mit Tisch, die nachts durch einfache Griffe in ein Doppelbett umgebaut werden kann. Der Stauraum unter den Sitzbänken oder an den Wänden angebrachte Netze eignen sich bestens für die Unterbringung von Equipment wie Getränke oder Reiseführer. Eine kleine Küchenzeile bietet eine Grundausstattung mit Kühlbox oder Mini-Kühlschrank. Mithilfe eines Camping-Gaskochers bereitet sich der Mieter seine Festmahle in freier Natur zu. Den Abwasch erledigt der Urlauber in einer Spüle, die sich über einen kleinen Frischwassertank mit kaltem Wasser füllt. Mitunter verfügt der Minivan über einen Dachgepäckträger sowie ein Vorzelt.

Minivan

- bis zu 2 Personen
- Führerscheinklasse 3 bzw. B
- 2,0-2,4 l Benzinmotor, ca. 10-14 l/100 km
- Handschaltung o. Automatik, Servolenkung
- bis zu 5 x 2,1 x 2,5 m (Länge x Breite x Höhe)
- Zwei-Wege-Batteriesystem

6.2 Hochdachcamper

Hochdachcamper, sogenannte Hitops, sind weit verbreitet und besonders bei Paaren und gemeinsam reisenden Freunden sehr beliebt. Sie bieten auf kompakter Größe alles, was man für einen mehrwöchigen Campingtrip benötigt, ohne dafür große Abstriche beim Komfort machen zu müssen. So ist allein der Umstand, dass man im Fahrzeug stehen kann, für viele ein Pluspunkt.

Bei den Hochdachmodellen handelt es sich in der Regel um umgebaute Toyota Hiace oder Nissan Caravan Modelle, die in zwei Größen angeboten werden. Das kleinere Modell bietet Platz für bis zu drei Personen, die beim Fahren allesamt in der Fahrerkabine sitzen. Hier fühlt man sich schnell wie eine Sardine in der Büchse. Ist man nur zu zweit unterwegs, lässt sich der Mittelsitz in eine praktische Ablage bzw. kleinen Tisch verwandeln. In der größeren Ausgabe für bis zu fünf Insassen sitzen zwei Reisende im Innenraum des Campers.

Dort ist eine vollwertige Küche mit Gasherd und Kühlschrank eingebaut. Weitere Lebensmittel sowie Kochzubehör sind in den vielen Schubfächern unterge-

Hochdachcamper kommen in zwei Größen

bracht. Ein Frischwassertank versorgt die Reisenden mit kaltem Wasser. Im hinteren Teil des Fahrzeuges befindet sich die Sitzecke mit Tisch, die für die Nacht unkompliziert in ein Bett umgebaut wird. Die verbleibenden Personen schlafen im Penthouse, also im Hochdach. Dieses sorgt am Tag für eine bequeme Stehhöhe auch für größere Personen und als zusätzlicher Stauraum. Der Aufstieg hinauf in die Schlafkoje erfolgt mitunter etwas gewagt über die Küchenarbeitsplatten oder per Leiter. Unsportliche oder ältere Personen sind hierbei durchaus benachteiligt. Acht geben sollte der Schlafende auf seinen Kopf, denn viel Luft nach oben gibt es nicht. Auch wenn die Konstruktion auf den ersten Blick sehr abenteuerlich erscheint und der Reisende in den ersten Nächten durchaus Alpträume von einstürzenden Betten durchlebt, gehören diese Campermodelle zu den gängigsten und beliebtesten des Fünften Kontinents.

> Hochdachcamper
> * bis zu 5 Personen
> * Führerscheinklasse 3 bzw. B
> * 2,4-2,7 l Benzinmotor, ca. 12-14 l/100 km
> * Handschaltung o. Automatik, Servolenkung
> * bis zu 5,6 x 1,9 x 3 m (Länge x Breite x Höhe)
> * Zwei-Wege-Batteriesystem

6.3 Sprintermodelle

Die Kastenmodelle unter den Campern bieten bis zu drei Reisenden äußerst viel Platz sowie Komfort. So heben sich diese Camper allein durch die eingebaute Nasszelle mit Dusche und WC von den zuvor beschriebenen Varianten ab. Die langgestreckten Großraumcamper sind in der Regel Mercedes, Ford oder VW-Fahrzeuge.

Ein Kasten-Camper von Britz

Der Innenraum ist über eine Schiebetür sowie Hecktüren zugänglich. Eine großräumige Sitzecke bieten weiteren Gästen, die man z. B. auf dem Campingplatz kennengelernt hat, Platz. Sie wird wie auch bei den anderen Modellen durch einfachen Umbau in ein Doppelbett umgewandelt. Bei drei reisenden Personen lässt sich der dritte Sitzplatz in ein Einzelbett umfunktionieren. In der eingebauten, großzügigen Küche fehlt es an nichts. Ein großer Kühlschrank sowie ein mehrflammiger Gasherd sorgen für kulinarische Genüsse. Der Wassertank liefert kaltes sowie warmes Wasser in der Spüle und unter der Dusche, die Reste landen im separaten Abwassertank. Zahlreiche Schränke an den Wänden und unter den Arbeitsplatten bieten Stauraum für großes und kleines Gepäck, seien es Kosmetika, Kartenmaterial oder Kleidung. Bei diesen Modellen kann sich der Mieter sicher sein, dass während der Reise nichts im Weg steht bzw. ständig hin und her geräumt werden muss.

> **Sprintermodell**
> - bis zu 3 Personen
> - Führerscheinklasse 3 bzw. B
> - 2,2-2,5 l Turbodiesel, ca. 10-12 l/100 km
> - Handschaltung o. Automatik, Servolenkung
> - bis zu 7,1 x 2,0 x 3,2 m (Länge x Breite x Höhe)
> - Zwei-Wege-Batteriesystem

6.4 Alkoven-Wohnmobile

Die klassischen Motorhomes sind die größten der Fahrzeugflotte und bieten bis zu sechs Personen Platz. Zum Einsatz kommen vor allem Mercedes, VW, Fiat Ducato und Ford-Modelle. Besonders beliebt sind diese Fahrzeuge bei Familien, denn sie versprechen genügend Platz und Freiraum für Groß und Klein. In der Fahrerkabine sitzen zwei Insassen, die anderen Urlauber machen es sich auf den Plätzen der Sitzecken gemütlich. Es gibt auch einige Modelle, in denen alle Insassen in einer zweireihigen Fahrerkabine Platz nehmen, die räumlich getrennt vom Innenraum des Wohnmobils ist. Diese sind jedoch eher selten verfügbar.

Über eine Seitentür und eine ausfahrbare Treppe gelangt der Reisende in das Wohnmobil. Auch hierin werden die Sitzecken zu komfortablen Doppelbetten umgewandelt, ein weiteres Bett ist über der Fahrerkabine eingebaut. Der Aufstieg erfolgt über eine Leiter. Nasszelle mit Dusche und WC befinden sich ebenso im Camper wie eine geräumige Küche. Dank eines großen Kühlschranks sowie eines mehrflammigen Gasherdes ist die Versorgung von bis zu sechs hungrigen Mäulern ohne Probleme möglich. Große Frisch- und Abwassertanks sorgen für den Zu- und Abfluss von kaltem oder warmem Wasser. Auch um das viele Gepäck muss sich der Urlauber keine Sorgen morgen. Zahlreiche Hängeschränke sowie Ablagen unter den Sitzbänken bieten ausreichend Stauraum für Kleidung, Lebensmittel, Bettwäsche, Spielzeug & Co.

Großes Motorhome von Maui

Alkoven-Wohnmobile
- bis zu 6 Personen
- Führerscheinklasse 3 bzw. B/C1
- 2,2-2,5 l Turbodiesel, ca. 11-14 l/100 km
- Gangschaltung o. Automatik, Servolenkung
- bis zu 7,7 x 2,8 x 3,5 m (Länge x Breite x Höhe)
- Zwei-Wege-Batteriesystem

6.5 Geländewagen

Australien bietet für Abenteurer, die abseits der ausgetretenen Touristenpfade unterwegs sein möchten, ein unvergessliches Offroad-Spektakel. Erinnern wir uns – die Mehrheit der Straßen sind unbefestigt. Einzigartige Wildnis-Regionen wie die Kimberleys in Western Australia oder die Cape York Peninsula nördlich von Cairns sind, wenn überhaupt, nur mit einem 4WD zugänglich. Wem beim Anblick von staubigen Schotterpisten, hohen Sanddünen und wurzeldurchzogenem Gelände das Herz schneller schlägt, hat in Australien die Möglichkeit, mit einem 4WD den Kontinent von seiner ungezähmten Seite zu entdecken.

Doch nicht jeder, der möchte, sollte sich auch hinter das Steuer eines Geländewagens setzen. Der Umgang mit diesen hochwertigen Fahrzeugen erfordert langjährige Fahrroutine, auch auf unwegsamen Gelände, und ein gewisses

Für Strecken wie diese ist ein Geländewagen nötig

mechanisches Verständnis bzw. Geschick. Wer nicht weiß, wie viel Luft im Reifen je nach Untergrund abzulassen oder mit welchem Gang der Hügel zu erklimmen ist, erkundet vielleicht doch besser auf geteerten Straßen das Land oder belegt zuvor einen Kurs im 4WD-Fahren. Einige Vermieter bieten diesen an oder bestehen sogar darauf. Ein Mindestalter von mitunter 25 Jahren kommt hinzu.

Nur für denjenigen, der vorwiegend in den endlosen Weiten des Outback unterwegs sein möchte, lohnt sich die Miete eines Geländewagens tatsächlich. Für Fahrten entlang der Ostküste rentiert sich ein 4WD hingegen ganz und gar nicht. Selbst Vermieter wie Britz raten davon ab. Die Region ist vergleichsweise dicht besiedelt und gut erschlossen. Hier muss der Fahrer schon eine Weile unterwegs sein, um unwegsames und damit gelobtes Gelände vorzufinden. Denn Teer gehört sicherlich nicht zum bevorzugten Fahruntergrund eines Landcruisers. Wo bleibt da der Spaß?

> **TIPP: Tag-Along-Tour**
>
> Wer sich nicht ganz sicher im Umgang mit einem 4WD ist, jedoch auf das Fahrvergnügen nicht verzichten möchte, kann an einer sogenannten Tag-Along-Tour teilnehmen. Hier erkundet man in einem gemieteten oder dem eigenen Geländewagen zusammen mit anderen Reisenden und Fahrzeugen eine bestimmte Region, wie z. B. Fraser Island. Ein an der Spitze fahrender Tourguide informiert über die Attraktionen entlang der Strecke und ist zugleich Fahrlehrer.

Der Toyota Landcruiser ist der wohl legendärste Geländewagen auf Australiens Offroad-Pisten. Weitere gängige Modelle sind der Toyota Hilux, Mitsubishi Pajero oder Nissan Petrol. Je nachdem, mit wie vielen Personen man unterwegs ist und welchen Komfort man sich wünscht, bieten die 4WD bis zu fünf Personen Platz und kommen in ganz unterschiedlichen Ausführungen.

Mit einem Geländewagen ist man fit fürs Outback

Während der Fahrt sitzen die Urlauber in der Fahrerkabine. Im hinteren Teil des Autos befindet sich meist eine kleine Sitzecke sowie Küchenzeile mit wesentlichem Zubehör. Eine Schlafmöglichkeit für zwei Personen bietet ein ausfahrbares Hochdach. Alternativ lässt sich bei anderen Fahrzeugtypen ein Fünf-Mann-Zelt über das Auto

Hier ist weniger Platz als bei größeren Campern

spannen und sorgt für ausreichend Schlafplatz auf dem Dach bzw. am Boden. Wer trotz Abenteuer in der Wildnis ein wenig mehr Komfort genießen möchte, kann bei einigen Modellen die Vorzüge eines Campers und 4WD miteinander kombinieren. Dies geschieht z. B. über einen großzügigen Alkovenaufbau, der für deutlich mehr Platz im Inneren des Fahrzeuges sorgt. Oder man entscheidet sich für einen separaten Wohnwagen. Anbieter wie z. B. Crickey vermieten diese samt Geländewagen. So lassen sich die eigentlichen Offroad-Touren mit dem 4WD erleben, während sich der Wohnwagen auf dem Campingplatz von der anstrengenden Fahrt erholt. Je nach Modell lässt sich weiteres Zubehör auf den Dachgepäckträgern verstauen.

Geländewagen

- bis zu 5 Personen
- Führerscheinklasse 3 bzw. B
- 3,0 Diesel o. 4,5 l V8 Turbodiesel, ca. 12-14 l/100 km
- Gangschaltung, Servolenkung, Allradantrieb, Schnorchel
- bis zu 5,3 x 2,0 x 2,4 m (Länge x Breite x Höhe)
- Zwei-Wege-Batteriesystem

7. Ausstattungsdetails der Camper

Die Camper sind kleine Wohnungen

7. Ausstattungsdetails der Camper

Schaut man sich die Bilder und Angaben der Vermieter an, stellt man schnell fest, dass der Innenausbau oft nach dem gleichen Vorbild erfolgt, lediglich die Bezeichnungen sind anders. Wie wäre es mit einem zierlichen Chubby, einer kompakten Juliette oder gar einem Hercules? Die Taufnamen der einzelnen Fahrzeugtypen sind mitunter sehr erheiternd und geben Ausschluss über den „Charakter" hinter der Fassade. Was bei dem einen Anbieter Venturer heißt, trägt bei einem anderen den Namen Deuce. Doch wenngleich einzelne Design-Modelle wie z. B. der Jackpot von Mighty von der Vorlage abweichen, stimmen die Campereinbauten und Features unter den Vermietern weitestgehend überein. Wer den Hitop von Britz mit dem namensgleichen Hitop von Apollo oder Travellers Autobarn vergleicht, erkennt höchstens im Preis und im Klein-gedruckten die Unterschiede.

7.1 Innenausbau

Wichtiges Auswahlkriterium bei der Campersuche ist die Größe und damit verbundene Menge an Sitz- und Schlafplätzen. Je nach Fahrzeugmodell sitzen die Insassen allesamt in der Fahrerkabine oder auch im Wohnraum. In den Hitop-Campervans kann es bei drei ausgewachsenen Personen im Fahrbereich mitunter sehr eng zugehen, da der mittlere Platz lediglich ein schmaler Klapp-sitz ohne Kopfstütze und Armlehnen ist. Der Leidtragende hat trotz seines Platzes in der goldenen Mitte weitaus weniger Beinfreiheit als auf seinem Hinflug in der Economy Class.

In der Fahrerkabine können bis zu drei Personen sitzen

Bei mehr als drei Reisenden sind die weiteren Sitz-plätze im Innenbereich des Wohnmobils verteilt. Sie befinden sich abhängig vom Modell entweder im Be-reich der hinteren Sitzecke an der Heckklappe und damit weit entfernt von der Fahrerkabine oder direkt hinter den Fahrern. Gelegentlich sind einige Plätze rückwärts ausgerichtet und damit nicht unbedingt für jeden Reisemagen verträglich. Familien, die mit ihren Kindern reisen, informieren sich möglichst beim Vermieter bzw. Anbieter darüber, auf welchen Sitzen Babyschalen bzw. Kindersitze angebracht werden können. Erinnern wir uns: Nicht jeder verfügbare Platz ist kindgerecht. Eltern sollten sich also nicht auf die Modell-Grundrisse aus den Katalogen bzw. auf den Websites verlassen.

Die Anzahl der möglichen Insassen stimmt nicht zwangsläufig mit der Menge an Personen überein, die auch im Fahrzeug einen Schlafplatz finden. So können z. B. im Crib von Jucy vier Reisende fahren, allerdings nur zwei von ihnen darin schlafen. Wer im Fahrzeug keinen Platz mehr hat oder wem es im Doppelbett vielleicht doch zu kuschelig wird, schlägt sein Nachtlager im mitgebrachten Zelt auf oder mietet sich eine Hütte auf dem Campingplatz.

Hinten können weitere Passagiere sitzen

Diejenigen, die im Camper schlummern, richten ihren Schlafplatz mit Ausnahme der Alkoven in den Wohnmobilen jede Nacht aufs Neue her. Dazu wird, wie bereits im vorigen Kapitel erwähnt, die Sitzecke umgebaut, an der man zuvor noch die Route von morgen geplant hat. Zumeist steckt man dafür stabile Bretter und weitere Einbauteile nach einem einfachen Prinzip zwischen die Bänke. Hinzu kommen einige Polster und fertig ist das Doppelbett. Dieses entspricht in seiner Größenordnung zumindest in den kleineren Hochdachmodellen nicht den Maßen, wie der Urlauber es vielleicht von zu Hause kennt. Bei durchschnittlich 1,50 Meter Breite und knapp 1,90 Meter Länge kommt man sich beim Schlafen schon einmal sehr nahe – für Freunde und Paare hoffentlich kein Problem.

Das Hochdachbett der Hitop-Modelle bietet noch weniger Entfaltungsmöglichkeiten. Mit einer Länge von etwa 1,60 Metern schläft darin jeder, außer einem Kind, quer oder lässt die Beine baumeln. In den Wohnmobilen für vier bis sechs Personen sind die Betten zwar mitunter deutlich länger, aber nicht unbedingt breiter. Der Alkoven wird in der Regel von Kindern in Beschlag genommen. Wer es nachts dunkler mag, schließt die Vorhänge an den Fenstern. Diese lassen sich per Klapp- oder Schiebeprinzip öffnen und sorgen so für eine angenehme Brise. Angebrachte Moskitonetze verhindern die nächtliche Stechplage. Das Bettzeug wird tagsüber in den Sitzbänken

Das Bett ist im Nu aufgebaut

Ausgefahrenes Bett im 4WD

oder im Hochdach verstaut. Keine Sorge – nach ein bis zwei Tagen hält die Routine Einzug. Dann funktioniert der Auf- sowie Abbau des Nachtlagers wie von selbst und nimmt immer weniger Zeit in Anspruch.

Für diejenigen, die sich vorwiegend von Instant-Nudeln oder Konserven-Ravioli ernähren, ist die Küche sicherlich weniger entscheidend. Ausreichend dafür ist ein einfacher Campingkocher, wie er bei den Minivans dabei ist. Andere Reisende wiederum legen großen Wert darauf, auch während des *road trips* wie bei Muttern zu kochen. Je größer das Wohnmobil, desto größer die Küche und die Möglichkeiten, sich darin mit Schürze und Kochlöffel frei zu entfalten. Bei den Minivans befindet sich die Küchenzeile zumeist an der Heckklappe. Zwar können Kühlbox bzw. Kühlschrank auch von innen erreicht werden. Um zu kochen, muss man dem Gaskocher jedoch von außen gegenübertreten. Das bietet bei jeder Wetterlage den Vorteil, schlechte Gerüche aus dem Camper fernzuhalten, bedeutet jedoch bei Sturm und Regen einen Funken Geduld. Jeder, der einmal versucht hat, bei Wind einen Gaskocher zu entzünden, kennt das Elend.

Die Küchenzeile im Minivan liegt außen

In den größeren Campern liegt die Küche innen, wodurch das Kochen wetterunabhängig und damit komfortabler ist. Während die Hochdachmodelle meist einen zweiflammigen Gasherd haben, lässt sich in den großen Wohnmobilen auf drei- bis vierflammigen Gasherden ein wahres Gourmetmenü zubereiten. Eine Mikrowelle gehört ebenso zur Standardausstattung vieler Campervans. Diese lässt sich allerdings nur benutzen, wenn das Fahrzeug an ein externes Stromnetz angeschlossen ist. Der Kühlschrank hingegen läuft über eine zweite Batterie und kühlt somit ohne Pause das saftige Steak und zischende Bier. Er wächst mit der Größe des Wohnmobils, angefangen bei knapp 60 Liter Volumen in den Hitops über 80-Liter-Modelle in den Campern für bis zu vier Personen bis hin zu 175-Liter-Kühlschränken in den Sechs-Personen-Fahrzeugen. Es ist also nicht nötig, nur aus Platzgründen jeden Tag aufs Neue im Supermarkt einkaufen zu gehen. Weitere Lebensmittel oder Geschirr finden in den Schubladen sowie Schränken der Küche ihren Platz.

Bei den kleineren Minivans der Budgetanbieter ist mitunter nur eine Kühlbox im Preis inklusive. Diese ist eigenständig über Kühlakkus oder Eis zu kühlen, was vor allem in den heißen Monaten eine wässrige Angelegenheit sein kann. Wer sich für ein großes Wohnmobil entscheidet, kann sich darüber hinaus über einen eingebauten Gasgrill bzw. -ofen sowie

Es lässt sich mühelos ein leckeres Essen kochen

im besten/teuersten Mietfall auch über einen herausziehbaren Outdoor-Grill freuen. Besser ist selbst die heimische Küche nicht ausgestattet.

In den größeren Modellen kommt ein Raum im Camper dazu, nämlich die Nasszelle. Der Komfort wird dadurch erheblich angehoben, wenngleich die Bezeichnung „Zelle" durchaus zutreffend ist. Toilette, Dusche und Waschbecken sind gemeinsam auf kleinstem Raum untergebracht. Selbst die Tür zur Nasszelle ist nicht unbedingt für jeden Bauchumfang passend.

Für Warmduscher wird das Wasser aus dem Frischwassertank über eine Heizung erwärmt. Aufgrund des Gewichts ist der Tank in der Regel nicht größer als knapp 100 Liter, das in etwa einer halb gefüllten Badewanne entspricht. Allerdings lässt sich der Frischwassertank an jeder gut ausgestatteten Tankstelle oder *rest area* bzw. auf dem Campingplatz nachfüllen. Das Abwasser sammelt sich im *grey water tank*, der bis zu 150 Liter fassen kann. Beim WC handelt es sich um eine eingebaute Chemie-Toilette. Das Wasser für die Spülung stammt ebenfalls aus dem Frischwassertank und fließt direkt in den *black water tank*, der wie der *grey water tank* an den sogenannten *dump stations* auf *rest areas* oder Campingplätzen zu leeren ist.

Herausnehmbare Bio-Toilette

> **TIPP: Notwendigkeit einer Nasszelle**
> Erfahrungsgemäß stellen viele Mieter im Nachhinein fest, dass eine Nasszelle im Camper nicht zwingend erforderlich ist. Zum einen verfügt Australien über ein ausgezeichnetes Netz an öffentlichen Toiletten. Hinzu kommt, dass viele Reisende die kostenfreien Duschen und WCs der Campingplätze benutzen. Das spart Wasser und vor allem die spätere Reinigung der Abwassertanks.

7.2 Wohnliche Ausstattung

Frisch gereinigt: Bettwäsche und Handtücher

Zur Ausstattung eines Campers gehören ebenfalls Dinge des alltäglichen Camperbedarfs, abgestimmt auf die gebuchte Personenzahl. Diese sind entweder im Standardpreis enthalten oder gegen eine einmalige Gebühr buchbar. Dazu gehören Bettlaken, Kissen, Bezüge und je nach Vermieter Decken oder Schlafsäcke. Auch Hand- und Geschirrtücher sowie Lappen bzw. Schwämme sind enthalten. Es ist dem Mieter selbst überlassen, ob er seine eigenen Handtücher oder Bettwäschesets benutzt. Er kann sich jedoch sicher sein, dass die Exemplare des Vermieters nach jeder Miete ausgetauscht

Es fehlt an nichts in der Küche

bzw. gründlich gereinigt werden. Und das Gepäck freut sich bestimmt, wenn es keine Schlafsäcke sowie flauschigen Handtücher mitführen muss.

Die Küche kommt voll ausgestattet mit Kochtöpfen, Pfannen, Besteck, Teller, Tassen, Schüsseln, Wasserkessel etc. Das Geschirr ist entweder aus Plastik, Keramik bzw. Glas. Bei höherpreisigen Wagen kann man davon ausgehen, außerdem Wein- bzw. Sektgläser im Schrank zu finden. Was sonst noch zum persönlichen Kochidyll fehlt, z. B. ein Eierschneider, bringt der Reisende einfach selbst mit oder kauft es vor Ort günstig ein.

Streichhölzer, Feuerlöscher und Reinigungsbedarf wie Spülmittel, Handfeger, Eimer und Wasserschlauch befinden sich ebenfalls in jedem Camper. Ein wenig Sauberkeit gehört schließlich auch auf Reisen dazu.

TIPP: Grüße vom Vormieter

Die richtig Glücklichen finden noch brauchbare Hinterlassenschaften ihrer Vormieter im Camper wie Müllbeutel oder die Klassiker Salz und Pfeffer. Der Vermieter versichert sich, dass diese unbedenklich und weiter verwertbar sind. Solch ein Austausch unter Mietern ist eine tolle Gelegenheit, keine Nahrungsmittel am Ende der Mietzeit wegschmeißen oder in sich hinein futtern zu müssen. Alternativ kann man diese auch einfach in den Küchen der Campingplätze oder an Stellplatz-Nachbarn abgeben.

Was das Entertainment angeht, sorgen die teureren Camperanbieter mit LCD-Flatscreens sowie DVD-Playern für ein Gefühl wie im heimischen Wohnzimmer. Eingebaute Safes erhöhen das Sicherheits-, Kameras zur Einparkhilfe das Fahrgefühl. Neueste Modelle der Firma Maui verfügen zusätzlich über Solarpaneelen, welche die zweite Batterie auch ohne externe Stromzufuhr aufladen. Unabhängig vom Preisniveau des Vermieters finden sich in jedem Handschuhfach Kartenmaterial sowie Campingplatzführer derjenigen Kette, für die der Vermieter Rabatt anbietet.

Weiteres Zusatzequipment kann je nach Modell und Vermieter auf Wunsch hinzugebucht werden. Abhängig von der gewählten Versicherungsstufe ist dieses mitunter im Preis eingeschlossen, u. a. Campingstühle und -tisch. Für Familien sicherlich entscheidend ist, ob Baby- bzw. Kindersitze erhältlich sind. Diese sollten bereits bei Buchung reserviert werden, um so die Verfügbarkeit am Abholtag zu gewährleisten.

Mietbares Zusatzequipment, z.B.
- Campingstühle (ca. 15 AUD/Stuhl/Miete)
- Campingtisch (ca. 25 AUD/Miete)
- Navigationsgerät (ca. 10 AUD/Tag)
- Baby- und Kindersitze (ca. 40 AUD/Miete)
- Hochstuhl (ca. 25 AUD/Miete)
- Solar-Dusche (ca. 15 AUD/Miete)
- Ventilator/Heizlüfter (ca. 15 AUD/Miete)
- Zelt (ca. 65 AUD/Miete)
- Satellitentelefon (ca. 20 AUD/Tag plus Anrufgebühren)
- Erste-Hilfe-Set (ca. 35 AUD/Kauf)
- Mp3-Adapter (ca. 15 AUD/Miete)
- Markise (ca. 5 AUD/Tag)
- Adapter (ca. 15 AUD/Kauf)
- zusätzliche Kühlbox (ca. 25 AUD/Miete)

7.3 Technische Ausstattung

Ein Großteil der Fahrzeuge verfügt über ein duales 12-Volt-Batteriesystem, auch Zwei-Wege-Batteriesystem genannt. Eine Batterie versorgt den Motor und damit Radio, Blinker, Licht etc. Die zweite Batterie liefert Energie für den Wohnraum, d. h. für die Innenbeleuchtung, den Kühlschrank, eventuell vorhandene Steckdosen, Wasserpumpe, DVD-Player usw. Beide Batterien sind voneinander getrennt und funktionieren ohne die andere, können sich aber gegenseitig nicht ersetzen. Ist die Batterie des Wohnraums leer, lässt sich das

Gas, Wassertank und Stromanschluss befinden sich außen

Wohnmobil weiterhin starten. Hat man vergessen, das Fernlicht über Nacht auszumachen, kann man am nächsten Morgen immerhin noch eine kühle Milch trinken.

Beim Fahren lädt sich die zweite Batterie automatisch auf. Wer jeden Tagen ein wenig Strecke macht, muss also nicht befürchten, später im Dunkeln zu kochen. Alternativ kann das Fahrzeug auf einem Campingplatz an ein externes Stromnetz mittels eines beigefügten Stromkabels angeschlossen werden. In diesem Fall läuft die Inneneinrichtung automatisch auf 240 Volt und die zweite Batterie lädt sich auf. Sie hält voll aufgeladen zwischen zwölf und 20 Stunden. Verbraucher wie Licht oder Kühlschrank können damit unbedenklich auch bei längerer Standzeit genutzt werden. Allerdings ist es ratsam, jede zweite oder dritte Nacht auf einen Campingplatz fahren, um die zweite Batterie wieder gänzlich und nicht nur stoßweise beim Fahren aufzuladen. Ebenso sollten Energiefresser wie Licht nicht exzessiv auch am Tag genutzt und der Kühlschrank nachts etwas herunter gestellt werden.

Die Gasflasche ist fest verankert

Auch die elektrische Wasserpumpe der Dusche und Spüle läuft über die zweite Batterie. Per Schalter lässt sich die Pumpe an- und ausstellen. Sofern kein Wasser benötigt wird, sollte die Wasserpumpe auf „aus" stehen. Die Wasserzufuhr einiger kleiner Campervans erfolgt übrigens nicht elektrisch, sondern mittels Pumpen per Hand.

Bei Nutzung des Warmwassers erwärmt ein integrierter Boiler unter Gasverbrauch das Wasser so lange, bis die Heizfunktion deaktiviert wird. Ein weiterer Gasschlucker ist der Herd. Je größer das Campermodell, desto größer ist daher die integrierte Gasflasche. Sie reicht von 3,5 Kilogramm in Hochdachmodellen zu 9-Kilogramm-Ausführungen der großen Motorhomes. Wer regelmäßig im Camper kocht, heizt und warm duscht bzw. spült, kommt mit einer 9-Kilogramm-Gasflasche ungefähr zehn Tage aus. Leere Gasflaschen können an einigen Tankstellen oder in Outdoor-Geschäften für 10 bis 40 AUD nachgefüllt werden, je nach Größe und Verbrauch. Mitunter ist nur ein Austausch möglich. In diesem Fall ist zuvor der Vermieter zu kontaktieren. Die kleinen Gaskartuschen der Van-Modelle lassen sich meist günstig in den Supermärkten nachkaufen.

> TIPP: Lieber aus statt an
>
> Aus Sicherheitsgründen sollte der Gashahn nach jeder Nutzung, beim Fahren und nachts zugedreht werden.

Eine Klimaanlage/Heizung ist bei einer Vielzahl der kleineren Camper nur in der Fahrerkabine bei laufendem Motor verfügbar. In heißen Nächten heißt es hier, Fenster öffnen und sehr leicht bekleidet schlafen gehen. In den großen Wohnmobilen ist darüber hinaus im Wohnraum eine Klimaanlage/Heizung vorhanden. Diese funktioniert bei externer Stromzufuhr bzw. im Fahrmodus und sorgt vor allem nachts für ein erholsames Schlafgefühl.

Sicherung und Steckdosen im Camper

Während die Servolenkung zur Standardausstattung eines Camper gehört, ist dies bei ABS und Airbags nicht immer der Fall, gerade in älteren Modellen. Auch Steckdosen sind nicht in jedem Modell verfügbar. Wenn ja, haben sie nur bei Anschluss an eine externe Stromzufuhr „Saft". Oft wird fälschlicherweise angenommen, dass auch diese über die zweite Batterie mit Energie versorgt werden.

> TIPP: Die Power des Zigarettenanzünders
>
> Sind keine Steckdosen verfügbar oder der nächste Campingplatz noch weit entfernt, lassen sich Smartphone oder auch Kamera mittels eines Adapters mühelos über den Zigarettenanzünder beim Fahren aufladen. Zwar ist die Aufladestärke nicht mit einer Steckdose vergleichbar, aber für das schnelle Laden zwischendurch reicht es allemal.

Sehr unterschiedlich und enorm abhängig vom Alter des Fahrzeuges fällt das Entertainment-System aus. Bei den älteren Budget-Campern entdeckt man mitunter noch ein Kassettenfach und fühlt sich gleich 20 Jahre jünger. Ansonsten gehören zumindest Radio und CD mittlerweile zum Standard. Doch wer nicht gerade seine CD-Sammlung mit dabei hat und im tiefsten Hinterland unterwegs ist, verliert mit dem Radioempfang auch seine musikalische Untermalung des Trips. Dem verschaffen AUX- bzw. USB-Anschlüsse für Mp3-Player und Smartphones in den neueren Modellen Abhilfe. So kann sich jeder ganz individuell seinen *road trip*-Soundtrack zusammenstellen und abspielen.

Schnelles Aufladen über den Zigarettenanzünder

8. Das Kleingedruckte

Der Mietvertrag legt Rechte und Pflichten fest

8. Das Kleingedruckte

Überzeugen ein, zwei Modelle für den kommenden Camping-Trip, steht unweigerlich das bevor, womit sich ein Urlauber wohl am wenigsten auseinandersetzen möchte – die Vertragsbedingungen. Diese füllen oft mehrere Seiten in kleinster Schrift, sind in wunderbar eintöniger Rechtssprache formuliert und häufig nur auf Englisch verfasst. Nichtsdestotrotz sollte sich der angehende Selbstfahrer diese gründlich durchlesen und bei Verständnisproblemen oder Rückfragen den Anbieter kontaktieren. Denn die sogenannten *Terms & Conditions* informieren über wichtige Rechte und Pflichten des Fahrers. Und spätestens mit Hinsicht auf die Versicherungsdeckung sollte sich jeder Reisende darüber im Klaren sein, welche finanziellen Konsequenzen eine nächtliche Spritztour mit Känguru-Gruß haben kann.

8.1. Mietbedingungen

Eine wesentliche Mietbedingung ist das erforderliche Mindestalter. Dieses liegt bei den Budget-Vermietern infolge der Zielgruppe bei 18 Jahren, für höherwertige Modelle meist bei 21 Jahren. Wer einen Geländewagen steuern möchte, sollte bereits 25 Jahre alt sein. Nur die wenigsten Anbieter haben eine Höchstgrenze für das Alter festgesetzt. Travellers Autobarn macht bei 75 Jahren Schluss, Jucy hingegen verlangt von älteren Kunden zwar einen Nachweis über ihren Gesundheitszustand, schließt eine Vermietung jedoch nicht kategorisch aus.

Um auf australischen Straßen unterwegs sein zu dürfen, benötigen Fahrer neben ihrem Führerschein eine englische Übersetzung. Dazu reicht vor Abreise ein Gang in das nächste Bürgeramt oder die Straßenverkehrsbehörde. Unter Vorlage des Führerscheins, Ausweises und biometrischen Passfotos erhält

Der internationale Führerschein im Detail

man für durchschnittlich 15 EUR, je nach Region, innerhalb eines Tages den Internationalen Führerschein – einen blassen Papierlappen, der das Original in verschiedene Sprachen übersetzt und für drei Jahre gültig ist. Wer ein langlebigeres Dokument haben möchte, lässt sich eine beglaubigte Übersetzung des Führerscheins anfertigen. Diese gilt ein Leben lang. Ganz wichtig: Die Übersetzung sowie der Internationale Führerschein sind an den Original-Führerschein gekoppelt und daher nur unter gemeinsamer Vorlage gültig. Einige Anbieter verlangen darüber hinaus eine mehrjährige Fahrroutine und vermieten nicht an Reisende, die gerade erst ihren Führerschein erlangt haben oder noch in der Probezeit sind.

Alte Führerscheine

Inhaber einer „rosa" oder „grauen" Fahrerlaubnis benötigen zunächst einen EU-Führerschein, bevor sie einen internationalen Führerschein beantragen können. In diesem Fall ist deutlich mehr Zeit für die Antragstellung einzuplanen.

Sämtliche Fahrer des Campers müssen ihren Führerschein vorzeigen und die Vertragsbedingungen unterzeichnen. Falls ein Freund erst später dazu steigt und ebenfalls fahren möchte, ist ein Besuch des nächsten Depots notwendig, um den Extra-Fahrer nachträglich zu registrieren. Sonst entfällt der Versicherungsschutz.

Spezielle Fahrerlaubnis für Touristen auf dem Weg?

Die Regierung des Bundesstaates Victoria berät nach jüngsten, tödlichen Verkehrsunfällen auf der Great Ocean Road über einen obligatorischen Führerschein für Touristen. Nach aktuellen Vorschlägen hätte der Reisende vorab einen Fahrtest abzulegen und wäre verpflichtet, in seinem Fahrzeug eine T-Plakette für „Tourist" kenntlich anzubringen. Ob diese Vorschläge tatsächlich umgesetzt werden, stand zum Zeitpunkt der Drucklegung noch nicht fest.

Beschlossen ist jedoch der Plan, große Pfeile auf die Fahrbahn der berühmten Küstenstraße zu malen, um Touristen stets an die richte Fahrtrichtung zu erinnern und so tödliche Unfälle zu verhindern.

Ebenso wie ein Mindestalter gibt es auch eine Mindestmiete. Mithilfe dieser stellt der Vermieter zum einen eine bestmögliche Auslastung seiner Fahrzeugflotte sicher, zum anderen gibt er Reisenden einen Wink mit dem Zaunpfahl, wie viel Zeit für eine Strecke eingeplant werden sollte. Die Mindestmiete fängt in der Regel bei fünf Miettagen an, inkl. Abhol- und Abgabetag. Abhängig von der Strecke erhöht sich diese auf bis zu 28 Tage

Die Verträge sollten aufmerksam gelesen werden

(z. B. bei Mieten von Perth nach Cairns). Aber auch die Saison hat Einfluss darauf. So liegt im Fall bevorstehender Events oder zwischen den Jahren die Mindestmiete wie auch der Preis weit höher als üblich.

Einwegmieten, sogenannte *one way rentals*, kommen immer dann zum Tragen, wenn der Abgabeort nicht dem Abholort entspricht. Diese Verschiebung der Fahrzeugbestände zwischen den jeweiligen Niederlassungen lässt sich der Vermieter durch eine einmalige Einweggebühr vergüten, die zusätzlich zum Mietpreis anfällt. Der Aufpreis ist über das Jahr konstant und für die gängigen „Kurzstrecken" mit 150 bis 260 AUD an der Ostküste vergleichsweise gering. Denn aufgrund der permanent hohen Nachfrage findet hier ein reger Fahrzeugaustausch entlang der Depots statt. Einwegmieten zwischen Orten, die entfernter liegen und weniger stark frequentiert sind, greifen tiefer in die Reisekasse. Wer einen Camper von oder nach Perth, Darwin oder auch Alice Springs mietet, sorgt für hohe Rückführungskosten seitens des Vermieters. Entsprechend hoch ist die Gebühr mit ca. 250 bis 350 AUD. Bei Mieten von/nach Broome kommt unter Umständen sogar zusätzlich zur Einwegmiete noch eine *remote location*-Gebühr bis zu 1000 AUD hinzu. Ab einer bestimmen Mietlänge, zumeist drei bis vier Wochen, entfallen dafür die Einwegmieten.

Eine Campermiete ist nach erfolgter Einbuchung wenig flexibel. Der Abhol- sowie Abgabeort und das jeweilige Datum stehen fest. Entscheidet sich der Urlauber nachträglich für eine Änderung des Abgabeortes, weil Cairns von Sydney aus vielleicht doch zu weit entfernt ist und lieber Brisbane das Ziel sein soll, muss er zuvor die Genehmigung des Vermieters einholen. Ebenso wenig kann die Miete nach Reiseantritt einfach so verlängert werden. Für die Änderung der Route bzw. der Daten berechnet der Anbieter ggf. eine Bearbeitungsgebühr.

Des Weiteren gibt es feste Abhol- und Abgabezeiten. Holt der Mieter den Camper nicht wie vereinbart um 10 Uhr ab, sondern erst um 14 Uhr, bleibt das Fahrzeug zwar reserviert, er sollte jedoch die Niederlassung über die Verspätung informieren. Gibt der Fahrer den Wagen erst um 15 Uhr und nicht wie vertraglich festgelegt bereits um 9 Uhr ab, hat sich ggf. die Anschlussmiete des Fahrzeuges verzögert und grimmige Gesichter bei den Folgemietern verursacht. In diesem Fall stellt der Vermieter eine Zusatzgebühr für die Verspätung in Rechnung. Umgekehrt kann der Mieter keine Rückerstattung erwarten, falls er den Camper früher als vereinbart zurückführt.

Eine Stornierung ist prinzipiell möglich und bei vielen Vermietern zeitlich gestaffelt. So wird bei einer Buchungsabsage einem Monat vor geplanter Abholung größtenteils keine Gebühr seitens des Vermieters berechnet. Je näher der Mietbeginn rückt, desto höher wird die Gebühr im Fall einer Absage. Wer z. B.

erst eine Woche vor Mietbeginn storniert, bezahlt 50 Prozent des Mietpreises, bei Nicht-Erscheinen am ersten Tag der Miete die volle Summe.

8.2 Versicherung

Versicherungen sind ein leidiges Thema – sie versichern ein Szenario, das (Gott sei Dank) in vielen Fällen nicht eintritt. Die Beiträge bekommt man trotzdem nicht wieder. Auf gut Glück fahren oder doch lieber auf Nummer sicher gehen? Selbst so manch routinierter Fahrer ertappt sich bei dem Gedanken, dass aufgrund seiner jahrelangen Erfahrung im Straßenverkehr schon nichts passieren wird. Und dann fährt ihm plötzlich jemand von hinten in seinen Wagen – der von ihm unverschuldete Schadensfall ist da. Und nun? In Australien wäre ihm in diesem Fall ohne eine Zusatzversicherung die gesamte Kaution eingezogen worden, solange bis der Unfallhergang geklärt ist. Das kann mitunter Jahre dauern. Doch von Anfang an.

Bei Pannen ist eine Versicherung unersetzlich

Jeder Mietcamper in Australien kommt mit einer integrierten Haftpflichtversicherung, die Personenschäden und Sachschäden gegenüber Dritten bis zu einer Deckungssumme von ca. 20 Mio. AUD abdeckt. Einige Reiseveranstalter haben eine zusätzliche Haftpflichtversicherung mit deutschen Versicherern (z. B. Allianz oder HanseMerkur) in ihrem Angebot inkludiert. Wurde der Unfall infolge vertragsbrüchigen Verhaltens verursacht oder verfügt der beteiligte Unfallgegner über keine Haftpflichtversicherung (in Australien oft üblich, da nicht vorgeschrieben), haftet der Verursacher bis zur Höhe seiner vertraglichen Selbstbeteiligung für entstandene Schäden. Eine Insassenversicherung ist grundsätzlich nicht vorhanden. Neben einer Reiserücktritts- oder Reisegepäckversicherung gehört daher eine Auslandskrankenversicherung zu den Versicherungen, die ein Selbstfahrer unbedingt in Erwägung ziehen sollte.

Um auch für Schäden am eigenen Mietfahrzeug abgedeckt zu sein und/oder den Selbstbehalt zu reduzieren, kann der Reisende unter mehreren Kaskoversicherungen des Vermieters wählen. Der Abschluss ist nicht verpflichtend, aber sehr empfehlenswert. Eine Standard- oder auch Basiskaskoversicherung ist im Tagesmietpreis inklusive und an eine Selbstbeteiligung sowie Kaution in gleicher Höhe gekoppelt. Die Kaution beträgt je nach Fahrzeugmodell zwischen

Schäden durch Fahren auf unbefestigten Wegen sind nicht versichert

2500 und 8000 AUD. Sie wird bei Abholung des Campers entweder auf der Kreditkarte geblockt oder abgebucht. Das Geld steht damit für die gesamte Mietdauer nicht zur Verfügung – für manches Reisebudget ein herber Verlust. Mieter, die sich für diese Versicherung entscheiden, sollten sicherstellen, dass ihre Kreditkarte den entsprechenden Verfügungsrahmen besitzt.

Kommt es während der Miete zu keinem Schadensfall, wird die Kaution freigegeben bzw. zurück überwiesen. Im Fall eines Unfalls hingegen zieht der Vermieter die Kaution sofort und in voller Höhe ein. Gleichzeitig muss der Mieter eine neue Kaution hinterlegen, da diese pro Schadensfall und nicht pro Miete greift. Zu einem Schaden zählen nicht nur selbstverschuldete Unfälle, sondern wie eingangs geschildert auch Schäden durch Verschulden Dritter, Reifen- und Glasschäden sowie Schäden durch Wildunfall, Einbruch oder Diebstahl. Der Vermieter hält die Kaution so lange ein, bis der Unfallhergang und finanzielle Ansprüche unter den Beteiligten geklärt sind. Das kann sich hinziehen. Trägt der Mieter keine Schuld, bekommt er die gesamte Summe zurück, andernfalls wird unter Berücksichtigung der Schadenshöhe die anteilige oder vollständige Selbstbeteiligung abgezogen.

Kreditkartenzahlung statt Bares

Die Zahlung der Kaution sowie eventuell hinzu gebuchter Extras vor Ort erfolgt ausschließlich über Kredit- oder Debitkarte. Zu berücksichtigen sind dabei anfallende Kreditkartengebühren i.H.v. bis zu 5% – gerade bei größeren Kautionsbeträgen kein geringer Betrag. Eine Scheck- oder Barzahlung sowie Verteilung auf mehrere Kreditkarten ist in der Regel nicht möglich.

Im Zweifels- bzw. Schadensfall wird die vermeintlich günstigste Mietoption somit richtig teuer. Nicht nur das unkalkulierbare Fahrverhalten Dritter, sondern auch der ungewohnte Linksverkehr, lange, monotone Strecken sowie ein reger Wildwechsel erhöhen das Risiko bzw. die Unachtsamkeit. Daher ist der Abschluss einer Zusatzversicherung unbedingt empfehlenswert. Die Vermieter bieten oft mehrere Tarife an, deren Versicherungsschutz mit steigender Beitragshöhe wächst und Schadensfälle wie Kratzer, Beulen, Wildunfälle am Tag sowie Reifen- und Glasschäden inkludiert. Gerade Steinschläge sind keine Seltenheit auf australischen Straßen. Dazu reicht ein vorbeirauschender Truck und ein winziger Kiesel. Außerdem sinkt die Höhe der Selbstbeteiligung und damit Kaution bis auf 0 AUD. Von der Kreditkarte wird in diesem Fall nichts abgebucht oder geblockt, sondern lediglich ein Durchschlag genommen, um ggf. im Verlauf der Miete oder nachträglich anfallende Gebühren einzuziehen (z. B. Strafzettel oder Reinigungsgebühr).

Wer sich für den besten Versicherungsschutz entscheidet, zahlt zwar einen höheren Mietpreis, spart aber bei der Kaution und haftet für keinerlei Schäden. So fährt der Urlauber deutlich entspannter durch das Land. Darüber hinaus locken die Vermieter bei Abschluss einer Zusatzversicherung mit kostenlosen Leistungen, z. B. Kindersitzen, Campingstühlen oder einer wegfallenden Einwegmiete. Auf diese Weise relativieren sich die Zusatzkosten der Versicherung mit denen des Equipments. Des Weiteren werden die Versicherungsbeiträge zumeist nur für einen bestimmten Mietzeitraum berechnet (z. B. 50 Tage bei Travellers Autobarn). *Fair enough*, würde der Australier sagen.

> ### Selbstbehalts-Ausschluss-Versicherung (SBAV)
>
> Viele Reiseveranstalter bieten sogenannte SBAV-Pakete an, die der Mieter alternativ zur Zusatzversicherung des Vermieters wählen kann. Im Fall eines Unfalls übernimmt die einheimische Versicherung (z. B. Allianz oder HanseMerkur) bis zu einer gewissen Deckungshöhe (ca. 4000 AUD) die Selbstbeteiligung, allerdings nur, falls der Schaden auch seitens des Vermieters versichert ist. Hat der Mieter z. B. einen Unfall unter Alkoholeinfluss begangen, greift auch diese Versicherung nicht. Eine Besonderheit der SBAV: Der Mieter hat zunächst die erforderliche Kaution beim Vermieter zu hinterlegen und tritt im Fall eines Unfalls in Vorkasse. Erst nach seiner Rückkehr bzw. nach Einreichung aller Unterlagen bekommt er die gezahlte Selbstbeteiligung zurückerstattet.

Doch was wäre eine Versicherung ohne die berüchtigten Ausschlüsse? Hält sich der Mieter an die Vertragsbedingungen, genießt er nicht nur einen umfangreichen Versicherungsschutz, sondern auch eine stressfreie Reise. Sollte er sich jedoch nicht an die *Terms & Conditions* des Vermieters halten und infolgedessen einen Schaden verursachen, erlischt sein Versicherungsschutz ohne Wenn und Aber. Zu den Ausschlüssen gehören u. a.:

- Schäden durch Fahren auf unbefestigten Straßen (2WD) bzw.

- Schäden auf nicht erlaubten Streckenabschnitten (4WD),

- Schäden infolge fahrlässigen/mutwilligen Verhaltens (z. B. Fahren unter Alkoholeinfluss),

- Schäden infolge des Verstoßes gegen die australischen Verkehrsregeln,

- Schäden infolge der Nutzung des falschen Kraftstoffes,

- Schäden infolge eines Wildunfalls bei Nacht,

- Schäden, verursacht durch einen nicht registrierten Fahrer,

- Schäden infolge des Fahrens durch Flutwasser,

- Schäden infolge eines Überschlags ohne Einwirkung Dritter,

- Bergungskosten für festgefahrenes, eingekeiltes Fahrzeug,

- Kosten für einen verloren gegangenen oder defekten Zündschlüssel,

- Schäden infolge weiterer Verstöße gegen die *Terms & Conditions* (z. B. unterlassene Kontrolle des Ölstandes, Ignorieren von Warnlichtern).

Darüber hinaus sind besonders gefährdete Bereiche des Fahrzeuges wie z. B. die Markise, ausfahrbare Dächer oder auch der Unterboden zunächst prinzipiell nicht versichert. Wer also in ein Parkhaus fährt, sollte lieber zweimal nachmessen, ob der Wagen durch die Einfahrt passt. Ebenso vom Versicherungsschutz ausgeschlossen ist das persönliche Eigentum im Camper. Allerdings lassen sich bestimmte Schadensfälle wie der *single vehicle turnover*, also der Überschlag des Wagens ohne Einwirkung Dritter, sowie Schäden am Unterboden oder Dach durch weitere, gezielte Zusatzpakete des Vermieters absichern.

8.3 Pflichten des Mieters

Mit der Miete eines Campers gehen gewisse Pflichten für den Mieter einher. Diese beziehen sich auf den ordnungsgemäßen Umgang und die Pflege des

Fahrzeuges. Angesichts der großen Entfernungen und extremen Wetterbedingungen gehören dazu die tägliche Kontrolle des Öl- und Wasserstandes. Falls sich eine andauernde Überhitzung des Motors abzeichnet, sollte der Ursache unter Rücksprache mit dem Vermieter auf dem Grund gegangen werden. Verliert der Wagen Kühlwasser, ist ständiges Nachfüllen keine Lösung des Problems. Blinken irgendwelche Warnlichter, macht der Wagen merkwürdige Geräusche oder hat sich etwas am Fahrverhalten geändert, ist auch hier der Vermieter umgehend zu informieren.

Tägliche Kontrollen liegen in der Verantwortung des Mieters

Wer dessen ungeachtet weiterfährt, riskiert nicht nur seinen unbeschwerten Urlaub, sondern auch schwerwiegende, vermeidbare Schäden am Fahrzeug und ein großes Loch auf seinem Konto. Denn in diesem Fall haftet der Mieter aufgrund unterlassener Sorgfaltspflicht, Versicherung hin oder her. Auch sollte der Fahrer einmal pro Woche bzw. alle 1500 Kilometer die Reifen hinsichtlich Verschleiß und Druck überprüfen.

Bei Abgabe des Fahrzeuges ist dieses in einem „stubenreinen" Zustand zu hinterlassen. Eine Fahrt durch die Waschanlage samt Politur ist nicht erforderlich. Aber jeglicher Müll sollte aus dem Fahrzeug entfernt und grobe Verschmutzungen innen sowie außen gereinigt werden. Auch der Kühlschrank ist fairerweise einmal auszuwischen, denn kein Mieter freut sich über lebende bzw. riechende Hinterlassenschaften in den Ecken. Wird das Fahrzeug in einem weniger sauberem Zustand übergeben, behält sich der Vermieter vor, eine Reinigungsgebühr im dreistelligen Bereich in Rechnung zu stellen. Während der Müll und die Abwassertanks geleert zu übergeben sind, müssen der Benzintank sowie die

Gasflasche bei Abgabe aufgefüllt sein, sonst drohen „Strafgebühren". Alternativ kann der Mieter vorab eine *pre purchase*-Gas- oder -Benzinoption hinzu buchen. Diese Bequemlichkeit ist jedoch deutlich teurer als das eigenständige Auffüllen an jeder Tankstelle.

Haustiere sowie Rauchen sind in den Fahrzeugen grundsätzlich nicht gestattet.

Vor Abgabe ist der Camper grob zu reinigen

9. Kauf als Alternative zur Campermiete

Statt der Miete eines Campers kann dieser auch gekauft werden

9. Kauf als Alternative zur Campermiete

Wer sich nicht mit dem Kleingedruckten beschäftigen und Australien völlig losgelöst von jedweden Bedingungen entdecken möchte, kauft sich seinen rollenden Weggefährten. Diese Möglichkeit stößt vielleicht nicht unbedingt bei Kurzurlaubern, aber vor allem bei den zahlreichen Backpackern auf großes Interesse. Auch für Weltenbummler, die deutlich mehr Zeit als drei Wochen im Gepäck mitbringen, ist der Fahrzeugkauf eine erwägenswerte Alternative zur Miete. Ausschlaggebender Wegweiser ist die beabsichtigte Reisedauer. Stehen für den Trip nur wenige Tage oder einige Wochen zur Verfügung, überlegt wohl niemand ernsthaft, ein Auto zu kaufen. Ist hingegen die Umrundung Australiens erklärtes Streckenziel, rückt die Mietoption in weite Ferne.

9.1 Abwägen zwischen Miete und Kauf

Ab welcher exakten Reisedauer sich ein Autokauf gegenüber der Fahrzeugmiete lohnt, lässt sich nur vage sagen. Einige Informationsquellen setzen die

Travellers Autobarn verkauft auch Autos

Schwelle bei acht Wochen, andere wiederum empfehlen die Kaufoption erst ab einer Tour von drei Monaten. Einigkeit besteht darin, dass eine Fahrzeuganschaffung für nur wenige Wochen keinesfalls in Betracht gezogen werden sollte, da Aufwand und Kosten in keinem Verhältnis zum „Freiheitsgewinn" durch das eigene Auto stünden.

Ob ein Kauf gegenüber der Miete rentabel ist oder nicht, verdeutlicht der Anbieter Travellers Autobarn in einer Infografik auf seiner Website. Sie vergleicht die Miet- und Kaufkosten des Toyota Hiace Kompaktcampers. Die Preise basieren auf eigenen Preiskalkulationen und sind demnach im Budgetbereich für Modelle älteren Baujahres anzusiedeln. Für einen Toyota Hiace, Baujahr 2003 bis 2005, verlangt Travellers Autobarn in etwa 13.500 AUD und garantiert vertraglich einen Rückkauf i.H.v. 40 Prozent des Kaufpreises. Zum Vergleich: Das kleinere Modell des Minivans kostet ca. 5500 AUD. Von den eigenen, durchschnittlichen Mietpreisen abgeleitet, ergeben sich folgende Empfehlungen:

Empfehlung Miete und Kauf			
	Mietpreis Hitop	**Kaufempfehlung Hitop**	**Kaufempfehlung Minivan**
4 Wochen	2100 AUD	nein	nein
8 Wochen	3864 AUD	nein	nein
10 Wochen	4550 AUD	nein	50/50
12 Wochen	4956 AUD	nein	ja
16 Wochen	6160 AUD	nein	auf jeden Fall

Die Infografik verdeutlicht zwei Dinge: Mit steigender Anzahl an Miettagen verringert sich der Tagesmietpreis. Rabatte für Langzeitmieten kommen zum Tragen, wodurch eine Miete auf lange Sicht prozentual gesehen günstiger wird. Bei einem Kauf hingegen investiert der Reisende zu Beginn mehr Geld. Er kann aber im besten Fall davon ausgehen, am Ende der Reisezeit durch den Verkauf einen Teil der Ausgaben zurück zu erlangen, sei es durch einen garantierten Rückkauf wie bei Travellers Autobarn oder bei einem privaten Deal. Ausgehend von den oben aufgeführten Mietpreisen lohnt sich die Anschaffung eines Minivans im Vergleich zur Miete eines Hitops bereits ab einer Reisedauer von zehn bis zwölf Wochen. Für einen Hochdachcamper wie dem Toyota Hiace liegen die Anschaffungskosten jedoch so hoch, dass ein Kauf tatsächlich erst ab 22 bis 30 Wochen in Erwägung zu ziehen ist.

Pro und Contra		
	Miete	**Kauf**
Vorteile	• Vermieter als ständiger Ansprechpartner • Sicherheit der Mietbedingungen (z. B. bei Pannen) • finanzielle Absicherung (keine unvorhersehbaren Kosten) • Bequemlichkeit	• Individualität, „eigener Herr" • keine einschränkenden Vorgaben (z. B. unerlaubtes Fahren auf unwegsamen Straßen) • Verkaufserlös am Ende der Reise • absolute Freiheit (räumlich und zeitlich)
Nachteile	• Reiseverhalten z. T. durch Mietbedingungen vorgegeben (z. B. wenige Niederlassungen) • Mietwagen entspricht nicht den Vorstellungen • weniger Flexibilität	• große Selbstverantwortung • unvorhersehbare Kosten (z. B. Reparaturen) • keinerlei Garantien bei Privatkauf

Neben den Anschaffungskosten und der Reisedauer entscheiden ganz persönliche Beweggründe die Abwägung zwischen Miete und Kauf. Nicht jeder Langzeitreisende möchte z. B. zwingend einen Wagen kaufen, sondern liebäugelt vielmehr mit der Bequemlichkeit der Miete ohne größere Verantwortlichkeiten. Andere verzehren sich nach dem großen *road trip*-Abenteuer ganz klassisch im eigenen Bulli und nehmen dafür zu gern ein erhöhtes finanzielles Risiko in Kauf.

Viele Backpacker kaufen sich lieber ein Auto

Bevor der Autokauf schließlich in die Realität umgesetzt wird, sollte der Reisende ein letztes Mal innehalten und sich folgende Fragen stellen:

- Ist das Reisebudget groß genug, um nicht nur den Kaufpreis, sondern auch anfallende Instandhaltungs- und Reparaturkosten zu stemmen?

- Erlaubt die Reiseplanung genügend Zeit, um den Kauf und vor allem Verkauf nicht unter Zeitnot abwickeln zu müssen?

- Gibt es ein mechanisches Grundverständnis, um das Fahrzeug beurteilen und sich im Zweifelsfall selbst helfen zu können?

- Und ist der Kauf den Aufwand hinsichtlich Suche, Registrierung, Versicherung etc. wert?

Lauten die Antworten darauf „Ja", ist man bestens gewappnet für den bevorstehenden Autokauf.

9.2 Der Autokauf Schritt für Schritt

Welcher Fahrzeugtyp?

Viele Mietcampermodelle stehen in Australien auch zum Kauf zur Verfügung. Größere Wohnmobile wie Hochdachcamper und Motorhomes finden sich aufgrund der hohen Anschaffungskosten eher selten in den für Urlauber relevanten Verkaufsanzeigen. Besonders beliebt als fahrende Eigenheime sind hingegen der klassische *station wagon*, die kleineren Minivans und der Geländewagen. Der durchschnittliche Kaufpreis für diese Modelle liegt in der Regel unter 8000 AUD und ist damit für die meisten Interessenten erschwinglich:

- Station wagon: 3500 AUD
- Van: 4500 AUD
- 4WD: 6500 AUD

Abhängig von Baujahr, Kilometerstand, Ausstattung und Zusatzleistungen wie Registrierung liegen die Anschaffungskosten mal höher, mal niedriger. Zeigt der Tacho eines *station wagon* z. B. weniger als 150.000 Kilometer, gilt dieser für australische Verhältnisse fast als Neuwagen und steigt dadurch im Preis. Sind deutliche Verschleißspuren erkennbar oder läuft die Registrierung in wenigen Wochen aus, sinkt der Wert des Autos.

Der Kombi ist der wohl günstigste Reisegefährte, sowohl in der Anschaffung als auch während der Reise. Benzinverbrauch und Instandhaltungskosten halten sich bei dem zuverlässigen Gefährten in Grenzen. Für den unschlagbaren Kaufpreis arrangiert sich der Selbstfahrer mit weniger Platz und Stauraum. Ein Minivan bietet Wohlfühlatmosphäre auf kleinstem Raum. Bett, Gepäck sowie weitere Ausstattung lassen sich durch liebevolle Handwerksarbeit und einem Schuss Fantasie bestens räumlich voneinander trennen. Allerdings schluckt der schwache Motor deutlich mehr Sprit; geländegängig ist er nur mit äußerst abenteuerlichem Fahrstil. Urlauber, die überwiegend offroad unterwegs sein möchten, greifen tief ins Portemonnaie und kaufen sich einen Geländewagen. Hohe Kosten für den Unterhalt sowie ein bescheidener Komfort schränken den Traum von absoluter Freiheit allerdings ein wenig ein.

> **TIPP: Finger weg von Fahrzeugen aus Europa**
> Vom Kauf europäischer Importmodelle wie VW oder Land Rover ist eher abzuraten, da Ersatzteile schwer aufzutreiben und/oder vergleichsweise teuer sind. Asiatische Fahrzeuge wie Toyota, Nissan oder Mitsubishi können hingegen bedenkenlos erworben werden.

Wo kaufen?

Saisonale Gegebenheiten beeinflussen, wie schnell der Reisende sein Auto kauft, zu welchem Preis und ob er überhaupt ein passendes Gefährt findet. Während der Hauptsaison (Sommer im Süden, Trockenzeit im Norden) suchen viele Backpacker und andere Langzeitreisende vor Ort nach Fahrzeugen. Die hohe Nachfrage treibt den Verkaufspreis in die Höhe. Schlecht für den Käufer,

An den schwarzen Brettern finden sich viele Verkaufsanzeigen

gut für den Verkäufer. Letzterer wiederum wird sein Auto zur Regenzeit in Darwin oder Cairns eher schwer los, da sich potenzielle Interessenten im Süden aufhalten. Aber selbst in Großstädten wie Perth, Brisbane oder Melbourne kann sich der Autohandel über das gesamte Jahr gesehen mühselig gestalten, da es hier keinen wirklichen, allseits bekannten Automarkt gibt. Denn die große Mehrheit der Neuankömmlinge betritt australischen Boden erstmals in Sydney. Nirgendwo sonst ist das Angebot und die Nachfrage so hoch wie in der Metropole an der Ostküste.

Vor Ort selbst gibt es zahlreiche Möglichkeiten, nach Fahrzeugen zu schauen. Einen guten Überblick über die Marktlage erhält man im Internet. Auf zahlreichen Online-Foren reiht sich eine Annonce an die andere. Der Interessent erhält hier nicht nur einen ersten Eindruck über das Angebot, sondern kann gezielt nach seinen Anforderungen wie z. B. einer Klimaanlage oder Automatik filtern.

> TIPP: Internetadressen für die Autokaufsuche
> - www.gumtree.com.au
> - www.cars4backpackers.com.au
> - www.carsguide.com.au
> - www.carpoint.com.au
> - www.carsales.com.au
> - www.drive.com.au
> - www.tradingpost.com.au

Ebenso fündig wird der Selbstfahrer an den Schwarzen Brettern der Hostels, Reisebüros oder Internetcafés. Neben Mitfahrgelegenheiten und Jobausschreibungen hängen dort mit Sicherheit Verkaufsangebote. Sind diese bereits mehrere Tage alt, sieht man auf den Anzeigen nicht selten durchgestrichene und neue Preise – Tendenz fallend. In diesem Fall steht der Besitzer unter Verkaufsdruck; die Chancen auf ein Schnäppchen stehen also gut.

Der wohl klassischste Weg für die Autosuche führt auf die *Travellers Carmarkets* in den Städten. Diese Autobasare haben sich auf den Kauf und Verkauf unter Privatpersonen konzentriert und bieten neben dem Feilschen um das beste Auto einen regen Informationsaustausch zu Versicherungs- und Anmeldefragen, und das aus erster Hand. Die Autos sind meist mit Liebe zum Detail ausgebaut; Ausstattung und Zubehör im Preis inklusive. Hier kauft der Reisende quasi das Gesamtpaket. Des Weiteren sind die Fahrzeuge von Privatanbietern in der Regel günstiger als beim Händler. Gerade unter Zeitdruck seitens des Verkäufers lassen sich mitunter Tiefstpreise verhandeln. Je näher die Heimreise rückt, desto tiefer sinken seine Preisforderungen in den Keller.

Airport-Schnäppchen

Wer genügend Zeit hat, bezieht bei der Suche den örtlichen Flughafen mit ein. Es kommt tatsächlich vor, dass hier Autos mit steckendem Schlüssel zur kostenlosen Mitnahme bereit stehen. Der ehemalige Besitzer sitzt bereits im Flieger nach Hause und trauert um den fehlenden Verkaufserlös.

Zwar findet auf den Automärkten der Handel unter Gleichgesinnten statt, allerdings ohne jegliche Sicherheiten. Kurz nach dem Kauf mag der Wagen noch gut in Schuss gewesen sein. Doch vom Pech Verfolgte erleben unter Umständen einen geplatzten Reifen oder dampfenden Motor nach 200 Kilometer Fahrvergnügen. So etwas wie eine Gewährleistungsgarantie ist bei einem Privatkauf nicht inklusive, ein Umtausch ausgeschlossen. Um sich nicht gänzlich auf sein Glück zu verlassen, lohnt daher ebenso die Suche bei einem Gebrauchtwagenhändler. Die Fahrzeuge sind in der Regel besser in Schuss und der Kauf umfasst bestimmte Versicherungsleistungen sowie Garantiepakete. Mehr Sicherheit spiegelt sich allerdings auch im Preis wider.

Worauf achten?

Eine Anzeige kann noch so vielversprechend klingen – eine Besichtigung ist unabdingbar, um den tatsächlichen Zustand des Wagens beurteilen zu können. Das Auto sollte zunächst auf optische Mängel geprüft werden wie Lackschäden, Roststellen oder Dellen. Ebenso wichtig ist die Kontrolle der Radstellung sowie Reifen. Besitzen letztere z. B. kaum noch Profil, drohen hohe Folgekosten. Bei einem Blick unter die Motorhaube geben der Ölstand sowie die Ölkonsistenz Aufschluss über eventuelle Mängel. Während einer Probefahrt lässt sich zudem ein besseres Gefühl für das Fahrzeug entwickeln. Sind ein Schalten durch alle Gänge sowie kräftiges Beschleunigen und scharfes Abbremsen problemlos möglich, spricht das für den Wert des Autos.

Um auf Nummer sicher zu gehen, fährt der Kaufinteressent zu einem Mechaniker, um dort das Fahrzeug auf Herz und Nieren zu überprüfen. Gerade Autokauf-Laien können so sicherstellen, ein verkehrssicheres und fahrtüchtiges Auto zu kaufen. Lieber einen Blick mehr riskieren und das Fahrzeug genau unter die Lupe nehmen bzw. nehmen lassen, als kurz nach dem Kauf die nächste Werkstatt ansteuern zu müssen. Denn mit dem Handschlag wechselt eine Menge Geld den Besitzer.

Damit die Reisekasse nicht zu sehr schrumpft, lohnt es sich auf jeden Fall zu handeln, gerade bei Privatanbietern. Diese haben schließlich ein großes Interesse daran, ihr Fahrzeug möglichst schnell loszuwerden. Und jeder Mangel reduziert den Wert. Allerdings sollte der Preis nicht zu tief hinunter gedrückt werden. Denn ist das Fahrzeug gut in Schuss, das Angebot fair und die Nachfrage hoch, kann sich der Anbieter sicher sein, innerhalb kurzer Zeit einen anderen, willigen Abnehmer zu finden.

TIPP: Personal Property Securities Register

Bußgelder sind in Australien nicht auf den Fahrzeughalter, sondern das Fahrzeug selbst ausgestellt. Damit man beim Kauf nicht ein Dutzend ausstehender Strafzettel erwirbt, lohnt sich ein Blick in das Personal Property Securities Register (PPSR). Hier kann kostenlos über die Eingabe der Vehicle Identification Number (VIN) oder der Chassis-Nummer nicht nur die gültige Registrierung kontrolliert werden, sondern auch ausstehende Kreditraten oder ob das Fahrzeug z. B. gestohlen ist.

Nicht nur der technische Zustand des Fahrzeuges entscheidet über den Wert. Auch wichtige Angaben wie z. B. zur Registrierung erhöhen oder schmälern den Kaufpreis. Ist die Registrierung noch mehrere Monate gültig, spart der neue Besitzer viel Zeit und vor allem Geld.

Heiß begehrt, aber teuer – ein Geländewagen verspricht pure Freiheit

Wie registrieren und ummelden?

Kein Thema bereitet den Autokäufern und -verkäufern in Australien mehr Kopfzerbrechen als die Registrierung bzw. die Ummeldung des Fahrzeuges. Das hat nicht vorrangig mit weit verzweigten Behördengängen oder langen Bearbeitungszeiten zu tun, sondern vor allem mit den zum Teil sehr unterschiedlichen Bedingungen in den Bundesstaaten. Es spielt eine überragende Rolle, wo das Auto registriert ist und wo man es kaufen bzw. ummelden möchte. Wurde das Auto nicht in dem Bundesstaat gekauft, in dem der Halterwechsel statt-findet, spricht man von einem *interstate transfer*. Dieser ist, abhängig von den beteiligten Bundesstaaten, mal mehr mal weniger zeit- und kostenintensiv und soll daher im Rahmen dieses Buches besser nicht detailliert erklärt werden.

Grob zusammengefasst gilt Folgendes: Die Registrierung, kurz *rego* genannt, bestätigt die Zulassung des Autos auf australischen Straßen. Voraussetzung für die erstmalige Ausstellung bzw. Verlängerung ist (zumeist) die Vorlage des sogenannten *roadworthy certificates* (auch *pink slip* genannt), das durch akkredi-tierte Werkstätten nach eingehender technischer Überprüfung ausgestellt wird. Die Kosten für die *rego* belaufen sich je nach Bundesstaat auf jährlich immerhin 700 bis 1400 AUD und sollten daher im Budget des Autokaufs unbedingt ein-kalkuliert sein. In den Verkaufsanzeigen finden sich oft Angaben darüber, wie lange die Registrierung noch gültig ist. Aus den besagten Kostengründen gilt, je länger, desto besser, mindestens jedoch drei Monate.

> **TIPP: Verkaufsschlager**
>
> Ein in Western Australia oder South Australia registriertes Auto ist auf den Automärkten heiß begehrt, da die Registrierung bzw. Ummeldung an wenige Anforderungen geknüpft ist und unkompliziert über Internet bzw. Post abge-wickelt werden kann.

Unabhängig von der Restlaufzeit der *rego* muss der neue Besitzer das Fahrzeug möglichst schnell auf seinen Namen bei der zuständigen Verkehrsbehörde um-melden, in der Regel innerhalb von 14 Tagen oder weniger. Für die Anmeldung erforderlich sind die Fahrzeugdokumente im Original, der Führerschein samt englischer Übersetzung bzw. internationalem Ausweis sowie in den meisten Bundesstaaten erneut das *roadworthy certificate*. Nach Vorlage dieser ist die Um-meldung innerhalb weniger Minuten erfolgt.

Bei der Ummeldung des Fahrzeuges kommt für viele Käufer ein zusätzlicher Kostenpunkt meist sehr überraschend. Die sogenannte *stamp duty* ist eine Be-arbeitungsgebühr auf den Autokauf und kann mitunter bis 6,5 Prozent des Kaufpreises betragen. Da es sich um eine administrative Steuer handelt, ist die Angabe dieser im Kaufvertrag nicht zwingend.

> **TIPP: Kalkulieren der Stamp Duty**
>
> www.privatefleet.com.au/links-and-resources/crash-tests-car-safety/
> car-stamp-duty

Welche Versicherung?

Für das eigene Auto wird in Australien in verpflichtende und freiwillige Versicherungen unterschieden. Die sogenannte *compulsary third party insurance* (auch CTP oder *green slip* genannt) ist landesweit zwingend vorgeschrieben und an die Registrierung gekoppelt, sodass sie bei einem Autoverkauf automatisch auf den neuen Besitzer übergeht. Als Haftpflichtversicherung deckt sie infolge eines Unfalls verursachte Personenschäden ab. Darin ist der unfallverursachende Fahrer grundsätzlich nicht berücksichtigt. Mit einem optionalen Cover kann der Versicherungsschutz bis zu einem festgelegten Beitrag auf die schuldtragende Person erweitert werden.

Selbsthilfe reicht manchmal aus

Ebenfalls freiwillig, aber absolut empfehlenswert ist der Abschluss der *third party property insurance*. Diese versichert verursachte Sachschäden gegenüber Dritten. Zwar kostet diese pro Jahr zwischen 1000 und 1500 AUD, bezahlt im Ernstfall jedoch deutlich mehr, denn Kosten am beschädigten Eigentum anderer können teuer werden. Kleinere Schäden am eigenen Fahrzeug wie Kratzer im Lack oder Dellen sind da erträglicher. Wer auch diese versichert haben möchte, schließt eine *full comprehensive insurance* ab, die unserer Vollkasko-Versicherung entspricht. Der Abschluss der optionalen Versicherungen für das eigene Auto ist in Australien häufig dadurch erschwert, dass viele Versicherungen Verträge nur für Personen mit festen Wohnsitz in Australien abschließen. Hier lohnt sich die beharrliche persönliche Vorsprache und bei erfolgreichem Angebot auf jeden Fall der Blick in das Kleingedruckte der Versicherungsbedingungen.

TIP: Australische Automobilclubs

Eine Mitgliedschaft in australischen Automobilclubs rentiert sich gerade bei längeren Reisen. Denn wer z. B. an einem abgelegenen Orten liegenbleibt, freut sich über den inkludierten Abschleppdienst. Andererseits könnte es teuer werden.

Teil 3
Die Fahrt – Der Weite entgegen

Unterwegs auf den Straßen Down Unders

Eine Fahrt mit dem Camper durch Australien verspricht eine Reise abseits von pauschalen Erlebnissen, die für den Selbstfahrer zu gleichen Teilen Entspannung, aber auch Anstrengung bereit hält. Hier liegt der Urlauber nicht tagein, tagaus auf einer Liege am Pool und schlürft dabei genüsslich einen Cocktail – vielmehr ist er ständig auf Achse und muss dazu noch selbst für die Fortbewegung sorgen. Statt eines durchgeplanten Reiseverlaufs wählt er die ungewisse Fahrt ins Blaue: Die Suche nach einem Schlafplatz für die Nacht und der Route für den kommenden Tag geben den Takt vor. Verlockende Abzweigungen und ungeahnte Entdeckungen am Wegesrand bestimmen ebenso den Rhythmus wie ungewollte Verzögerungen aufgrund einer Panne. Die einzigen Fixpunkte sind der nächste Supermarkt und die günstigste Tankstelle. Nicht jeder Reisetyp sieht darin die Idealvorstellung eines erholsamen Urlaubs.

Für manch andere jedoch gibt es keine bessere Reiseart, um den Kopf vom Alltagsgeschehen zu entschlacken und mit neuen Erfahrungen wieder aufzufüllen. Während der Fahrt ziehen im gemütlichen Tempo zahlreiche Eindrücke vorbei und bleiben hängen. Entlang der Strecke entwickelt sich eine tiefe Verbundenheit mit der australischen Lebensart und Natur, die sich so in keinem Hotel mit Zimmernummer 420 finden lässt. Das Wellenrauschen vor der Tür wiegt in den Schlaf, das Lachen des Kookaburra lässt ihn laut, aber genüsslich wieder enden. Das Wohnmobil garantiert ein Zimmer mit Aussicht, ständig wechselnd und immer wieder beeindruckend. Geschichten von Einheimischen und Gleichgesinnten, die man unterwegs trifft, erweitern nicht nur die Routenplanung, sondern auch den Horizont. Und wer selbst eine Panne mit dem Fahrzeug als Teil des Abenteuers betrachtet und nicht ins Fluchen gerät, den hat auf seinem Trip die für Down Under so typische Leichtigkeit des Seins gepackt.

10. Der Startschuss

Der *road trip* kann beginnen

10. Der Startschuss

Nicht selten zeigt sich der angehende Selbstfahrer hin- und hergerissen, was den ersten Tag seiner Australienreise betrifft. Er hat den langen Flug überstanden und ist nach all der anfänglichen Planung und Vorfreude endlich am anderen Ende der Welt angekommen. Je nach Schwere des Jetlags sind seine ersten Schritte auf australischem Boden etwas schlapp oder ziemlich standfest. Unabhängig davon, ob bzw. wie sehr die eigene Fitness nach der Anreise noch mitspielt, ist die Versuchung bei vielen enorm hoch, unmittelbar nach Landung sofort in das Wohnmobil zu steigen und mit der Erkundung des Landes zu beginnen. Schließlich ist die Aufregung immens, die To-do-Liste lang und die verfügbare Zeit begrenzt.

10.1 Der Tag der Abholung

Weiterreisen oder pausieren?

In Australien ist es für den Urlauber prinzipiell möglich, nach einer mehrstündigen, internationalen Anreise das Wohnmobil noch am gleichen Tag in Empfang zu nehmen. Diese Freiheit in den Mietbedingungen ist keine Selbstverständlichkeit. So ist es z. B. in den USA aus versicherungstechnischen Gründen untersagt, seinen Mietwagen unmittelbar nach einem Transatlantikflug abzuholen. Zu groß ist den Vermietern die Gefahr, dass die Konzentration beim Fahren aufgrund von Erschöpfung oder Übermüdung beeinträchtigt ist. Die australischen Anbieter hingegen vertrauen in dieser Hinsicht auf den gesunden Menschenverstand ihrer Mieter. Was also tun: Ab ins Hotel und erst einmal akklimatisieren oder direkt hinters Steuer und hinauf auf die Straßen des Fünften Kontinents?

Mitunter wird dem Mieter die Entscheidung darüber bereits von seiner Ankunftszeit abgenommen. Denn landet er erst am späten Nachmittag oder abends, schafft er es angesichts der begrenzten Öffnungszeiten der Vermieter ohnehin nicht, den Camper noch am gleichen Tag abzuholen. In diesem Fall kann der Urlauber in Ruhe im Hotel einchecken und entweder die Stadt noch ein wenig erkunden oder sofort in den Tiefschlaf fallen. Wer allerdings am frühen Morgen oder gegen Mittag in Australien ankommt, neigt verständlicherweise dazu, das Wohnmobil noch am selbigen Tag abzuholen.

Genau davon raten Vermieter und Anbieter jedoch tendenziell ab. Schließlich war die Anreise sehr lang sowie an Schlaf kaum oder gar nicht zu denken. Der Bio-Rhythmus ist aufgrund der Zeitverschiebung ebenfalls in Schieflage geraten. Auch wenn sich der Reisende noch recht fit auf den Beinen fühlt und weniger vom Jetlag mitgenommen ist als andere, so sind seine Aufnahme- und Konzentrati-

Die Anreise nach Australien war lang

onsfähigkeit doch gemindert. Die Aufregung ist dafür umso größer – nicht die beste Kombination, um mit uneingeschränkter Aufmerksamkeit einen Camper abzuholen und anschließend mit sicherer Hand in einem fremden Land mit unbekannten Verkehrssituationen loszufahren. Es ist also durchaus sinnvoll, sich nach der Ankunft erst einmal etwas Ruhe zu gönnen und nicht nur körperlich, sondern auch mental im Urlaubsland anzukommen, um dann frisch und munter am darauffolgenden Tag oder später mit dem Fahrzeug die Straßen zu erobern.

Außerdem eignen sich die ersten Tage perfekt, die Stadt, in der man gelandet ist, ausgiebig zu erkunden und sich einen Eindruck von Land und Leuten zu machen. Wie kommt man mit der Sprache zurecht? Wie viel kosten die Lebensmittel? Oder wie schmeckt der Kaffee? Einfache Fragen, die sich bereits in den ersten Stunden im Land bestens ohne Wohnmobil beantworten lassen. Denn für das Sightseeing in den Metropolen benötigt der Urlauber kein Fahrzeug. Ganz im Gegenteil: Der Großteil der städtischen Attraktionen ist bestens zu Fuß oder mit den öffentlichen Verkehrsmitteln zu erreichen. Eine Fahrt mit dem Camper hinein in das Stadtzentrum bedeutet nur unnötigen Stress. Die Straßen sind enger und voller, die Parkplätze rarer. Gerade für Mieter eines großen Motorhomes sind die australischen City Centres alles andere als ein Fahrvergnügen.

In den Städten kommt man prima mit öffentlichen Verkehrsmitteln voran

Hat man sich darüber hinaus für eine Einwegmiete entschieden, bekommt man die Stadt, in der das Fahrzeug angemietet wurde, oft später nicht mehr zu Gesicht. Wer in Cairns abholt und in Sydney abgibt, dem bleiben nur die ersten Tage, um die Kleinstadt am Great Barrier Reef zu erkunden. Und dafür bedarf es wahrlich keiner vier Räder. Es lohnt sich also auf jeden Fall, den Camper erst am zweiten oder dritten Tag zu mieten.

Wer der Versuchung nicht widerstehen kann, unmittelbar nach Aufsetzen auf australischem Boden in das Wohnmobil zu steigen, sollte seine Flugzeiten zuvor unbedingt mit den Öffnungszeiten des Vermieters abstimmen. Eine geplante Ankunftszeit von ca. 14 Uhr scheint zunächst ausreichend, um in aller Ruhe zum Depot des Vermieters zu gelangen. Allerdings vergessen viele Urlauber, vor allem jene, die das erste Mal nach Australien reisen, die mitunter zeitintensiven Einreiseprozeduren am Flughafen: Schlange stehen bei der Passkontrolle, das Warten auf die Koffer und lange Laufwege zwischen den Terminals. Hinzu kommen eventuelle Gepäckkontrollen des Zolls hinsichtlich der Einhaltung von Quarantänebestimmungen oder stichprobenhafte Interviews durch Beamte des Grenzschutzes. So wurde ich einmal am Flughafen Melbourne von einer netten Bundesbeamtin beim Hinausgehen angehalten. Sie fragte mich, warum ich in Australien Urlaub mache, wo ich die ersten Nächte übernachten würde und welche Reiseroute ich geplant hätte. Das Gespräch dauerte nur wenige Minuten und verlief völlig freundlich, aber stoppte mich kurz in meinem euphorischen Drang, endlich den Airport hinter mir zu lassen.

Bevor es los geht, sollte eine australische SIM-Card erworben werden, um erreichbar zu sein

Die strikten Einreisekontrollen Australiens führen dazu, dass der Urlauber locker mindestens eine weitere Stunde einplanen muss, ehe er den Ausgang mit Sack und Pack erreicht. Liegt das Depot des Vermieters nicht in der Nähe des Flughafens, ist darüber hinaus die Fahrzeit dorthin einzukalkulieren. Und auch die Übergabe eines Campers dauert nicht nur wenige Minuten, sondern bis zu einer Stunde. Selbst falls die Niederlassung bis 17 Uhr geöffnet hat, ist die letztmögliche Abholung zumeist eine halbe bis volle Stunde zuvor. Es kann also unter Umständen knapp werden mit einer Abholung am Ankunftstag, auch wenn man „bereits" um 14 Uhr gelandet ist.

Sitz man noch am Ankunftstag schließlich im Camper, sollte es der Fahrer am ersten Tag ruhig angehen lassen und nicht mehr zu viel Strecke machen. Auch wenn er sich sicher hinterm Steuer fühlt, ist das nächstbeste Ziel der Campingplatz für die erste Nacht. Dann heißt es Motor aus, Beine hoch, den Ausblick Richtung Meer oder Himmel genießen und am folgenden Tag mit vollen Kräften ins Abenteuer durchstarten.

10.2 Die Abholung des Campers

Welcher Camper ist wohl der eigene?

Betritt der Urlauber erstmals die Niederlassung des Vermieters, sieht er oft eine Vielzahl an Fahrzeugen. Sofort schießt die Frage in den Kopf, welcher Camper wohl der eigene Reisegefährte ist. Die Spannung steigt. Doch bevor man den Schlüssel im Zündschloss drehen kann, ist ein wenig Geduld erforderlich. Denn für die Abholung sollte mindestens eine Stunde eingeplant werden. Mit der Einbuchung des Wohnmobils ist in der Regel eine feste Abholzeit hinterlegt. Auf diese Weise werden die Abholungen und Rückgaben in den Depots koordiniert und unnötig lange Wartezeiten für den Kunden verhindert.

> TIPP: Verzögerungen zur Hochsaison
> Gerade in der Hochsaison, z. B. rund um Weihnachten und Silvester, müssen Selbstfahrer ein wenig Ausdauer bei der Abholung und auch Abgabe mitbringen. An diesen Tagen wechseln erfahrungsgemäß sehr viele Fahrzeuge ihren Mieter.

Mit einer Portion Glück spricht ein Mitarbeiter im Depot die eigene Sprache; schließlich gehören deutsche Urlauber zu den Stammkunden. Ein solcher Bonus kann allerdings nicht garantiert werden. Die verbindliche Sprache, sowohl bei der Übergabe als auch in den Vertragsunterlagen, ist Englisch. Je nach Vermieter ist der folgende Abholprozess mal mehr, mal weniger automatisiert.

Unterzeichnung des Mietvertrages

Der eigentliche Mietvertrag wird erst vor Ort mit dem Vermieter geschlossen, unabhängig davon, ob der Camper bei einem Reiseveranstalter in der Heimat gebucht wurde. Ein Mitarbeiter geht mit dem Fahrer die Details der Miete durch und verweist auf die geltenden Mietbedingungen. Letztere werden in der Regel

Zur vereinbarten Zeit kann das Wohnmobil abgeholt werden

nicht ausführlich Punkt für Punkt erörtert, sondern exemplarisch erläutert und dem Mieter zum eigenständigen Lesen übergeben. Größere Anbieter wie Britz haben die *Terms & Conditions* auch in deutscher Fassung, um Verständnisschwierigkeiten zu vermeiden. Ist dem Mieter etwas unklar, sollte er etwaige Fragen nicht etwa aufgrund von Sprachhemmnissen unausgesprochen lassen. Letztendlich setzt er seine Unterschrift unter den Vertrag und akzeptiert damit die geltenden Mietbedingungen. Wer dennoch auf Schotterpisten fährt und infolgedessen einen Schaden verursacht, jedoch darauf pocht, nicht gewusst zu haben, was „*gravel roads*" bedeutet, ist selbst schuld. Also lieber einmal zu viel nachfragen, als unwissend zu unterschreiben.

Mietertest

Um dem Mieter vor allem die Versicherungsbedingungen zu verinnerlichen, haben einige Vermieter einen kleinen Fragebogen vorbereitet. So mussten Freunde und ich noch vor einigen Jahren einen Test mit Lückentext „bestehen". Darin ging es vor allem darum, dass wir wissen, wie hoch die Bearbeitungsgebühr im Fall von Bußgeldern ist oder wo wir die Notfallnummern finden – also nichts Kompliziertes. Mittlerweile ist mir jedoch kein Anbieter mehr bekannt, der den Kunden kurzzeitig in Prüfungsstress versetzt.

Neben dem Mieter müssen alle weiteren Fahrer den Mietvertrag unterschreiben und ihren Führerschein samt englischer Übersetzung bzw. internationaler Ausgabe vorzeigen. Biswellen sind die Vermieter diesbezüglich weniger strikt, als es in den Mietbedingungen steht. Einmal vergaßen wir tatsächlich, den zweiten Fahrer anzugeben, obwohl er bei der Abholung dabei war. Erst nach mehr als 400 Kilometern bemerkten wir den Fehler. Ein Umkehren kam nicht wirklich in Betracht, also riefen wir beim Vermieter an. Dieser versicherte uns, dass das kein Problem sei, da wir die höchste Versicherungsstufe abgeschlossen hatten. So registrierten wir den weiteren Fahrer einfach per Telefon, ohne den Führerschein per Scan oder Fax nachweisen zu müssen. Da wir aber zuvor die Versicherungsbedingungen unterzeichnet hatten, wussten wir ja, welche Einbußen uns im Fall eines Fehlverhaltens drohten. Der Vermieter war somit abgesichert.

Sind alle Unterlagen unterzeichnet, geht es schließlich an die Bezahlung, sofern der Kunde die Mietsumme nicht bereits bei Einbuchung beglichen hat. Eventuell nachträglich reserviertes Zusatzequipment ist vor Ort zu zahlen. Im Fall einer Zahlung mit Kreditkarte fallen Gebühren an, die sich auf etwa 2 Prozent bei Visa und Mastercard bzw. rund 4,5 Prozent bei American Express oder Diners Club belaufen, wenngleich letztere nicht immer akzeptiert wird. Unabhängig von ausstehenden Beträgen zieht sich der Vermieter immer einen Durchschlag der Kreditkarte, um sich finanziell abzusichern. Erhält er z. B. einen Bußbescheid wegen überhöhter Geschwindigkeit oder wurde das Wohnmobil verdreckt wieder abgegeben, kann der Vermieter die Gebühr der hinterlegten Kreditkarte des Mieters belasten, übrigens auch nach bereits erfolgter Abgabe des Campers.

Self Check-in

Die Mehrheit der Anbieter, wie z. B. Apollo und Travellers Autobarn, ermöglichen dem Mieter, bereits vor Abholung des Wohnmobils online einzuchecken und die persönlichen Daten zu übermitteln. Dazu erhält der Selbstfahrer einige Tage oder Wochen vor Mietbeginn eine E-Mail vom Vermieter mit einem Link zum Self Check-in. Alternativ ist der Web Check-in auch über die Startseite des jeweiligen Vermieters erreichbar.

Nach Eingabe des Namens und der Buchungsnummer trägt der Mieter alle erforderlichen Angaben wie Führerscheindaten und weitere Fahrer ein. Des Weiteren kann er Zusatzequipment reservieren oder im Kommentarfeld wichtige Informationen hinterlassen, z. B. die Änderung der Flugzeiten und damit einhergehende Verspätung bei der Abholung. Im Zuge des Self Check-ins spart der Reisende viel Zeit bei der Abholung des Fahrzeuges, da die Angaben bereits im System hinterlegt sind. Während viele Vermieter die Anmeldung über das Internet als freiwillige Zusatzoption anbieten, ist dieser bei anderen Anbietern wie Mighty verpflichtend. Entweder registriert sich der Mieter bereits vorab über die Website oder er holt dies bei Übergabe des Campers an einem Selbstbedienungsterminal nach.

Man sollte sich das gebuchte Fahrzeug genau anschauen

Einweisung in das Fahrzeug

Nach Erledigung des nötigen Papierkrams schaut sich der Mieter zumeist ein Video an, welches ihn mit der Technik und den Ausstattungsdetails des Fahrzeuges vertraut macht. Darin wird ihm anschaulich und verständlich erklärt, wo sich u. a. das Reserverad befindet, wie der Ölstand zu kontrollieren oder das Bett aufzubauen ist, aber auch, wie er sicher auf australischen Straßen fährt. Die wichtigsten Informationen lassen sich so zeitsparender und standardisierter vermitteln, oft auch schon im Zuge des Self Check-ins. Auf diesem Weg kann sich der Reisende bereits vor Mietbeginn mit dem Fahrzeug vertraut machen.

TIPP: Vermieter auf YouTube

Viele Vermieter haben einen eigenen YouTube Kanal. Dank kürzerer Feedback-Videos von glücklichen Kunden sowie längeren Info-Videos zu Fahrzeugtypen, Routenvorschlägen etc. erhält der Mieter einen guten Rundumblick über sein kommendes Abenteuer. Auch wenn die Qualität manchmal zu wünschen übrig lässt, lohnt es sich auf jeden Fall, durch die Videos des Vermieters zu zappen, da diese doch einen realistischeren Eindruck vermitteln als die auf Hochglanz polierten Katalogfotos.

Etwaige Mängel werden protokolliert

Vor Jahren, bei unserer ersten Abholung, erhielten wir alle nötigen Informationen rund ums Fahrzeug noch ausschließlich im Zuge einer persönlichen Einweisung. Die eigentliche Übergabe des Fahrzeuges ist mittlerweile je nach Vermieter allerdings abgespeckt und auf das Wesentliche beschränkt. Mittels eines sogenannten *vehicle condition report*, einem Übergabeprotokoll, werden hierbei sämtliche vorhandene Schäden bzw. Mängel am Fahrzeug festgehalten. Hier gilt es, als Mieter besonders aufmerksam zu sein, um späteren Diskussionen über angeblich verursachte Schäden vorzubeugen. Besonderes Augenmerk ist zu richten auf:

- den Zustand des Lacks (z. B. Kratzer, Beulen),
- den Zustand der Scheiben (z. B. Steinschlag),
- vorhandene Roststellen und
- den Zustand der Reifen.

Natürlich kann sich der Mieter bei der Übergabe nur einen ersten Eindruck über das Äußere des Fahrzeuges verschaffen. Was den technischen Zustand des Campers betrifft, muss er auf die zuverlässige Wartung seitens des Vermieters vertrauen. Bevor es schließlich losgeht und das Depot im Rückspiegel verschwindet, sollte sich der Urlauber aus eigenem Interesse nochmals folgende Fragen stellen und diese auch mit „ja" beantworten können:

Checkliste: Weiß ich, ...
- welchen Sprit ich tanken muss?
- wofür die zweite Batterie verantwortlich ist?
- wie ich Getriebe und Schalthebel bzw. Knöpfe bediene?
- wo sich das Reserverad befindet?
- wo Warndreieck, Wagenheber und Werkzeug verstaut sind?
- wie ich den Motor erreiche, um den Ölstand zu checken?
- wie ich das Kühlwasser bzw. die Scheibenwaschflüssigkeit auffülle?
- wo sich die Gasflasche und der Wassertank befinden bzw. wie ich diese auffülle?
- wie ich die Gasflasche ordnungsgemäß benutze?
- wie ich den Herd und Kühlschrank bediene?
- wie weitere Elektronik im Fahrzeug funktioniert, z. B. TV und Steckdosen?

In jedem Camper liegt übrigens im Handschuhfach eine kleine Infomappe. Darin befinden sich nicht nur Campingplatzverzeichnisse und Straßenkarten, sondern auch Campingtipps, Hinweise zum Fahrzeug und Rabattgutscheine. Hier sollte idealerweise auch der Mietvertrag abgelegt werden, sodass wichtige Informationen im Bedarfsfall leicht zugänglich sind.

10.3 Die ersten Kilometer

Die ersten Kilometer sollten den Fahrer nicht allzu weit weg vom Depot des Vermieters führen. Nicht selten ist er während der Übergabe aufgeregt und vergisst daher eventuell, nach einer bestimmten Funktionsweise zu fragen. Oder er übersieht vor lauter Vorfreude aufs beginnende Abenteuer, dass ein Campingstuhl in der Ausstattung fehlt. Damit diese Mängel nicht erst auffallen, wenn die Niederlassung und damit direkte Hilfe bereits weit zurück liegen, ist es

Vertraut machen mit dem Wohnmobil

ratsam, mit dem Camper zunächst auf einen nahe gelegenen Stellplatz zu fahren und sich alles nochmals in Ruhe anzuschauen.

Checkliste: Zustand des Camper
- Ist Bettzeug in passender Anzahl vorhanden?
- Ist Geschirr ist passender Anzahl vorhanden?
- Ist weiteres Zubehör wie Stromkabel, Wasserschlauch etc. vorhanden?
- Ist hinzu gebuchtes Equipment wie Campingstühle und Navi dabei?
- Funktioniert der Kühlschrank bzw. der Herd?
- Ist der Benzintank voll?
- Ist der Wassertank voll?
- Ist die Gasflasche voll?
- Ist das Fahrzeug sauber?
- Ist der Kühlschrank gereinigt?
- Ist das Zubehör mangelhaft (z. B. dreckiges Geschirr, kaputter Stuhl)?
- Ist die Ausstattung deutlich beschädigt (z. B. defekte Türen oder Schub-fächer, eingerissene Moskitonetze, verschlissene Polster)?
- Funktioniert die Technik (Klimaanlage, Radio, Innenbeleuchtung etc.)?
- Befinden sich bereits weitere erkennbare/hörbare Mängel am Fahr-zeug? (Blinker, Beleuchtung, Schalten etc.)?

Natürlich lassen sich nicht alle möglichen Schäden oder Fehler auf den ersten Blick bzw. auf den ersten Kilometern erkennen. Der wahre Füllstand einer Gasflasche z. B. macht sich erst beim Kochen bzw. Heizen bemerkbar. Doch stellt

Ist die Ausstattung vollständig?

der Urlauber tatsächlich fest, dass nur zwei Bettdecken statt der erforderlichen drei vorhanden sind oder die Tankanzeige kurz vor Null steht, kann er zu diesem Zeitpunkt noch einmal umkehren und die Mängel beim Vermieter beanstanden bzw. beheben lassen. Die Vorfreude erleidet dadurch zwar sicherlich einen Dämpfer, aber immerhin lässt sich das Problem schnell und reibungslos beheben, wenn das Depot und damit die Lösung noch in Reichweite sind. Hätte man erst nach stundenlanger Fahrt beim Aufbau des Nachtlagers festgestellt, dass eine Person ohne Bettdecke auskommen muss, wäre der Ärger wohl größer.

Ebenso ist es ratsam, auf den ersten Kilometern besonders auf hörbare oder spürbare Mängel bzw. Fehlfunktionen beim Fahren zu achten. Ist der Motor unerklärlich laut? Lassen sich alle Gänge problemlos schalten? Sind die Bremsen in Ordnung? Letztendlich ist der Mieter in der Pflicht, dem Vermieter unverzüglich etwaige Mängel am Fahrzeug anzuzeigen, ganz egal, in welcher Größenordnung, damit dieser auch die Möglichkeit hat, sie schnellstmöglich zu beheben. Wer erst nach einer Woche Miete beanstandet, dass der Kühlschrank seit dem Tag der Abholung nicht richtig schließt, wird es schwer haben, auf Wiedergutmachung zu pochen.

Doch Vorsicht: Nicht alle Mängel lassen sich ohne Weiteres beanstanden, vor allem dann nicht, falls man einen Camper der besonders preisgünstigen Kategorie gemietet hat. Die mit ziemlicher Sicherheit vorhandenen Gebrauchsspuren am Fahrzeug oder der Ausstattung wird ein Budget-Vermieter nicht als Mangel akzeptieren, solange er vertretbar ist. Der Mieter hat mit der Buchung eines älteren Fahrzeuges Verschleißerscheinungen in Kauf genommen, um möglichst kostensparend zu reisen. In diesem Fall darf er sich im Nachhinein nicht darüber beklagen, falls die Sitzpolster bereits Flecken aufweisen oder die Pfanne zerkratzt ist. Um Beschwerden solcher Art vorzubeugen, vermieten einige Low-Cost-

Wichtige Infos sind in den Mappen enthalten

Anbieter nur zögerlich an ältere Kunden, da diese zumeist anspruchsvoller und demzufolge doch negativ überrascht sind, sobald sie das gemietete Modell sehen. Handelt es sich allerdings um einen Schaden, der auch von einem Budget-Vermieter nicht vertretbar ist, muss natürlich auch dieser umgehend behoben werden.

10.4 Der erste Einkauf

Am ersten Tag der Miete ist es absolut nützlich, einen Supermarkt anzufahren, um Kühlschrank und Regale des Wohnmobils erstmals mit Lebensmitteln aufzufüllen. So ist nicht nur die kulinarische Versorgung der folgenden Miettage gesichert, sondern der Urlauber erhält außerdem ein Gefühl dafür, wie viel Stauraum im Fahrzeug zur Verfügung steht. Was bei einer Shoppingtour auf jeden Fall im Einkaufswagen landen sollte, kann in Teil 5 nachgelesen werden.

Lebensmittel sind teuer

Wer das erste Mal einen australischen Supermarkt betritt, wird mit hoher Wahrscheinlichkeit einen kurzen Preisschock erleiden. Lebensmittel in Australien sind vergleichsweise teuer und damit ein hoher Posten in der Budgetplanung einer Selbstfahrerreise. Gerade Milch- und Fleischprodukte, aber auch Obst sind keine Schnäppchen, von alkoholischen Getränken ganz abgesehen. Aus diesem Grund lohnt es sich, einige Tipps zu befolgen, um den Campingtrip möglichst ohne gähnende Leere im Magen und in der Reisekasse durchzustehen.

Preise für australische Lebensmittel		
	AUD	**EUR (1 $ = 0,66 €)**
Wasser	2,-/l	1,33/l
Milch	1,5/l	1,-/l
Bier	18,-/Sixpack (0,375l)	12,-/Sixpack
Weißbrot	2,-/Packung	1,33/Packung
Käse	5,-/250g	3,32/250g
Instant-Kaffee	7,-/100g	4,65/100g
Wurstaufschnitt Salami	4,-/100g	2,65/100g
Apfel	4,50/kg	3,-/kg
Cornflakes/Müsli	5,-/500g	3,32/500g

Jeden Tag aufs Neue in den Supermarkt zu gehen und mal dies, mal das zu kaufen, strapaziert ebenso die Reisekasse wie allabendlich auswärts zu essen. Vielmehr empfiehlt es sich, regelmäßig einen großen Einkauf zu machen und so die Shoppingtempel in den nächsten Tagen links liegen zu lassen. Schließlich ist der Urlauber nicht nach Down Under geflogen, um täglich sein Sightseeing zwischen Regalen und Kassen zu absolvieren, wenngleich das Angebot an Schokoriegeln erstaunlich ist. Außerdem reist man mit vollem Kühlschrank unabhängiger und kann sicher sein, auch für einige Tage in weiter abgelegenen Regionen ohne knurrenden Magen schlafen zu gehen.

Vor der ersten Tagesetappe sollte zunächst eingekauft werden

In Australien gibt es drei große Supermarktketten, die ein umfangreiches Sortiment an Lebensmitteln, Getränken, Drogerie- sowie alltäglichen Haushaltsprodukten haben. Dazu gehören:
- Coles,
- Woolworths und
- IGA.

Gerade Coles und Woolworths übertrumpfen sich regelmäßig, wenn es darum geht, das beste und günstigste Angebot bereitzustellen. Schnäppchen lassen sich in Australien weniger über reduzierte Preise wie bei uns üblich machen, sondern über Mengenrabatte. Nicht selten schreien den Einkäufer von den Regalen Werbeanzeigen wie „Kaufe 5 für den Preis von 3" entgegen. Für Urlauber, vor allem Backpacker, die oft jeden Tag an einem anderen Ort sind und nicht mit massig Lebensmitteln herumreisen wollen, sind diese Angebote oft weniger attraktiv. Aber gerade bei Campingreisen sind sie herzlich willkommen! Schließlich ist im Wohnmobil ausreichend Platz und die Lebensmittel lassen sich bequem mitführen. Einziger bitterer Beigeschmack der Sparpolitik: Die Ernährung ist für die kommenden Tage vielleicht etwas eintönig, wenn man zwar fünf verschiedene Pastasoßen zum Preis von drei im Schrank hat, aber immer wieder Nudeln dazu isst.

Wer von vornherein beim Einkauf sparen möchte, geht Down Under zu einem wohlbekannten Discounter: Aldi hat in den letzten Jahren die Herzen der Australier im Sturm erobert! Gerade an der Ostküste ist die Supermarktkette weit verbreitet. Besucher werden sich kurz fragen, ob sie tatsächlich 16.000 Kilometer von zu Hause Urlaub machen. Nicht nur die günstigen Preise, sondern selbst die Kacheln und die Anordnung der Lebensmittel gleichen den deutschen Märkten. Ist man zu Weihnachten unterwegs, kann man hier sogar Lebkuchen und Glühwein erwerben. Und letzterer glüht bei 40 Grad Außentemperatur um ein Vielfaches als daheim, soviel ist sicher. Derzeit schickt sich übrigens auch Lidl an, den australischen Markt von sich zu überzeugen.

> **TIPP: Online einkaufen**
> Wer sich einen ersten Eindruck über Produktpalette und Preise australischer Supermärkte machen möchte, um das Reisebudget besser planen zu können, kann auf deren Website vorab virtuell shoppen gehen:
> - www.coles.com.au
> - www.woolworths.com.au
> - www.aldi.com.au

Supermärkte gibt es jeder Größenordnung. Prinzipiell gilt, je größer die Stadt, desto größer das Einkaufsparadies. Gerade in den Märkten von Coles und Woolworths kann sich der Einkäufer mehrere Stunden aufhalten, während die Aldi-Läden prinzipiell ein kleineres Angebot haben. Ist man in weiter abgelegenen Orten unterwegs, gibt es eine entsprechend kleine Zweigstelle oder einen Supermarkt, der eher an einen Berliner Spätkauf bzw. Kiosk erinnert. Großeinkäufe sollten hier nicht unbedingt erledigt werden, da sich die Entfernung zu den Großstädten im Preis niederschlägt.

Die Auswahl in den Supermärkten ist groß

TIPP: Gratis-Proben

Es mag vielleicht nicht ganz korrekt sein, aber nützlich ist es allemal: Nach einem Lunch bei McDonalds können Wagemutige dort die kleinen Salz & Pfeffer- bzw. Zuckertütchen mitnehmen, in überschaubaren Mengen versteht sich. Auch wer die ersten Nächte z. B. im Hotel übernachtet, packt womöglich die Teebeutel & Kaffeepäckchen mit ein. Es macht schließlich keinen Unterschied, ob man diese im Hotel verbraucht oder erst später auf Tour.

Manche Produkte sollten zudem in großen Vorräten eingekauft werden. Dazu zählt zweifelsohne Wasser, denn davon kann man gerade im australischen Sommer nicht genug haben. Anstatt immer wieder neue Flaschen zu kaufen und damit unnötigen Plastikmüll zu hinterlassen (Australien kennt kein wirkliches Recycling), lohnt es sich, einen großen Kanister Wasser zu kaufen und an diesem kleinere Flaschen immer wieder aufzufüllen. Auch bei Kühlware braucht sich der Urlauber nicht zu scheuen, diese in größeren Mengen einzukaufen, da in den meisten Campern ein elektrischer Kühlschrank vorhanden ist. Selbst wenn der Kühlschrank nachts ein wenig heruntergedreht wird, um die zweite Batterie zu schonen, kühlt dieser noch immer ausreichend, um Fleisch und Milch nicht verderben zu lassen.

TIPP: Sparen bei der Mülltüte

Während eines Trips mit dem Camper kommt mehr Müll zusammen, als man denkt. Um nicht extra Mülltüten einkaufen zu müssen, kann man stattdessen prima die kleinen Plastiktüten nehmen, in denen der Einkauf im Supermarkt kostenfrei verpackt wird. Allerdings gibt es immer mehr Städte bzw. Supermärkte, die *plastic bag free* sind. Hier muss der Einkäufer eine Baumwolltasche erwerben oder mitbringen.

Ein weitere, tolle Sparmöglichkeit ergibt sich darüber hinaus durch Tank-Gutscheine. Die Supermärkte Coles und Woolworths haben jeweils Abkommen mit bestimmten Tankstellen-Ketten (Woolworths mit Caltex und Coles mit Shell).

Ab einer gewissen Einkaufssumme (meist ab 30 AUD) ist auf dem Kassenbeleg ein Rabatt für die nächste Spritfüllung vermerkt. Teilnehmende Tankstellen erkennt man an der Rabatt-Anzeige in der Preistafel. Der Rabatt pro Liter beläuft sich regulär auf 4 Cent pro Liter und kann auf eine Tankfüllung bis zu 150 Liter eingelöst werden. Gerade bei einem leeren Tank macht sich das im Portemon-

Insektenschutzmittel kauft man am besten vor Ort

naie bemerkbar. Aber selbst falls der Tank halbvoll ist, rentiert es sich, diesen mit Rabatt aufzufüllen. Wer weiß, wie teuer das Benzin beim nächsten Stopp ist.

Checkliste: Wie sich beim Einkaufen Geld sparen lässt

- Großeinkäufe machen statt täglich aufs Neue in den Supermarkt zu gehen,
- möglichst in den Großstädten einkaufen,
- wenn möglich, bei Discountern wie Aldi einkaufen,
- Mengenrabatte ausnutzen,
- Eigenmarken der Supermärkten kaufen,
- auf kombinierte Tank-Rabatte achten und
- Teile des Einkaufs fürs Campen wiederverwerten, z. B. Tüten als Müllbeutel.

11. Entlang der Strecke

COOLGARDIE – ESPERANCE HWY

Norseman | 94 | Coolgardie
Esperance | | Perth

Der Weg ist das Ziel

11. Entlang der Strecke

Mit Sack und Pack sowie vollem Kühlschrank kann der *road trip* endlich beginnen! Jeden Tags aufs Neue genießt der Selbstfahrer die Freiheit, völlig selbst entscheiden zu können, wohin die Reise heute führt und an welchem Ort er morgen aufwachen möchte. Flexibilität war nie verlockender als *on the road*.

Doch australische Straßen sind nicht mit deutschen Autobahnen zu vergleichen, was sich mitunter erheblich auf den Fahrfluss auswirkt. Oft schlängeln sie sich zweispurig an den Küsten entlang und werden nur in Nähe der großen Metropolen mehrspurig. Dazwischen ist der Urlauber eher auf Landstraßen mit regionalem oder Fernverkehr unterwegs. Gerade in den dicht besiedelten Regionen werden die Höchstgeschwindigkeiten infolge kleinerer Ortschaften, Baustellen oder Schulzonen nur selten erreicht. Auf offener Straße bremsen kurvige Streckenverläufe oder *road trains* den Fahrer ab. Bereits im ersten Teil des Buches wurden daher Tipps zur Streckenplanung aufgezeigt. So sollte das tägliche Fahrziel nicht weiter als 300 Kilometer entfernt und der Zeitplan nicht allzu starr sein. Denn nur so lässt sich Freiraum schaffen für ungeplante Entdeckungen, längere Pausen oder im schlimmsten Fall auch Pannen.

Akuter Fliegenbefall lässt sich schwer vermeiden

11.1 Sightseeing unterwegs

Erfahrungsgemäß ist der Urlauber auf einer Campertour kein Langschläfer. Vielmehr geht er beizeiten ins Bett und kriecht in aller Früh wieder aus den Federn. Der Etappenplanung kommt dieser Schlafrhythmus sehr entgegen. Die mitunter früh einsetzende Dunkelheit in Australien macht es erforderlich, rechtzeitig einen Stellplatz für die Nacht zu finden. Anschließend wird das Wohnmobil für die Nacht arrangiert, ggf. Gepäck umgeräumt, die Campingstühle heraus geholt und das Essen zubereitet. Man plant den kommenden Tag, plaudert mit den Campingplatz-Nachbarn, geht duschen, wäscht vielleicht noch die Wäsche – und ehe sich der Reisende versieht, liegt er bereits gegen 22 Uhr im Bett und wandelt in der Traumzeit. Vor der Geräuschkulisse der einheimischen Tierwelt wacht er mit den ersten Sonnenstrahlen auf und macht sich fertig für den Tag. Auf die Morgentoilette folgt das Frühstück, anschließend wird der Camper wieder fahrtüchtig gemacht, letzte Schnappschüsse halten den Stellplatz für die Nachwelt fest. Weit vor der heimatlichen Aufstehzeit am Wochenende folgt man schon wieder dem Verlauf des Highways.

Doch selbst bei bester Ausschöpfung des Tages kommt der Reisende während seines Trips früher oder später an einen Punkt, an dem seine Etappenplanung nicht mehr funktioniert. Lässt er sich in den ersten Tagen zu viel Zeit, gerät er zum Ende des Trips in akute Zeitnot und muss favorisierte Orte links liegen lassen. Fährt der Urlauber hingegen die ersten Etappen genau nach Zeitplan, stellt er mitunter im Verlauf der Reise fest, dass die Planung zu großzügig war und er sich durchaus hier und dort mehr Zeit hätte nehmen können. Auf unserer Tour im Südwesten des Landes z. B. sind wir bis kurz vor Schluss super mit der Zeit hingekommen, sodass wir vor Rückgabe des Campers noch einen vollen Tag in Rockingham bei Perth „übrig" hatten. Allerdings war das Wetter mehr als bescheiden und auch der Ort sagte uns nicht ganz so sehr zu. Uns fiel sprichwörtlich die Camperdecke auf den Kopf und wir ärgerten uns, nicht einen Tag länger in Margaret River weiter südlich verbracht zu haben. Dort gefiel uns nicht nur das Wetter, sondern auch die Szenerie deutlich besser. Letztendlich gingen wir bowlen – ein unterhaltsamer, aber sicherlich nicht perfekter Zeitvertreib auf einer Campertour.

Trampen

Trampen in Australien ist eine rechtliche Grauzone. Unter den Bundesstaaten wird diese Art der Fortbewegung unterschiedlich geahndet und mehr als ein potenzielles Verkehrsdelikt denn eine illegale Handlung eingestuft. So ist es zwar mitunter untersagt, vom Straßenrand aus den Daumen hochzuhalten, nicht aber vom Fußgängerweg. Vom Trampen bzw. der Mitnahme trampender Personen wird allerdings einvernehmlich abgeraten. Wer dennoch einen Anhalter mitnehmen möchte, muss auf die verfügbare Anzahl an Sicherheitsgurten im Mietcamper achten.

Die Balance zu finden zwischen Zeitnot und Zeitüberhang ist wohl die wahre Herausforderung einer Selbstfahrerreise. Erheblichen Einfluss darauf hat das Sightseeing-Programm. Auf dem Fünften Kontinent gibt es nicht die typischen touristischen Hotspots wie Schlösser oder Museen. Ausnahmen wie das Sydney Opera House bestätigen die Regel. Zu den wahren Sehenswürdigkeiten des Landes zählen vielmehr die Flora und Fauna – das süßeste Tier, der größte Monolith oder der älteste Regenwald. Diese gilt es zu entdecken und genau das ermöglicht eine Reise mit dem Wohnmobil. Der Urlauber kann Orte ansteuern, die sonst nur

Braune Schilder versprechen Strecken mit Sightseeing-Faktor

mit einer Tour oder gar nicht erreichbar wären. Einige davon finden Erwähnung in den Reiseführern, andere wiederum begegnen einem erst entlang der Strecke.

Besonders achtgeben sollte ein Selbstfahrer auf die braunen Straßenschilder, denn sie versprechen eine „Sehenswürdigkeit". Was der Urlauber am Ziel geboten bekommt, ist in Australien allerdings immer wieder ein Überraschungspaket. Es kann sich entweder um einen tröpfelnden Wasserfall nach einer schweißtreibenden, zweistündigen Wanderung handeln oder aber um einen paradiesischen Strandabschnitt, den man sich nur mit einigen Kängurus teilt.

> **TIPP: Kurioses am Wegesrand**
>
> Einige Selbstfahrer haben es sich in Australien zur Aufgabe gemacht, sämtliche *big things* abzufahren. Dabei handelt es sich um überdimensionale Abbildungen von Obst, Gemüse oder Geräten, die Sinnbild der Region sind, in der sie stehen. Mehr als 150 dieser Skulpturen soll es landesweit geben, so die *big pineapple* an der Sunshine Coast oder die *big golden guitar* in Tamworth, New South Wales. Für Autofahrer sind die Skulpturen vielleicht kein Highlight, aber zumindest eine unterhaltsame Abwechslung zwischendurch. Gerade wer Kinder an Bord hat, zaubert ihnen mit einem Fotostopp an einem *big thing* sicherlich ein Lächeln ins Gesicht.

Oft ist auch die Route als solche bereits ein Highlight und erhöht das Fahrvergnügen um ein Vielfaches. So sind viele der Küstenstraßen als *tourist drive* ausgeschildert. Sie nehmen mehr Zeit in Anspruch als der direkte Weg, bieten dafür aber die schönere Kulisse. Auf den Highways lässt sich zudem der Entdeckergeist aus vergangenen Zeiten nachempfinden: Down Under sind die Straßen oft mit den Namen ihrer Schöpfer versehen. Wer z. B. auf dem 75 Kilometer langen Captain Cook Highway zwischen Cairns und Mossman in Queensland unterwegs ist, wandelt zugleich auf den Spuren des unter britischer Flagge segelnden Ostküstenentdeckers. Ein anderes herausragendes Beispiel ist der Stuart Highway. Der über tausende Kilometer endlos wirkende Streckenabschnitt zwischen

Oft sind die Highways nach den Pionieren des Landes benannt

Adelaide und Darwin ehrt den Pionier James S. Stuart. Dort, wo der Tourist heute auf geteerten Straßen und mit laufender Klimaanlage unterwegs ist, durchquerte Stuart als erster mit einem Pferd den Kontinent von Süden nach Norden und verlor dabei fast sein Leben. Möchte man also etwas über die spannende Geschichte Australiens erfahren, lohnt es sich, einfach den Namen des Highways, auf dem man gerade fährt, zu hinterfragen.

Alternativ konzentriert sich der Reisende auf die berühmten Selbstfahrerrouten, von denen es in Australien nur so wimmelt, seien es die Great Ocean Road, die Gibb River Road oder die Great Southern Touring Route. Hier reiht sich ein *lookout* an den anderen und verspricht die beste Aussicht. Zum Leidwesen aller Folgenden bremst der fah-

Lookouts versprechen oft ein besonders tolles Panorama

rende Tourist alle fünf Minuten scharf ab, um ein weiteres Foto mit blauem Himmel, türkisfarbenen Wasser und grünen Palmen zu schießen. Die Versuchung ist immens, an jedem Aussichtspunkt zu halten, schließlich weiß man nie, ob der nächste nicht ein besseres Motiv als der Vorgänger verspricht. Hier heißt es, Disziplin zu wahren, denn gerade an Strecken wie der Great Ocean Road käme man sonst nur im Schneckentempo vorwärts. Gelegentlich nützt aber auch die beste Disziplin nichts. So fuhren wir insgesamt dreimal auf der Sea Cliff Bridge kurz vor Sydney hin und her – einerseits, um tolle Fotos zu machen, andererseits um die spektakuläre Aussicht auf die Brücke und von der Brücke zu genießen. Eine Freiheit, die man so wohl nur auf den eigenen vier Rädern hat.

Courtesy Wave

Australische Autofahrer gehen in der Regel sehr freundlich miteinander um, sofern der eine den anderen nicht in Rage versetzt hat. Gerade im Hinterland, auf den weniger dicht befahrenen Straßen, sieht man es häufig, dass sich entgegenkommende Fahrer kurz winken, die Hand vom Lenkrad heben oder zumindest mit dem Kopf nicken – ohne konkreten Anlass und ohne sich zu kennen. Auf diese Art grüßt man sich und sagt quasi Danke für das anständige Fahren des jeweils anderen. Typisch australisch eben. Der Selbstfahrer darf hier gerne mitmachen.

11.2 Information und Navigation

Viele Reisende informieren sich bereits vorab über das Urlaubsland und legen sich auf einige oder auch zahlreiche To-dos fest. Klassisches Hilfsmittel dafür sind nach wie vor die Reiseführer. Zwar haben diese mittlerweile auch Tipps für Selbstfahrerreisen inbegriffen, jedoch beschränken sich diese zumeist auf Routenvorschläge und die Erwähnung einiger Vermieter und Campingplatzketten. Deutlich umfangreicher ist in dieser Hinsicht das Internet, vor allem die privaten Reiseblogs ehemaliger und derzeitiger Traveller. Sie versorgen den Leser gezielt mit

Broschüren der Fremdenverkehrsämter

den Infos, die er für seinen Trip benötigt – und das aus erster Hand. Andere Portale widmen sich dem Camping allgemein und/oder wenden sich an eine bestimmte Zielgruppe, z. B. den *grey nomads* oder 4WD-Fahrern. Auch die Vermieter sind auf diesen Trend aufgesprungen und versorgen den Kunden mit hauseigenen Informationen rund um seine Reise. Unter ihnen sticht besonders Travellers Autobarn hervor, was sicherlich der online-affinen Zielgruppe der Backpacker geschuldet sein dürfte. Aber auch Apollo oder Britz füllen ihren Blog mit hilfreichen Tipps wie Campingplatz-Empfehlungen oder Kochrezepten für die Camperküche.

Darüber hinaus stellen die Fremdenverkehrsämter der australischen Bundesstaaten auf ihren Websites weiter gehende Auskünfte für Selbstfahrerreisen bereit. Dazu gehören Hinweise zum sicheren Fahren, Routenvorschläge und mögliche Aktivitäten entlang der Strecke. Wer es lieber etwas griffiger mag, bestellt sich gratis die dazugehörigen Broschüren. Die Internetadressen der Informationsportale, Blogs sowie Fremdenverkehrsämter sind in Teil 5 aufgeführt.

ADAC Informationsmaterial

ADAC-Mitglieder haben die Möglichkeit, gratis Informationsmaterial für ihren Camping-Trip in Australien zu erhalten. Dabei handelt es sich um ausführliches Kartenmaterial zu den einzelnen Bundesstaaten mit den jeweiligen Highlights der Strecke – ein Service, den man auf jeden Fall in Anspruch nehmen sollte. Die Bestellung ist kostenfrei und wird innerhalb weniger Tage nach Hause geliefert.

Straßenkarten helfen bei der Orientierung

Vor Ort stellt der Vermieter weiteres umfangreiches Informations- und Kartenmaterial zur Verfügung. Dabei handelt es sich um Campingplatz-Verzeichnisse, Informationen über die Region, Gutscheinaktionen mit örtlichen Anbietern, Hinweise rund ums Fahrzeug, aber auch Straßenkarten.

Apropos Straßenkarten: Diese werden auch in Australien vermehrt durch

Navigationsgerät oder Smartphone ersetzt. So kann der Mieter gegen einen täglichen Aufpreis ein Navi (GPS) hinzu buchen. Nach meinen Erfahrungen ist ein GPS nicht unbedingt erforderlich, um Down Under auf dem rechten Weg zu bleiben, denn meist gibt es nur diesen einen Weg, der zum Ziel führt. Es ist also tatsächlich recht schwer, sich in Australien zu verfahren. In den großen Städten wie Sydney sieht das natürlich etwas anders aus. Hier kann der Urlauber allerdings auf sein Smartphone zurück greifen und der Strecke z. B. mithilfe des Routenplaners von Google Maps folgen. Und sollte tatsächlich das Datenvolumen einmal erschöpft sein, der Akku alle oder der Service schwach, dann bieten die zwar altmodischen, aber zuverlässigen Straßenkarten Abhilfe.

Und ist es nicht ein tolles Gefühl, die bereits gefahrene Strecke mit dem Finger auf der Karte nachzuzeichnen und gespannt auf die folgende Seite umzublättern? Straßenkarten geben dem ganzen Trip einen gewissen greifbaren Touch. Wohl genau aus diesem Grund bekommt man bei Buchung der Jackpot-Campermodelle des Vermieters Mighty eine Landkarte dazu, die nur dafür da ist, von den Mietern mit Kreuzen und Linien versehen zu werden.

> **TIPP: Kilometerstand notieren!**
> Damit man sich am Ende der Tour die Anzahl der gefahrenen Kilometer genau vor Augen führen kann, empfehlen wir unbedingt, sich bei Abholung des Campers den Kilometerstand zu notieren.

Und schließlich gäbe es noch die australischen *tourist informations* bzw. *visitor centres*. Dabei kann es sich um eine bloße Informationstafel in einer kleinen Stadt ohne nennenswerten Touristenstrom handeln oder um ein großzügiges Gebäude bzw. Büro inmitten eines belebten Urlaubsortes. Die Touristeninformation ist die erste Anlaufstelle, ein gewisser Fixpunkt mit jedem örtlichen Tapetenwechsel. Hier findet der Besucher kostenfreies Informationsmaterial in Hülle und Fülle zur Region, aber auch zu angrenzenden Gebieten. Eine persönliche Beratung der Angestellten rundet das Angebot ab. Als wir in Batemans Bay nach einer passenden Nachmittagsgestaltung suchten, gab uns die nette Dame aus der Touristeninformation den Tipp, zum Pebbly Beach zu fahren. Dieser befand sich etwas außerhalb der Stadt und war uns bis dato unbekannt. Direkt am Strand schliefen einige Kängurus und ließen sich ohne Scheu von uns fotografieren. Hätte uns die Mitarbeiterin diesen Insidertipp nicht gegeben, wäre uns ein toller Moment entgangen. Außerdem erhält der Selbstfahrer hier ebenso aktuelle Auskünfte über mögliche Cam-

Das gelbe i auf blauem Hintergrund ist steter Wegbegleiter

pingplätze und deren Verfügbarkeiten. Sofern es sich um das Besucherzentrum einer kleineren Stadt handelt, ist mitunter sogar ein Museum angeschlossen. So kann sich der Besucher in Kojonup, Western Australia, auf die Spuren des lokalen Aborigine-Stammes begeben.

An den *visitor centres* zeigt sich einmal mehr die hervorragende Infrastruktur der Campingnation Australien! Hier wird der Selbstfahrer nicht sich selbst überlassen, sondern mit nützlichen Infos auf seiner Reise versorgt. Es lohnt sich also immer, dort vorbeizuschauen, selbst wenn man meint, bereits alles über die Region recherchiert zu haben.

11.3 Pausen

Roadhouses gehören zum Outback wie roter Sand

Der Pause kommt in Australien eine immense Bedeutung zu. Im Schnitt sollte die Fahrt alle zwei Stunden unterbrochen werden, nicht nur, sobald die Blase drückt oder der Magen nach Essen verlangt, sondern auch, wenn die Konzentration zu schwächeln beginnt. Langes, monotones Fahren kann gerade in der australischen Landschaft zur Ermüdung beim Fahren führen, wie im Kapitel 13 noch näher beleuchtet wird.

Für einen Stopp eignen sich nicht nur die malerischen *lookouts*, sondern vor allem die *rest areas* entlang der Highways. Dabei handelt es sich um Rastplätze, die jedoch nicht mit denen entlang deutscher Autobahnen zu vergleichen sind. Vielmehr liegen sie etwas weiter von der Straße entfernt und bieten mehr als nur eine lieblos hingestellte Dixie-Toilette auf Beton sowie einen überfüllten Mülleimer. Oft gibt es eine gepflegte öffentliche Toilette, Sitzgelegenheiten, schattige Plätze, mitunter sogar Duschen und Barbecues. Die größtenteils gute Ausstattung der *rest areas* hat mit ihrer Funktion als Schlafplatz für die Nacht zu tun (siehe Kapitel 12).

Wer im Outback unterwegs ist, sollte für Pausen unbedingt die *roadhouses* ansteuern, sofern der lechzende Benzintank dies nicht eh erforderlich macht. Mitten im Nirgendwo sind sie das einzige Zeichen von Zivilisation in einem Umkreis von mehreren hundert Kilometern und Rastplatz, Tankstelle, Werkstatt, Supermarkt, Motel, Campingplatz, Post und Restaurant bzw. Pub in Einem. Die *roadhouses* gehören ohne Zweifel zu den Sinnbildern einer Fahrt ins australische Outback und werden von vielen Fahrern, sowohl Einheimischen als auch Touristen, verehrt. Zu den wohl berühmtesten zählen das Balladonia Roadhouse am Ende der Nullarbor Ebene oder das Pink Roadhouse in Oodnadatta.

TIPP: *roadhouse*-Ikonen

Eine Übersicht über 101 Outback *roadhouses* in Australien bietet folgende Website:
- www.discovery-campervans.com.au/outback_road_house

In den Städten lassen sich die zahlreichen öffentlichen Parks hervorragend für eine entspannte Pause nutzen. Dabei handelt es sich selten um eine große Parkanlage, sondern eher um ein liebevoll abgestecktes, kleines Areal, das mit öffentlichen Toiletten, Sitzmöglichkeiten, Spielplätzen sowie Grillstationen zum kurzzeitigen Verweilen einlädt. Oft werden diese von der Gemeinde bzw. gemeinnützigen Vereinen wie dem Lions Club betrieben. Nicht nur Autofahrer auf Durchreise, sondern auch die Einheimischen nutzen die Parks, um beisammen zu sein.

An solchen Stopps legt man gerne eine Pause ein

Öffentliche Barbecues

Was in Deutschland oft undenkbar wäre, ist in Australien eine Selbstverständlichkeit – kostenlose Grillstationen. Oft befinden sich diese an zentralen Erholungsstätten wie Parks und sind für die Öffentlichkeit frei zugänglich. Da sie über Gas betrieben werden, ist keine Holzkohle nötig. Nur das Essen und die Getränke müssen selbst mitgebracht und ein Grillmeister bestimmt werden. Das Festmahl verzehrt man sogleich auf den nahen Sitzmöglichkeiten. Es gehört zum guten Ton, den Grill anschließend zu reinigen. Wer also auch einmal außerhalb der Wohnmobilküche kochen möchte, hat in Australien mit einem *barbie* die perfekte Möglichkeit dazu.

Öffentliche Toiletten

Mit einer Pause einhergehend ist zumeist der Gang auf die Toilette. Diesbezüglich muss sich der Reisende absolut keine Gedanken machen. Wer einen Camper mit Nasszelle bucht, nur um eine Toilette in der Nähe zu wissen, wird diese

Immer zur Stelle – die öffentliche Toilette

mit hoher Wahrscheinlichkeit kein einziges Mal benutzen. Denn was öffentliche Toiletten betrifft, sind die Australier hervorragend aufgestellt.

In jeder noch so kleinen Stadt kann sich der Reisende sicher sein, ein WC zu finden, sobald die Blase drückt, sei es an einer Tankstelle, auf einer *rest area* oder in einem Park. Allein Sea Lake, die Heimatstadt meines Mannes mit gerade einmal rund 800 Einwohnern, verfügt über drei öffentliche Toiletten plus derjenigen an der Tankstelle – alle in einem „astreinen" Zustand. Mitunter verfügen sie sogar über eine eingebaute Dusche, die extra für Reisende gedacht ist. Das wiederum ist jedoch (noch) nicht die Regel. Mancherorts werden die Toiletten nachts verschlossen, um ungebetene Gäste fernzuhalten. Auch inmitten des Outback an weniger dicht befahrenen Straßen sind die öffentlichen Toiletten weitestgehend gepflegt und sauber, selbst wenn es sich dabei nur um ein *dunny*, also eine Komposttoilette, handelt.

TIPP: National Toilet Map

Australien hat als bisher einziges Land eine *national toilet map* ins Web gestellt, die mehr als 16.000 öffentliche WC, inklusive eventueller Schließzeiten, Duschmöglichkeiten, Wickelräume etc. auflistet. Mittlerweile ist sie natürlich auch als App kostenfrei verfügbar. Was will ein Selbstfahrer mehr?

- https://toiletmap.gov.au

Es ist wirklich bewundernswert, mit welcher simplen Konsequenz sich Australien um das Wohlergehen seiner Fahrer kümmert, indem es eine Infrastruktur zur Verfügung stellt, die ihresgleichen sucht. Ich gerate jedes Mal wieder aufs Neue ins Schwärmen, sobald wir in Australien sind – ins Schwärmen über die öffentliche Toilettenvielfalt! Gerade ein Wohnmobilurlaub wird dadurch enorm vereinfacht.

TOILET WILL FLUSH AUTOMATICALLY stay in sensor range for 8-10 sec then move away

洗手间自动地将冲洗停留在传感器里纪录 8 - 10 秒然后搬走

_ Toilette werden spülen automatisch bleiben in Sensor für Minute von 8 - 10 sek dann verschieben weg

洗面所は8 の分のセンサーにとどまる自動的

Öffentliche Toiletten sind oft unterhaltsam

Drogenkonsum auf Toiletten

Mitunter sind die öffentlichen Toiletten in den großen Städten mit blauem Licht ausgestattet. So wird verhindert, dass Drogenabhängige ihre Adern sehen und sich Drogen spritzen. Außerdem befinden sich an den Toiletten oft kleine Abfallboxen, in denen alte Nadeln eingeworfen werden können. Erschreckend, aber nützlich zugleich. Denn lieber hinein in die Sammelboxen als in den nächstbesten Sandkasten.

11.4 Tanken

Einen Großteil seiner Reisekasse wird der Selbstfahrer in Kraftstoff investieren. Schließlich verspürt auch sein rollender Reisegefährte nach einigen hundert zurückgelegten Kilometern gelegentlich Durst. Welchen Kraftstoff er tanken muss, erfährt der Mieter bei der Abholung. Sollte ihm diese wichtige Informationen zwischendurch entfallen, helfen ihm Hinweise auf der Tankklappe des Wohnmobils dabei, den richtigen Zapfhahn zu greifen und so den Geschmack des Campers zu treffen. Sicher ist sicher. Folgende Spritsorten stehen in Australien zu Verfügung:

Infos zu Sprit sind im Tankdeckel

- **Unleaded 91,95,98 (ULP):** Hierbei handelt es sich um bleifreies Benzin. Je höher die Oktanzahl, desto hochwertiger das Benzin. Umgekehrt gilt, je niedriger die Oktanzahl, desto preiswerter der Sprit. Unleaded 91 entspricht bei uns dem normalen Benzin, Unleaded 95 bzw. 98 dem Super. Die beiden letzteren werden häufig an den Tankstellen vereinfacht nur als Premium ausgewiesen. Die Mehrheit der Wohnmobile sind Benziner. Für welche Oktanzahl sich der Mieter entscheidet, ist ihm überlassen.

- **Diesel:** Für Outbackfahrer in Australien ist Diesel der Kraftstoff erster Wahl. Aus diesem Grund sind die 4WD der Vermieter ausschließlich Dieselfahrzeuge. Diesel ist nicht nur günstiger in der Anschaffung, sondern auch im Verbrauch. Hinzu kommt, dass es selbst an der abgelegensten Tankstelle in Australien immer Diesel gibt, wohingegen andere Kraftstoffe gut und gerne einmal nicht verfügbar sind. Mitunter ist auch Biodiesel erhältlich.

- **E10/E85:** In diesem Fall ist bleifreies Benzin mit 10 Prozent/85 Prozent Bio-Kraftstoff (Ethanol) untersetzt, der meist aus Weizenstärke oder Zuckerrohr besteht. In einigen Regionen wie New South Wales verdrängt E10 allmählich Unleaded, sodass der Fahrer oft keine Alternative zum Tanken hat. Mitunter vertragen gerade die älteren Campermodelle E10 weniger gut, auch wenn dieser nicht sofort nach dem ersten Tanken einen Schaden verursacht. Es ist daher ratsam, beim Vermieter diesbezüglich nachzufragen.

- **LPG (Liquefied Petroleum Gas):** In Australien ist LPG eher bekannt unter dem Namen Autogas. Vorreiter im Verbrauch ist die Taxiindustrie. Mittlerweile nimmt die Akzeptanz zu, sodass immer mehr Autogas-Modelle auf den Markt kommen bzw. Fahrzeuge für die Nutzung von LPG umgebaut werden. Der Preis für Autogas liegt deutlich unter dem von bleifreiem Sprit und mitunter sogar Diesel.

Tankstellen werden oft nur *servo* genannt

- **Opal Fuel:** In einigen abgelegenen Gemeinden Australien ist bleifreies Benzin nicht verfügbar bzw. dessen Nutzung nicht gestattet, um so die Suchtgefahr durch *petrol sniffing* einzudämmen. In diesem Fall müssen etwaige gefüllte Benzinkanister zurückgelassen werden. Als Alternative hat BP nicht riechbares Opal Fuel entwickelt. Dieser Kraftstoff ist in einigen Gebieten South Australias, Western Autralias sowie dem Zentrum des Landes zu gleichen Preisen wie Unleaded verfügbar. Während der Hersteller versichert, dass Opal Fuel bedenkenlos genutzt werden kann, unterweist z. B. Travellers Autobarn seine Mieter, diesen Kraftstoff nicht zu tanken.

Manchmal kommt die Tankstelle auch etwas anders daher

Die gängigen Tankstellenketten in Australien sind Caltex, BP, Shell, Mobil und United. Die gute Nachricht für alle Selbstfahrer zuerst: Sprit ist Down Under deutlich günstiger als hierzulande. Allerdings relativiert sich diese Ersparnis oft durch den erhöhten Verbrauch infolge der langen Fahrdistanzen. Darüber hinaus sind viele Campermodelle nicht sonderlich „aerodynamisch" und damit spritsparend gebaut. Ein Hitop-Fahrzeug schluckt allein aufgrund des Dachaufbaus mehr Benzin als ein Minivan-Modell. So brachte es unser letzter Miet-Hitop mit vollem Tank (70 Liter) auf gerade einmal 400 Kilometer. Hinzu kommen mehrere Passagiere sowie Gepäck und Ausstattung – ein Wohnmobil ist nicht gerade eine Leichtgewicht, was sich ebenso auf den Kraftstoffverbrauch auswirkt wie der Fahrstil.

Oberste Devise beim Fahren in Australien – immer nach Tankstellen Ausschau halten! Wer an der Ostküste unterwegs ist, braucht sich darum weniger Gedanken zu machen. Hier folgt in regelmäßigen Abständen eine Tankstelle auf die nächste, sodass man ohne Sorge auch erst die kommende ansteuern kann, weil dort günstigeres Benzin versprochen wird. In den Kleinstädten befindet sich meist an beiden Enden der Durchgangsstraße eine Tankstelle. Mitunter lohnt es sich, bei kurzen Strecken beide anzufahren, um die Preise zu vergleichen. Ein Wohnmobilurlauber an der Westküste oder im Zentrum hingegen sollte an jeder Tankstelle bzw. jedem *roadhouse* anhalten, um nicht später irgendwo im Nirgendwo auf dem Trockenen zu sitzen. Die *roadhouses* sind genau so positioniert, dass diejenigen, die auf dem Highway bleiben, ohne Reservekanister bequem von einer Zapfsäule zur nächsten gelangen. Bei Touren ins Offroad-Gelände gehören unbedingt mehrere Reservekanister sowie extra für Outbackfahrten konzipiertes Karten-

Nur nie das Tanken vergessen

material ins Gepäck. Darin sind nicht nur die befahrbaren Routen verzeichnet, sondern auch die wenigen Tankstellen bzw. *roadhouses* entlang der Strecke sowie ggf. weitere Informationen wie Öffnungszeiten und Telefonnummern.

Fahrten in abgelegene Gebiete haben einen weiteren bitteren Beigeschmack als nur mäßig verstreute Tankstellen: Der Kraftstoff wird umso teurer, je weiter hinein der Urlauber ins Hinterland fährt und je größer die Abstände zwischen den Städten werden. Schließlich muss der Sprit zeit- und kostenaufwendig per *road train* angeliefert werden. Die Preise liegen hier durchschnittlich je nach Kraftstoff 10 bis 30 Cent pro Liter höher als in den besiedelten Gegenden. Entlang der richtig einsamen Strecken übersteigt der Spritpreis auch gerne die 2-AUD-Marke. Abgeschiedenheit hat eben seinen Preis – genauso wie die Hochsaison. Wie der Autofahrer es auch von den heimischen Ferienzeiten kennt, schießen die Spritpreise in die Höhe, sobald sich die Nation per Auto in den Urlaub begibt.

Jährliche Preisspanne Unleaded (min./max.) in australischen Cent	
Sydney, NSW	91,9 – 155,9
Port Macquarie, NSW	109,7 – 149,9
Melbourne, VIC	92,9 – 150,9
Bendigo, VIC	95,9 – 149,9
Brisbane, QLD	93,9 – 158,9
Cairns, QLD	116,9 – 162
Perth, WA	93,9 – 160
Carnavon, WA	129 – 183,9
Darwin, NT	111,7 – 158
Alice Springs, NT	125,9 – 154,9
Tennant Creek, NT	136 – 190
Adelaide, SA	92,9 – 155,9
Coober Pedy, SA	129,6 – 161,9
Hobart, TAS	114,9 – 159,6

TIPP: Sprit-Preischeck

Über folgende Websites bzw. Apps kann der Fahrer die Benzinpreise vergleichen:

- www.motormouth.com.au
- www.petrolspy.com.au
- Fuel Map (App)

Motormouth stellt die aktuelleren Preise zur Verfügung, auf Petrolspy hingegen lassen sich die Preise besser mit denen anderer Tankstellen der Region vergleichen und der User erhält weitere Infos wie Öffnungszeiten etc. Ein Nachteil aller Anwendungen: Die Preise werden durch die eigenen Anwender hochgeladen bzw. aktualisiert. In den Metropolen sind die Preise meist nur wenige Stunden oder Tage alt. Je weiter man jedoch ins Hinterland fährt, desto älter sind die angezeigten Preise, mitunter sind auch gar keine eingetragen.

Einige Tankstellen haben feste Öffnungszeiten

Übrigens haben die Tankstellen in den kleinen Städten oft feste Öffnungszeiten. Sie schließen entweder bei Einbruch der Dunkelheit oder zu bestimmten Zeiten. Damit der Autofahrer dennoch seinen Tank auffüllen kann, verfügen einige von ihnen über einen Bezahlautomaten. In diesem Fall steckt der Fahrer den Tankrüssel in den Tank, geht zum Automaten und steckt dort seine Bankkarte hinein. Sofern er über ausreichend Guthaben verfügt, wird der Tankmechanismus an der Zapfsäule freigeschaltet und der Fahrer kann Benzin in gewünschter Menge auffüllen.

> **TIPP: Sparen beim Benzin**
> - vor Abreise etwaigen Benzinverbrauch der Route kalkulieren
> - mit mind. 10 bis 12l/100 km kalkulieren, tendenziell mehr durch Gewicht und Fahrstil
> - nicht zu schnell fahren: 85 bis 90 km/h ist die optimale Geschwindigkeit für den Benzinverbrauch eines Campervans
> - richtig schalten und nicht zu oft bremsen
> - wenn möglich, Tempomat benutzen
> - wenn möglich, auf Klimaanlage verzichten (erhöht Benzinverbrauch um 10 bis 20%),
>   Regel: Fenster runter im Stadtverkehr, Klimaanlage nutzen auf offener Strecke
> - Tankgutscheine von Coles oder Woolworths einlösen
> - Benzinpreise online oder per App vergleichen

Wir erinnern uns: Prinzipiell muss der Mieter das Wohnmobil mit vollem Tank am Ende der Miete wieder abgeben. Wer sich den Stress sparen möchte, in der Nähe der Niederlassung nach einer Tankstelle suchen zu müssen, kann die sogenannte *pre-purchase fuel option* des Vermieters hinzu buchen. In diesem Fall zahlt der Fahrer bereits bei Abholung des Campers eine volle Tankladung, die sich an den Spritpreisen der Umgebung orientiert und kann dafür das Fahrzeug mit leerem Tank wieder zurück führen.

11.5 Mautstraßen

In den drei großen Ballungsgebieten Sydney, Melbourne und Brisbane ist der Fahrer mitunter auf sogenannten *toll roads* oder *tollways* unterwegs. Dabei handelt es sich nicht etwa um besonders „tolle" Panoramastrecken, sondern Maut-

Mautstraßenhinweis in Melbourne

straßen. Große Schilder am Straßenrand weisen auf den Beginn und das Ende der gebührenpflichtigen Straße hin. Je näher der Autofahrer einer Mautstraße kommt, desto häufiger erscheinen die Hinweise. Möchte man nicht auf einer Mautstraße unterwegs sein, hat man also ausreichend Zeit, vorher abzufahren.

Im Mietpreis eines Wohnmobils ist die Mautgebühr grundsätzlich nicht enthalten. Die Registrierung für die Nutzung der Mautstraße sowie die Bezahlung liegen damit in der Eigenverantwortung des Mieters. Sollte der Fahrer ohne Registrierung eine *toll road* passieren, wird ihm im Nachhinein nicht nur die eigentliche Mautgebühr plus eventueller Zusatzgebühren über den Durchschlag der Kreditkarte in Rechnung stellt. Der Vermieter berechnet zusätzlich eine Bearbeitungsgebühr i.H.v. rund 75 AUD für die Weiterleitung dieser Information.

Prinzipiell lassen sich die Mautstraßen umfahren, sodass eine Benutzung nicht zwingend erforderlich ist. Wer allerdings eine der besagten Städte durchqueren möchte, tut sich mit einer alternativen Strecke oft keinen Gefallen, da diese deutlich mehr Zeit in Anspruch nehmen. Die Mautstraßen führen schnell und entspannt zu zentralen Punkten wie dem Flughafen oder sind besonders verlockende Streckenabschnitte, z. B. die Fahrt über die Sydney Harbour Bridge. Außerdem reißen die Mautgebühren kein Loch in die Reisekasse. Meist zahlt der User lediglich einen geringen zweistelligen Dollarbetrag, je nachdem, wie viele Mautstraßen er nutzt. Für die Fahrt über die Harbour Bridge z. B. fallen je nach Wochentag und Tageszeit höchstens 4 AUD an. Bei einer Autofahrt durch Sydney könnte das Geld also nicht besser angelegt sein.

Die Fahrt über die Sydney Harbour Bridge ist gebührenpflichtig

Übersicht Mautstraßen	
Sydney	Cross City Tunnel, Harbour Bridge & Tunnel, Lane Cove Tunnel, M1 Eastern Distributor, M2 Hills Motorway, M5 South Western Motorway, M7 Westlink
Melbourne	Citylink, Eastlink
Brisbane	Airport Link M7, CLEM 7 Tunnel, Gateway Motorway, Go Between Bridge, Logan Motorway

Da die *tollways* in Australien ausschließlich elektronisch betrieben werden, ist eine Bezahlung in bar an einem Mauthäuschen nicht möglich. Stattdessen muss sich der Fahrer online, telefonisch oder in ausgewählten Geschäften zuvor registrieren. Das kann er jedoch erst nach Abholung des Fahrzeuges tun, da er u. a. das Kennzeichen benötigt. Die Online-Registrierung ist innerhalb kürzester Zeit erledigt und auch mit bescheidenen Englischkenntnissen zu bewältigen. Für die Registrierung sollte der Urlauber folgende Daten zur Hand haben:

- *vehicle registration / plate number* (Autokennzeichen, steht oft auf dem Zündschlüssel),
- Bundesstaat der Registrierung (steht auf dem Nummernschild),
- *vehicle class* (Fahrzeugkategorie),
- Reisedaten.

Wohnmobile gehören zumeist der Fahrzeugkategorie *cars* an. Bei den großen Motorhomes sollte der Vermieter zuvor gefragt werden, ob dieses bereits in die höhere Kategorie fällt. Darüber hinaus gibt der Fahrer persönliche Daten wie Name und Adresse ein. Die Bezahlung erfolgt mittels der angegebenen Kredit-

Der Vermieter macht den Fahrer auf die Mautstraßen aufmerksam

karte. Für die Anmeldung wird eine einmalige Einrichtungsgebühr erhoben, die meist bei etwa 1 AUD liegt. Die Höhe der eigentlichen Mautgebühr richtet sich nach der Nutzung der Mautstraßen. Per Video-Scan werden die befahrenen Straßen registriert und nachträglich abgerechnet, meist einmal pro Woche. Der Urlauber bezahlt also keinen pauschalisierten Preis, sondern nur die tatsächliche Befahrung der *toll roads*.

Verschiedene Anbieter bieten spezielle Mautpässe für Besucher an, allerdings sind diese für jeden Bundesstaat separat zu erwerben. Eine Ausnahme darunter ist der Mautpass von Roam Express. Die Pässe sind für einen Zeitraum von bis zu 30 Tagen für alle Mautstraßen der Region gültig. Es ist also auf jeden Fall ratsam, sich für einen Mautpass anzumelden, um stressfrei und ohne Rücksicht auf gebührenpflichtige Straßen zum Ziel zu kommen. Selbst wenn der Urlauber letztendlich keine Mautstraße in Anspruch nimmt, hat der im Zweifelsfall nur die Anmeldegebühr umsonst bezahlt – und die fällt wohl kaum ins Gewicht. Reisende, die sich trotz zahlreicher Hinweise am Straßenrand nicht bewusst waren, eine Mautstraße befahren zu haben, brauchen jedoch nicht in Panik zu geraten. Die Registrierung für einen Mautpass ist auch innerhalb weniger Tage nach Nutzung der Straße noch möglich.

Mautpass und Bestimmungen

	Mautpass	Bestimmungen
MyE-Toll (NSW) www.myetoll.com.au	eMU Pass	• gültig für alle Mautstra- ßen des Bundesstaates
EastLink/CityLink (VIC) www.eastlink.com.au www.citylink.com.au	Melbourne Pass	• Ausnahme Roam Ex- press: australienweit gültig
GoVia (QLD) www.govia.com.au	Go viaroad Pass	• gültig für bis zu 30 Tage • bis zu 3 Tage rückwir- kend ausstellbar
Roam Express (australienweit) www.roamexpress.com.au	Visitor's e-PASS	Es ist darauf zu achten, ob der Mautpass nur für ein Fahrzeug oder mehrere Wohnmobile gültig ist.

11.6 Quarantänebestimmungen

Nicht nur bei der Einreise unterliegt der Besucher strengen Quarantänebestimmungen. Um die eigenen landwirtschaftlichen Anbauten der Region vor Schädlingsbefall oder sonstigen Krankheiten zu schützen, erheben auch die Bundesstaaten separate Einfuhrverbote für bestimmte Produkte. Darunter fallen Obst und Gemüse, Pflanzen bzw. pflanzliche Produkte, Erde oder mitunter Tiere. Zu den möglichen Schädlingen zählen neben der Fruchtfliege auch Ameisen, Käfer und Schnecken. Fährt der Selbstfahrer also von einem in den nächsten Bundesstaat, sollte er sich zuvor darüber informieren, welche Lebensmittel er mitführen darf, möglichst, bevor er den Kühlschrank auffüllt.

Infobroschüre zu
Quarantänebestimmungen

Welche Produkte eingeführt werden dürfen, ist abhängig davon, aus welchem Bundesstaat man anreist. So dürfen z. B. Fahrer, die aus Western Australia oder dem Northern Territory kommen, keine Bananen mit nach Queensland bringen, wohingegen Urlaubern aus New South Wales oder Victoria dies derzeit gestattet ist. Wer mit der Fähre nach Tasmania übersetzt, wird zuvor auf Produkte wie Honig oder Fisch kontrolliert. Nach South Australia dürfen grundsätzlich weder Spinat oder Melonen überführt werden, egal, aus welchem Bundesstaat der Fahrer anreist. Einen Überblick darüber, welche Produkte wohin mitgenommen werden dürfen, liefern die Website der staatlichen Quarantäne-Behörde bzw. kostenlose Flyer in den Touristeninformationen.

An den regionalen Flughäfen sowie Fährterminals sind unübersehbar Hinweisschilder angebracht, die den Besucher über die geltenden Einfuhrverbote informieren. Direkt darunter steht prinzipiell ein großer Mülleimer, in dem die Lebensmittel entsorgt werden können, sofern sie nicht vorher gegessen werden. An den Grenzübergängen derjenigen Bundesstaaten, die nur durch eine Hauptverkehrsader miteinander verbunden sind, z. B. Western Australia und South Australia bzw. Northern Territory, befinden sich feste Quarantäne-Stationen, an denen die mitgeführten Waren überprüft und ggf. konfisziert werden. Zwischen Victoria und New South Wales allerdings verläuft eine Vielzahl dicht befahrener Highways. Hier können die Behörden mithilfe mobiler Kontrollpunkte nur stichprobenhaft für die Einhaltung der Quarantänebestimmungen sorgen. Stattdessen informieren ausschließlich große Warnschilder über Einfuhrverbote und mögliche Strafen bei Nichtbeachtung.

Quarantänehinweis kurz vor Mildura, VIC

So werden Fahrer Richtung Mildura in Victoria auf die sogenannte *fruit fly exclusion zone* aufmerksam gemacht, die ebenso die *greater sunraysia pest free area* umfasst. In die Obst- und Gemüseanbauregion dürfen keine fremden Sorten eingeführt werden, die eventuell mit Fruchtfliegen belastet sein könnten. Bei Befall drohen wirtschaftliche Schäden in Millionenhöhe. Es gilt, diese vorher zu verzehren. Auch wenn keine Kontrolleure in der Nähe zu sehen sind, bleibt es ratsam, sich daran zu halten, um Bußgelder von etwa 1500 AUD zu vermeiden.

> **Nützliche Links**
> Nähere Infos darüber, was staatenübergreifend im Kühlschrank transportiert werden darf, ist auf folgenden Seiten zu lesen:
> - www.pestfreearea.com.au
> - www.quarantinedomestic.gov.au

11.7 Road Trains

Road trains gehören zu Australien wie der Koala oder das Didgeridoo. Sie geben nicht nur viel her auf einem Foto und haben einen ganz eigenen, gewaltigen Sound – sie versorgen in erster Linie das Hinterland mit wichtigen Gütern wie Benzin, Baumaterialien oder Lebensmitteln. Damit sich eine Fahrt über mehrere tausend Kilometer auch lohnt, fallen die Trucks entsprechend groß aus. Mit bis zu vier Anhängern und einer Länge von bis zu 53,5 Meter gehören die *road trains*

Australiens zu den längsten Trucks der Welt und werden ihrem Ruf als Giganten der Straßen mehr als gerecht. Neben der schieren Größe beeindruckt aber auch ihre Optik, vor allem im Dunkeln, wenn sie in zahlreichen Farben leuchten, um in der pechschwarzen Nacht gesehen zu werden.

Giganten der Straßen – und ansehnlich noch dazu

Bei aller Bewunderung darf jedoch nicht vergessen werden, mit welchem Monster man sich in diesem Augenblick die Straße teilt. Gegenüber einem *road train* zieht jeder Wohnmobilurlauber im Zweifelsfall den Kürzeren. Wer einen solchen im Rückspiegel sieht, fährt am Besten im Normaltempo weiter, sodass der Truck ggf. überholen kann, oder links ran, um das Ungetüm vorbeiziehen zu lassen. Auf keinen Fall sollte der Urlauber abrupt bremsen, denn es dauert viele hundert Meter, ehe auch der Truck still steht. Kommt es zu einem Auffahrunfall, wäre der Camper um einige Längen kürzer bzw. gestauchter. Außerdem benötigt ein *road train* aus dem Stand gute zehn bis 15 Kilometer, um wieder volle Fahrt aufzunehmen. Da die Fahrer prinzipiell einen sehr straffen Zeitplan haben, bremsen sie verständlicherweise nicht gerne ab – schon gar nicht wegen Touristen.

Möchte der Urlauber selbst einen *road train* überholen, benötigt er freie Sicht und mindestens 1,5 Kilometer gerader Strecke voraus. Gegenverkehr ist hierbei nicht zu gebrauchen. Merkt der Truckfahrer, dass der Wagen hinter ihm überho-

Möchte man einen *road train* überholen, fährt dieser in der Regel weiter links

len möchte, deutet er meist per Blinker an, dass die Straße vor ihm frei und lang genug ist. Dann heißt es, Gaspedal tief durchdrücken und zum Überholen ansetzen. Es dauert seine Zeit, bis man 53,5 Meter hinter sich gelassen hat. Ist die Straße zu dicht befahren oder infolge vieler Kurven und Steigungen nicht einsehbar, harrt der Fahrer besser geduldig hinter dem Truck aus oder wartet eine Überholspur ab. Nähert sich ein *road train* auf der Gegenfahrbahn, sollten die Hände fest am Lenkrad sein, da die durch den Truck verdrängte Luft einen sehr harten Windstoß verursacht. Im Fall enger Straßen hält der Urlauber einfach kurz am Straßenrand an und lässt den *road train* passieren. So reduziert er auch gleich die Gefahr eines Steinschlags.

Naht ein *oversize*-Truck, steht der Verkehr still

Doch es geht noch größer: Werden Maschinen, Bauteile oder ganze Häuser von A nach B transportiert, gehen die Trucks ordentlich in die Breite. In diesem Fall befinden sich am Fahrzeug Hinweise mit der Aufschrift *oversize* – also Übergröße. An ein Vorbeifahren geschweige denn Überholen ist hier nicht zu denken. Vielmehr weist eine vorausfahrende Polizeieskorte auf das Ungetüm im Schlepptau hin und stellt sicher, dass die Straßen geräumt werden. In diesem Fall heißt es, zügig links anhalten, abwarten und unbedingt Fotos machen!

11.8 Fahren im Outback

Fürs Outback benötigt man das richtige Gefährt

Wer mit einem gemieteten Geländewagen die große Freiheit des australischen Outbacks erkunden möchte, sollte sich im Vorfeld darüber informieren, ob und inwieweit diese ggf. durch die Vertragsbestimmungen des Vermieters eingeschränkt wird. So sind die 4WD z. B. nur auf amtlich anerkannten, unbefestigten Offroad-Straßen erlaubt. Demzufolge darf der abenteuerlustige Urlauber nicht einfach querfeldein über unwegsames Gelände fahren. Außerdem ist für bestimmte, besonders abgelegene oder herausfordernde Straßen eine separate Genehmigung des Vermieters erforderlich. Abhängig von den aktuellen Wetter- und Straßenverhältnissen wägt dieser ab, ob er eine Fahrt auf der gewünschten Route gestattet oder verneint. Einige Straßen hingegen dürfen prinzipiell nicht befahren werden. Der geplante Streckenverlauf sollte also bestenfalls zuvor mit dem Vermieter abgesprochen oder anhand der Ausschlüsse in den *Terms & Conditions* nachgeprüft werden.

Offroad-Strecken bei Britz	
Genehmigungspflichtig	Arnhem Land, Burke Development Road, Birdsville Track, Cape York, Central Arnhem Road, Gibb River Road, Gunbarrel Highway, Finke Road, Oodnadatta Track, Savannah Way, Simpson Desert, Strzelecki Track, Tanami Track, The Bungle Bungles, The Plenty Highway
Verboten	Boggy Hole, Canning Stock Road, Fraser Island, Old Gunbarrel Highway, Lost City im Litchfield National Park, Old South Road, Old Telegraph Track

Kommt es auf den genehmigungspflichtigen Strecken zu einer Panne, haftet der Mieter für alle Schäden und Bergungskosten. Mit einer zusätzlichen Bonusversicherung, speziell für 4WD-Mieten, kann der Mieter die Selbstbeteiligung ausschließen bzw. reduzieren. Unter keinen Umständen stellt ihm jedoch der Vermieter ein Ersatzfahrzeug zur Verfügung.

Privates Gelände & Genehmigungen

Im Outback fährt der Urlauber mitunter auf privatem oder Aborigine-Besitz. Für die Durchquerung von Farmgelände ist eine offizielle Erlaubnis des Farmbetreibers erforderlich. Wenn also möglich, sollte man den Besitzer kurz zuvor kontaktieren und ihn über die Tour informieren. Werden unterwegs Gatter bzw. Tore passiert, sind diese so zu hinterlassen, wie sie vorgefunden wurden, d. h. geschlossen oder geöffnet.

Um die Privatsphäre und Kultur der Ureinwohner Australiens zu schützen, ist für eine Fahrt auf ihrem Besitz ebenfalls eine sogenannte *permit* notwendig. Diese ist in der Regel kostenlos bei der zuständigen Verwaltungsbehörde erhältlich. Je nach Bundesstaat kann die Ausstellung bis zu sechs Wochen dauern und sollte daher rechtzeitig beantragt werden.

Mit einem 4WD kommt man auch an entlegene Orte

TIPP: Aborigine-Land

Einen Überblick über Gebiete, für deren Durchfahrt eine *permit* erforderlich ist, gibt es auf der Seite von Tourism Australia:

* www.tourism.australia.com/aboriginal/aboriginal-culture/permits.aspx

Darüber hinaus dürfen Privatpersonen keine Straßen oder Wege nutzen, die für die Kohle- oder Ölförderung angelegt sind.

Hinweise zum Fahren

Eine Reise durch abgelegenes Gebiet sollte, wenn möglich, nicht allein angetreten werden. Darüber hinaus sind Bekannte, Freunde oder offizielle Stellen über die geplante Reiseroute und -dauer zu informieren. So können im Notfall umgehend Maßnahmen für die Suchaktion eingeleitet werden. In diesem Zusammenhang sind zuverlässiges und aktuelles Kartenmaterial, ein GPS-Gerät sowie Satellitentelefon ein absolutes Muss bei einem Trip ins Outback, um nicht von der Strecke abzukommen bzw. im Notfall Hilfe zu rufen.

Der Tank sollte ebenso wie mehrere Kanister Reservebenzin bei jeder Gelegenheit aufgefüllt werden. Außerdem gehören zwei Ersatzreifen sowie entsprechendes

Bei solchen Schotterstraßen ist ein Steinschlag schnell passiert

Werkzeug für Notfallreparaturen ebenso ins Gepäck wie ausreichend Wasser- und Essensvorräte. Wer ins Outback reist, ist sehr einsam und fernab der Zivilisation unterwegs. Hilfe zur Selbsthilfe lautet hier die oberste Devise. Eine ausführliche Packliste kann in Teil 5 nachgelesen werden.

Die Tagesetappen im Outback sind zudem deutlich verkürzt. Je nach Beschaffenheit des Straßenbelags kommt der Reisende meist nicht schneller als mit 50 km/h voran. Bei extremen Bodenwellen kriecht er förmlich dahin. Hat er sich festgefahren, nimmt das Freischaufeln nochmals ordentlich Zeit in Anspruch. Darüber hinaus sollten Nachtfahrten vermieden werden, da der pechschwarze australische Outbackhimmel trotz Scheinwerfer kein Stück Straße und erst recht keinen Wildwechsel offenbart. Bei der Suche nach einem Stellplatz für die Nacht sind ausgetrocknete Flussbetten tabu, da es zu plötzlichen Überflutungen kommen kann.

Fahrverhalten

Offroad-Touren sind alles andere als eine entspannte Spazierfahrt. Vielmehr wartet an jeder Kurve eine neue fahrerische Herausforderung. Es ist daher ungemein wichtig, dass der Urlauber routiniert im Umgang mit einem Geländewagen ist und über ausreichend Kenntnisse im Fahren auf Schotter- oder Sandstraßen verfügt. Jeden Morgen sind der Reifendruck sowie die Öl-/Kraftstoff- und Wasservorräte des Wagens zu überprüfen. Darüber hinaus sollten der Luftfilter sowie die Windschutzscheibe täglich gereinigt und der Unterboden auf Lecks oder gerissene Kabel untersucht werden. Falls sich Pflanzen unter dem Fahrzeug verfangen haben, müssen sie entfernt werden, da sie ggf. Feuer fangen könnten.

Für Fahrten auf unbefestigten Straßen hat der Urlauber auf Schlaglöcher, weiche Straßenränder und schmale Brücken zu achten. Außerdem sind der Allradantrieb und die Verriegelungsnaben je nach Untergrund einzustellen. Je rauer das Gelände bzw. je loser der Sand, desto niedriger sollte der Reifendruck und damit auch die Geschwindigkeit sein. Im Fall von Spurrillen, Schlaglöchern, Steinen etc. heißt es, runter vom Gas. Kommt ein anderer Wagen entgegen, sollte der Selbstfahrer ebenso abbremsen und sich möglichst weit links halten. Bei einem vorausfahrenden Wagen ist ausreichend Abstand zu halten, damit das Sichtfeld nicht durch aufgewirbelten Staub eingeschränkt wird. Fahrten im Regen sind bestenfalls zu vermeiden, da die Straßen ggf. unpassierbar und tückisch sind. Ein Flussbett sollte nur unter äußerster Vorsicht durchquert werden – der Wasserstand kann sich durch heftigen Regen oder Flut plötzlich verändern.

Fahren auf Sandpisten wie auf Fraser Island macht besonders Spaß

Verhaltensregeln im Falle einer Panne
- Ruhe bewahren
- am Fahrzeug bleiben
- wenn möglich, über Telefon oder Radio Hilfe rufen
- Wasser und Nahrungsmittel einteilen
- im Schatten aufhalten
- auf Hilfe warten
- nicht auf eigene Faust loslaufen!

12. Der Schlafplatz

Auf der Suche nach dem besten Stellplatz

12. Der Schlafplatz

Einer der großen Vorteile eines Camperurlaubs ist es, dass man den Schlafplatz bereits mit sich führt und damit die Freiheit genießt, an jedem (fast) beliebigen Ort übernachten zu können. Einfach so an den Straßenrand zu fahren und dort zu übernachten, ist allerdings weder gesetzlich erlaubt noch besonders erinnerungswürdig. Vielmehr gibt es in Australien eine Vielzahl unterschiedlichster Übernachtungsmöglichkeiten, von kostenfrei über günstig bis hin zu luxuriös. Je nach persönlicher Vorliebe braucht der Reisende nur noch zu überlegen, welche Art von Schlafstätte er favorisiert.

Eine Einschränkung bleibt jedoch: Ist der anvisierte, ausgewiesene Stellplatz nur über eine unbefestigte Straße erreichbar, egal, ob es sich dabei eine *rest area* oder einen Campingplatz handelt, darf dieser seitens des Vermieters nur angefahren werden, wenn der Zufahrtsweg eine bestimmte Länge nicht überschreitet. Anbieter wie Mighty und Apollo geben dafür eine maximale Anfahrtslänge von 12 Kilometer vor, andere Vermieter haben ihre *Terms & Conditions* wage gehalten und sprechen lediglich von einer vertretbaren Streckenlänge.

12.1 Campingplätze

Als Outdoor-Nation par excellence verfügt Australien über ein dichtes Netzwerk an Campingplätzen unterschiedlichster Größenordnung. Sie sind über das ganze Land verteilt und reichen von beschaulichen, privat betriebenen Campingplätzen bis hin zu Holiday Parks, die Kleinstädten ähneln. Sie mögen sich in den Ausmaßen und der Ausstattung unterscheiden, doch sie haben wesentliche Merkmale gemein:

Lage

Jeder Touristen-Hotspot Australiens verfügt über mindestens einen Campingplatz. Je größer der Ort, desto mehr Campingplätze buhlen um die Aufmerksamkeit der Selbstfahrer. Oft befinden sie sich in der Nähe des Stadtzentrums oder entlang der zentralen Durchgangsstraßen. In den Metropolen wie Sydney und Melbourne sind sie erfahrungsgemäß etwas weiter auswärts angesiedelt. Wer möchte schließlich zwischen Stadtverkehr und Wolkenkratzern frühmorgens aus dem Camper steigen und sich strecken? Je besser die Lage, desto teurer ist meist auch der Preis. Oft haben sich die großen Campingplatz-Ketten wie BIG4 oder Top Parks die Logenplätze in den Orten gesichert und werben z. B. mit Stellplätzen direkt am Meer und privatem Strandzugang. Es gibt keine erholsamere Einschlafmusik als Wellenrauschen. Kleinere Anbieter hingegen betreiben den Stellplatz auf der anderen Straßenseite und sind dafür deutlich günstiger. Sie

Gemütliche Sitzecke mit toller Aussicht

überzeugen den Besucher weniger mit der Lage, sondern eher mit der persönlichen, familiären Atmosphäre. Wer Glück hat, bekommt mancherorts beides.

Gelände

Ein australischer Campingplatz ist eine Welt für sich, die sich oft auf den ersten Blick nicht gänzlich erfassen lässt. Aus diesem Grund bekommt der Besucher beim Einchecken einen ausgedruckten Lageplan in die Hand, um sich auf dem Gelände zurechtzufinden. Darin eingezeichnet und mit einem Kreis markiert sind nicht nur der eigene Stellplatz, sondern auch die anderen Räumlichkeiten wie Küche, Waschräume & Co. Wer nicht ins Blaue hinein buchen möchte, kann sich das Areal vor Bezahlung auch zeigen lassen und dann entscheiden, ob es dieser oder doch der vorherige Campingplatz wird. Für diejenigen, die länger bleiben möchten, ist der Wohlfühlfaktor schließlich entscheidender als für die Urlauber, die nur auf Durchreise sind.

Beim Check-in erhält der Wohnmobil-Besucher in der Regel einen festen Stellplatz zugewiesen. In der Nebensaison kann er diesen mitunter frei wählen, da die Mehrheit der Plätze leer steht. Die eigentlichen Parkbereiche gibt es in unterschiedlichster Größenordnung. Einige befinden sich Tür an Tür, andere hingegen sind durch Büsche oder Bäume voneinander abgetrennt und bieten mehr Freiraum. Vom Gedanken eines Stellplatzes in Größe einer Kleingarten-Parzelle sollte sich der Mieter dennoch verabschieden. Wer etwas mehr Privatsphäre bevorzugt, zieht einfach seine Gardinen im Fahrzeug zu und schon ist er unter

Manchmal sind die Stellplätze sehr großzügig

sich. Auch den Stellplatz-Untergrund gibt es in unterschiedlichster Ausführung wie Sand, Schotter, Rasen oder Beton. Letzterer mag zwar wenig natürlich wirken, hat allerdings den Vorteil, dass das Fahrzeug gerade steht und z. B. nicht nach hinten abfällt. Das wiederum stört nämlich sehr beim Schlafen. Im Fall eines begrünten Stellplatzes liegen auf dem Boden häufig kleine Kunststoff-Mappen, die als Trittfläche bzw. Wohnfläche dienen und besonders dann praktisch sind, wenn sich dank Dauerregens Pfützen vor der Camper-Haustür bilden.

Powered site mit Strom- und Wasseranschluss

Die Stellplätze sind zumeist nach Kategorien auf dem Gelände angeordnet und werden in *unpowered site* und *powered site* unterschieden, d. h. ohne und mit Stromanschluss. Verfügt der gemietete Camper über eine zweite Batterie, ist es ratsam, diese auf dem Campingplatz voll aufzuladen. So kann der Urlauber endlich auch einmal Mikrowelle oder Steckdosen nutzen. Mittels eines beigefügten Stromkabels wird das Wohnmobil unkompliziert an den Strom angeschlossen. Aber auch für denjenigen, der nur mit Zelt oder Minivan unterwegs ist, lohnt sich die Reservierung einer *powered site*. Auf diese Weise kann er seine technischen Gerätschaften wie Netbook oder Smartphone aufladen. Der Preisunterschied zwischen einem Stellplatz mit und ohne Stromzufuhr beträgt meist nur wenige Dollar. Neben einem Anschluss für Strom verfügt der Stellplatz ebenso über einen Wasseran-

Mit Strom verkabelt auf dem Campingplatz

schluss. Mithilfe eines Schlauchs, der sich ebenfalls im Camper befindet, lässt sich darüber der Wassertank auffüllen.

TIPP: Gratis-Strom

Die Versuchung ist groß, lediglich eine *unpowered site* zu buchen und seine Gerätschaften einfach an den frei zugänglichen Steckdosen aufzuladen. Davon gibt es nämlich in Australien, auch auf den Campingplätzen, ausreichend, z. B. in der Küche oder in den Waschräumen. Im ersten Moment ist es wohl eine Frage des Anstandes, unentgeltlich den Strom anzuzapfen, um auf diesem Weg einige Dollar zu sparen. Andererseits ist dieser Gedanke meiner Erfahrung nach zu deutsch. Bisher haben wir zumindest nie erlebt, dass sich ein Australier darüber erbost hätte. Letztendlich dienen die *powered sites* eher dazu, den Camper an den Strom anzuschließend und nicht etwa, um dort ausschließlich Smartphone, Kamera etc. aufzuladen.

Neben den Stellplätzen für Wohnmobile und Zelte verfügt ein Campingplatz außerdem über sogenannte *cabins*. Dabei handelt es sich um kleine Hütten bzw. Bungalows für mehrere Personen, entweder mit (*ensuite*) oder ohne eigenes Badezimmer sowie Küche. Sie eignen sich für Reisende, die zwar mit dem eigenen Fahrzeug kommen, darin aber nicht schlafen können oder möchten. Häufig werden sie von Familien oder Gruppen in Beschlag genommen und über mehrere Tage gemietet. Und schließlich entdeckt der Urlauber zwischen den Wohnmobilen, Zelten und Hütten die australischen Dauercamper. Meist sind sie leicht erkennbar an einer auffälligen, blinkenden Dekoration ihres Stellplatzes und der anzuzweifelnden Fahrtüchtig-

Cabins sind für mehrere Personen geeignet

Liebevoll dekoriertes Eigenheim

keit ihres Caravans bzw. Wohnmobils. Manche Dauercamper kommen jede Saison aufs Neue, andere wohnen das ganze Jahr über dort. Dies hat nicht nur romantisch verklärte Gründe. Gerade in den Städten sind die Mieten zum Teil so teuer, dass ein Stellplatz auf dem Campingplatz günstiger ist. So haben sie ihrem fahrbaren Untersatz im Laufe der Zeit in ein kleines, liebevolles Eigenheim umgewandelt.

Ausstattung

Inmitten der Stellplätze und *cabins* sind die Gebäudekomplexe für Toiletten, Duschen und die Küche angeordnet. Je nach Größe des Campingplatzes gibt es mehrere davon auf dem Gelände verteilt, um die Fußwege kurz und die Aus-

Waschküche mit Waschmaschine und Trockner

lastung gering zu halten. Die Benutzung dieser ist grundsätzlich im Preis enthalten. Mitunter müssen die Besucher an der Tür einen Code eingeben. Auf diese Weise können sich Unbefugte keinen Zutritt verschaffen. Nicht nur an eventueller Sicherheitsvorkehrungen, sondern auch an den gepflegten Räumlichkeiten zeigt sich einmal mehr die Paraderolle der Australier als Campingfans. Wir waren bisher auf keinem Campingplatz unterwegs, bei denen wir uns grauten, auf die Toilette zu gehen oder uns nach dem Duschen dreckiger als zuvor fühlten. Letztere haben außerdem eine Umkleidekabine integriert, sodass niemand nach dem Duschen mit dem Handtuch über den Campingplatz huschen muss.

Darüber hinaus verfügen die Campingplätze in der Regel über einen Waschküche. Die Benutzung der Waschmaschinen sowie der Trockner kostet pro Ladung 2 bis 4 AUD. Es schadet also nicht, ausreichend Ein- und Zwei-Dollarmünzen vorrätig zu haben. Eigenes Waschmittel ist bestenfalls mitzubringen oder kann an der Rezeption gekauft werden. Außerdem sind für die Nutzung der Maschinen feste Zeiten festgelegt, um nicht dank rüttelnder Schleudergänge die Nachtruhe der anderen Camper zu stören. Nach 21/22 Uhr ist daher meist Schluss mit Feinwäsche & Co.

Wer möchte da noch im Wohnmobil kochen...

Eine weitere wichtige Rolle auf dem Campingplatz kommt der Küche zu. Nicht, dass die Australier ungemeine Feinschmecker wären. Aber da der größte Teil ihres Lebens draußen stattfindet, gehört Outdoor-Kochen zu einem erfüllten Urlaub mit dazu, allen voran – ganz richtig – das Grillen! Die Campingplatz-Küche befindet sich meist zentral auf dem Gelände und ist entweder offen oder durch einige Wände vor Wind und Wetter geschützt. Zur Ausstattung gehören Kühlschrank, Mikrowelle, Toaster, Ofen, der besagte Gasgrill etc. und somit eigentlich alles, was man zum Kochen braucht – und das völlig kostenfrei. Nur Besteck, Geschirr sowie die Lebensmittel sind selbst mitzubringen. Die Einladung, das Kochen aus dem Camper nach draußen zu verlegen, könnte verlockender nicht sein. Mitunter gibt es in der Küche sogar einen Fernseher oder einen kleinen Kräutergarten zur Selbstbedienung. Gerade an den Küstenorten, in denen der Fischfang beliebt ist, befinden sich etwas abseits vom Rest der Küche separate Fischausnahme-Stellen. Wie heißt es immer so schön – in der Küche und nicht im Wohnzimmer findet die eigentliche Party statt. Das gilt ohne Zweifel auch auf australischen Campingplätzen.

Je nach Größenordnung und Preislage des Campingplatzes kommen noch weitere Features wie freies WLAN, eine Minigolfanlage, ein Spielplatz oder ein Swimmingpool hinzu. Sonnensegel sowie Zäune sorgen für den Schutz der Kleinen. Mitunter befindet sich bei der Rezeption ein kleiner Supermarkt, in denen das Nötigste für erhöhte Preise eingekauft werden kann, z. B. Snacks, Getränke oder eben Fischköder. Auch ein Buchaustausch oder DVD-Verleih ist uns auf unseren Reisen schon begegnet.

12. Der Schlafplatz

Gerade im Sommer bei der Campingplatzsuche ausschlaggebend: der Pool

Preise und sonstige Informationen

Die Preise für einen Stellplatz variieren deutlich zwischen Neben- und Hochsaison. In der off-season liegen die Kosten für eine *unpowered site* bei etwa 25 AUD, für eine *powered site* bei ca. 30 AUD pro Nacht und Camper bzw. Fahrer. Jede weitere Person zahlt eine zusätzliche Gebühr von rund 10 AUD. Eine kleine *cabin* ist ab ca. 50 AUD pro Nacht verfügbar. Während der *peak season* steigen die Stellplatzgebühren um 10 bis 20 AUD pro Nacht.

> **TIPP: Sparen durch den Vermieter**
>
> Jeder Vermieter hat in der Regel ein Preisabkommen mit einem oder mehreren Campingplatzketten. So bekommen alle thl-Kunden, also Britz, Maui und Mighty 10% Ermäßigung auf BIG4 Parks, Travellers Autobarn bietet 10% für die Top Parks. Apollo-Kunden erhalten sogar 10% auf BIG4, Top Parks und Family Parks! Um diesen Rabatt einzulösen, braucht der Mieter an der Rezeption des Campingplatzes lediglich seinen Schlüssel vorzuzeigen. Im Wohnmobil befindet sich daher auch immer ein Campingplatz-Verzeichnis derjenigen Ketten, für die Rabatte gewährt werden.

Auch wenn die großen Campingplatzketten eine großartige Lage sowie hohe Qualität versprechen, lohnt es sich, die kleineren, privaten Stellplätze in Augenschein zu nehmen. Oft ist der Betrieb familiär, wodurch der Urlauber von den Betreibern oder Gästen mitunter tolle Insidertipps erhält.

In der Regel ist es nicht erforderlich, einen Stellplatz im Voraus zu reservieren. Wer jedoch in der Hochsaison bzw. in den Ferienzeiten unterwegs ist, sollte besser am Tag zuvor oder morgens bei den gewünschten Campingplätzen anrufen und nach Verfügbarkeiten sowie Preisen fragen. Auf diese Weise umgeht man das Risiko, kurz vor Einbruch der Dunkelheit am Campingplatz anzukommen und zu erfahren, dass dieser ausgebucht ist. Andernfalls heißt es, weiterfahren und suchen. Zwischen Weihnachten und Silvester oder während der Osterfeiertage ist es unter Umständen nötig, die Stellplätze bereits von der Heimat aus zu buchen, da diese auf beliebten Strecken ähnlich wie Hotels sehr stark nachgefragt sind oder eine Mindestübernachtung von mehreren Tagen fordern.

ATTENTION ALL GUESTS
BEWARE SNAKES HAVE BEEN
SIGHTED ON PARK GROUNDS.
AUSTRALIAN SNAKES ARE
POISONOUS PLEASE DO NOT
ATTEMPT TO CAPTURE
AND ADVISE RECEPTION IF
SIGHTED.

REGARDS
MANAGEMENT

Mitunter liest der Urlauber auch solche Hinweise

Darüber hinaus ist auch die Rezeption eines Campingplatzes nicht 24/7 geöffnet, sondern schließt zumeist gegen 19 Uhr. Unangemeldete Besucher stehen unter Umständen vor verschlossenen Schranken. Auch hier lohnt sich der kurze Anruf zwischendurch mit der Ankündigung, dass man ggf. erst nach Schließzeit eintrifft. In diesem Fall wird der Schlüssel nicht selten an den Hauswart oder einem Dauercamper übergeben, der dem Urlauber später aufmacht, die Abrechnung erfolgt am kommenden Tag. Die Australier sind eben unkompliziert. Ein Überblick über die bekannten und renommierten Campingplatzketten sowie Suchportale ist im Teil 5 zu finden.

12.2 Rest Areas

Rest areas gehören zu einem Selbstfahrerabenteuer Australien dazu wie eine Fahrt entlang der Great Ocean Road. Sie sind nichts weiter als Rastplätze und doch so viel mehr. Mit dem Flair, den deutsche Rastplätze entlang der Autobahn versprühen, dürfen sie keinesfalls verglichen werden. Vielmehr liegen die *rest areas* meist etwas abseits der Straße und nicht unmittelbar daneben, sodass sich der Lärm durch vorbeifahrende Autos in Grenzen hält. Entlang vieler Highways herrscht sowieso kein starker Verkehr, sodass die Geräuschkulisse generell eher natürlichen und nicht motorisierten Ursprungs ist. Lauter wird es nur, wenn ein *road train* auf die *rest area* hinauf fährt. Für die Truckfahrer sind die Rastplätze alltäglicher und notwendiger Reisebegleiter, da sie über viele Stunden hunderte Kilometer auf den Straßen zurücklegen. Gerade ihr Job hat dazu geführt, dass das Netz an *rest areas* stetig ausgebaut wurde. Denn der erhöhten Unfallgefahr aufgrund von Müdigkeit und Erschöpfung am Steuer lässt sich am besten mit einer Pause oder einer kurzen *power nap* (Kraftschlaf) entgegenwirken. Neben den *road train*-Fahrern nutzen auch einheimische Urlauber und solche aus Übersee die *rest*

Weitläufige *rest area* mit Feuerstelle und Sitzgelegenheit

areas gerne für eine kurze Erholung oder einen nächtlichen Zwischenstopp.

Prinzipiell dürfen Fahrer auf den *rest areas* übernachten. In Flyern und auf ihrer Website informieren die regionalen Verkehrsbehörden sowie Automobilclubs den Fahrer über vorhandene *rest areas*, deren Ausstattung sowie zeitliche Nutzungsdauer. So darf auf manchen Rastplätzen max. 24 oder 48 Std. geparkt bzw. übernachtet werden. Andere *rest areas* hingegen weisen den Fahrer mit *no camping*- oder *no overnight stay*-Schildern darauf hin, sich einen anderen Schlafplatz für die Nacht zu suchen. Wer die zeitlichen Vorgaben überschreitet oder trotz Verbotes auf einer *rest area* übernachtet, hat bei Kontrolle mit Bußgeldern zu rechnen. Und die sind in Australien prinzipiell höher als bei uns.

TIPP: Im Zweifelsfall

So lange sich auf der *rest area* kein Hinweis bezüglich einer begrenzten Nutzungsdauer oder gar eines Übernachtungsverbots befindet, kann der Selbstfahrer hier ruhigen Gewissens nächtigen. Häufig sind diese Einschränkungen nur in der unmittelbaren Nähe von Städten oder touristisch stark frequentierten Orten zu finden, was vor allem der Rücksichtnahme auf örtliche Campingplätze geschuldet ist.

Flyer informieren über *rest areas* entlang der Strecke

Die Ausstattung der *rest areas* variiert sehr stark und reicht von unbefestigten Parkplätzen unter Bäumen ohne alles bis hin zu halben Campingplätzen. Manche verfügen lediglich über Sitzgelegenheiten, Mülleimer und Komposttoiletten, andere wiederum sind voll ausgestattet mit Toilettenhäuschen, fließend Wasser und vielleicht sogar einem Barbecue, obwohl das eher selten vorkommt. Worin alle *rest areas* jedoch übereinstimmen ist, dass sie prinzipiell kostenfrei sind. Hier kann man ordentlich sparen, wenngleich der Mieter eines Wohnmobils ohne Nasszelle dafür auf ein wenig Komfort, vor allem bezüglich der Waschroutine, verzichtet. Denn Duschen gibt es auf den *rest areas* eher selten.

> **TIPP: Ökologischer Fußabdruck**
>
> Wer sich mit Wasserflasche gewappnet z. B. die Haare auf einer *rest area* waschen möchte, sollte möglichst darauf achten, biologisch abbaubares Shampoo bzw. Duschgel zu verwenden. In Teil 5 habe ich einige persönliche Packtipps diesbezüglich zusammengestellt.
>
> Das Gleiche gilt für den Abwasch. Viele kleinere Campermodelle wie der Hitop oder Minivan sind nicht *self-contained*, haben also keinen geschlossenen Wasserkreislauf. Das Wasser der Spüle fließt nach dem Ablassen direkt unter dem Camper heraus. Der Urlauber sollte also möglichst darauf achten, welche Spuren er in der freien Natur hinterlässt.

Rest areas bieten gegenüber der Übernachtung auf Campingplätzen den Vorteil, dass sie frei verfügbar und nicht reserviert werden müssen, auch während der Hochsaison. Allerdings kommen sie sicherlich nicht für jeden Reisetyp in Betracht, da sie einen Verzicht auf Komfort bedeuten und es einen gewissen Abenteuergeist erfordert, gelegentlich mitten im Nirgendwo sein Nachtlager aufzuschlagen. Wir haben uns bisher immer für eine Mischung aus *rest areas* und Campingplätzen entschieden, einfach, um unser Reisebudget zu schonen und auch abseits der anderen Touristen unterwegs zu sein. Sobald wir uns nach einer ordentlichen Dusche sehnten und die Dreckwäsche allmählich die saubere verdrängte, steuerten wir einen Campingplatz an. Als wir im Winter unterwegs waren, gönnten wir uns hingegen jede Nacht ein Stopp auf dem Campingplatz. Zum

Nicht jede ausgewiesene *rest area* eignet sich für ein Wohnmobil

einen waren diese in den Nebensaison eh billiger, zum anderen sehnten wir uns an den kalten Abenden doch sehr nach einer warmen Dusche.

12.3 Nationalparks

Viele Nationalparks verfügen über ausgewiesene Stellplätze für Camper. Dabei überzeugen sie vor allem durch ihre traumhafte Lage sowie der Nähe zur Natur und bieten somit ein komplett anderes Übernachtungsgefühl als auf Campingplätzen oder *rest areas*. Die Gebühr ist entweder sehr gering oder sogar kostenfrei. Mitunter muss zuvor der Anfahrtsweg geklärt werden, da einige *campgrounds* nur über unbefestigte Straßen erreichbar sind bzw. es für große Motorhomes bzw. Caravans keine Wendemöglichkeiten vor Ort gibt.

12. Der Schlafplatz

Der *campground* am Lucky Beach in WA ist sehr beliebt – kein Wunder bei dem Ausblick

Auch hier unterscheiden sich die einzelnen *campgrounds* deutlich in ihrer Ausstattung. Einige gleichen eher *rest areas*, falls nur Sitzmöglichkeiten sowie Biotoiletten vorhanden sind. Andere hingegen besitzen Duschen, Barbecues oder sogar Küchen und machen damit den Campingplätzen vor Ort durchaus Konkurrenz. Allerdings verfügen die wenigsten Stellplätze in den Nationalparks über Stromanschluss, von Handyempfang ganz zu schweigen. Mitunter gibt es nur kaltes bzw. über Solaranlagen erhitztes und damit begrenztes Wasser für die Duschen.

In den seltensten Fällen lassen sich die Stellplätze vorab reservieren. Nur wenige *campgrounds* verfügen über eine eigene Website oder einen Telefonanschluss. Unter Umständen können die Touristeninformationen vor Ort Auskunft darüber geben, ob noch freie Plätze verfügbar sind. Gerade an besonders schönen Orten sind die *campgrounds* in den Nationalparks enorm stark nachgefragt, so z. B. am berühmten Lucky Beach im Cape Le Grand National Park in Western Australia. In diesem Fall heißt es *first come, first serve*. Die ersten Besucher stehen bereits am frühen Morgen vor den Toren des *campgrounds* und warten darauf, den Stellplatz ehemaliger Gäste zu übernehmen. Als wir erst am späten Nachmittag ankamen, war bereits alles für die Nacht ausgebucht.

Bei beliebten und stark frequentierten Nationalparks, wie dem Uluru-Kata Tjuta National Park, erfolgt die Bezahlung der Parkgebühr an besetzten Kassenhäuschen. In den meisten Fällen befindet sich am Eingang jedoch lediglich eine sogenannte *honesty box*, eine Art Briefkasten. Dort wirft der Fahrer die Anmeldung samt Gebühr hinein. Eine Kontrolle gibt es keine – man vertraut auf Ehrlichkeit. Die Kosten für den Besuch eines Nationalparks betragen je nach Lage und Bekanntheitsgrad zwischen 5 bis 25 AUD pro Person. Die eigentliche Bezahlung des *campgrounds* erfolgt je nachdem auf gleichem Wege.

Informationen rund um die Übernachtungsmöglichkeiten, Zufahrten und Möglichkeiten der Reservierung bzw. Bezahlung bieten die Touristeninformationen oder die Websites der Nationalparkverwaltungen, siehe Teil 5.

12.4 Weitere Übernachtungsmöglichkeiten

Neben den vorherigen, typischen Übernachtungsmöglichkeiten gibt es noch Alternativen, die eher dann zum Tragen kommen, wenn vielleicht einmal dicke

12. Der Schlafplatz

Motels sind weit verbreitet in Australien

Luft im Camper herrscht, nicht genügend Schlafplätze vorhanden sind oder man in den Großstädten wie Sydney unterwegs ist und nicht allzu weit auswärts stehen möchte.

So kann der Selbstfahrer z. B. in den zahlreichen Motels und Bed & Breakfast einen Zwischenstopp einlegen. Diese verfügen in der Regel immer über eigene Parkplätze, sodass er sich um die lange Suche nach einem Stellplatz in der Nähe keine Sorgen machen muss. Da viele Motels eine überdachte Rezeption besitzen, sollte der Mieter allerdings darauf achten, dass er mit dem Wohnmobil durch die Einfahrt passt. Alternativ besteht die Möglichkeit, die Hostels entlang der Strecke anzufahren und gegen ein geringes Entgelt ihren Parkplatz und die Waschräume bzw. Küche zu nutzen. Diese Variante ist mitunter günstiger als ein Stellplatz auf dem Campingplatz.

Darüber hinaus wurde durch den Campervan and Motorhome Club of Australia die Initiative der *RV friendly towns* ins Leben gerufen. Dabei handelt es sich um einen Verbund von landesweit kleinen Städten, die durchreisenden Wohnmobil-urlaubern vor Ort frei wählbare Stellplätze zu günstigen Raten sowie bestimmte

RV friendly town: Sea Lake

Einrichtungen und Serviceleistungen anbieten. Damit eine Stadt als *RV friendly* ausgezeichnet wird, muss sie den Selbstfahrern Stellplätze in der Nähe des Stadtzentrums, Zugang zu Trinkwasser sowie eine Entsorgungsstation für Abwasser zur Verfügung stellen. Mitunter zählen auch ein Mechaniker, eine Besucherinformation sowie eine medizinische Notfallversorgung zum Leistungsspektrum. In einer *RV friendly town* genießt der Urlauber also ein gewisses Maß an *freedom camping*, ohne dabei auf die Annehmlichkeiten einer Stadt verzichten zu müssen. Eine Erweiterung dieses Programms sind die *RV friendly destinations*, zu denen u. a. Veranstaltungsorte oder Vereinsgebäude gehören.

> *RV friendly town*
> Eine Übersicht über teilnehmende Kleinstädte des Programms bietet folgende Website:
> * www.cmca.net.au/services/rv-friendly/rv-friendly-towns

Eine weitere Möglichkeit für Selbstfahrer bietet mittlerweile das sogenannte *glamping*, eine Kombination aus Camping und Glamour. Hier geht es jedoch weniger darum, mit einem Wohnmobil das Land zu erkunden, sondern über eine längere Zeit in hochwertigen Zeltanlagen mit der Natur eins zu werden, aber dabei nicht auf Komfort und Annehmlichkeiten verzichten zu müssen. Das eigentliche Campingerlebnis bezieht sich ausschließlich darauf, dass es sich um eine dem Campingplatz ähnliche Anlage inmitten der Wildnis handelt, nur um Längen luxuriöser. Die *glamping*-Betreiber werben darüber hinaus häufig mit einem nachhaltigen touristischen Angebot und Touren, die durch örtliche Aborigine-Stammesangehörige geführt werden. Meist sind nur wenige Gäste gleichzeitig vor Ort, die mit einem exklusiven Programm unterhalten werden.

> *Glamping*-Hotspots
> * Longitude 131°, Red Centre
> * Bamurrru Plains, Northern Territory
> * Paperpark Camp, New South Wales
> * Eco Beach Broome, Western Australia
> * Kooljaman, Cape Leveque, Western Australia
> * Emma Gorge Resort, Western Austraia

12.5 Wild bzw. freedom camping

Wild camping oder auch *freedom camping* ist eine in Australien, gerade unter den fahrenden Backpackern, weit verbreitete Art des Campings. Diese Übernachtungsmöglichkeit ist weder offiziell erlaubt noch verboten und bewegt sich damit in einer gewissen Grauzone.

12. Der Schlafplatz

Hinweise am Eingang eines Nationalparks informieren über geltende Stellplatz-Bestimmungen

Wild camping trägt den Charakter bereits im Namen. Hier übernachtet der Selbstfahrer nicht an ausgewiesenen Stellplätzen, sondern dort, wo es ihm gefällt. Wer in den abgelegenen Gebieten unterwegs ist und damit keinen Campingplatz etc. in der Nähe hat, sucht sich seinen Schlafplatz einfach an einem idyllischen Plätzchen inmitten der Natur. Dagegen ist mangels alternativer Übernachtungsmöglichkeiten nichts einzuwenden, solange der Urlauber die Vertragsbedingungen befolgt und sich verantwortungsbewusst gegenüber Mensch und Natur verhält. Gerade die Einheimischen bevorzugen diese Art des Campings, wenn es z. B. darum geht, inmitten der Wildnis den besten Angelplatz am Murray River zu finden.

> **Wild camping-Stellplätze**
> Einen guten Spot fürs *freedom camping* findet der Selbstfahrer unter:
> * www.freecampingaustralia.com.au

Diejenigen, die weniger in der Wildnis, sondern eher entlang der touristischen Pfade unterwegs sind, jedoch ihren Stellplatz umso individueller wählen möchten, übernachten meist an öffentlichen Plätzen, wo sich zugleich Sanitäranlagen und ggf. auch Sitzgelegenheiten befinden. Als wir selbst als Backpacker mit dem Camper in Australien unterwegs waren, parkten wir viele Nächte auf den Parkplätzen

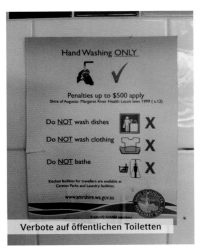

Verbote auf öffentlichen Toiletten

der öffentlichen Parks kleinerer Städte, achteten jedoch immer darauf, dass wir abseits stehen und andere Anwohner oder Besucher nicht belästigen. Trotz aller möglichen Rücksichtname bekommt das *wild camping* in dieser Nutzung einen zwiespältigen Beigeschmack, da der Reisende gewissermaßen in einen öffentlichen Raum eindringt, der alltäglich von vielen anderen genutzt wird.

Freedom camping ist mittlerweile in Australien durchaus umstritten. Sicherlich sind die Aussies ein entspanntes und gastfreundliches Volk, das die Freiheiten anderer duldet und auch begrüßt. Ihr Leben findet überwiegend draußen statt. Öffentliche Toiletten und Parkanlagen sind daher selbstverständlich und stehen jedem frei zur Verfügung.

Allerdings funktioniert dieses System des Gebens und Nehmens nur so lange, bis keine Grenzen überschritten werden. Allen voran in den Großstädten ist das *wild camping* längst zur Plage der Anwohner geworden, was leider größtenteils auf die Respektlosigkeit der jungen Backpacker zurückzuführen ist. Sie erkunden mit ihrem eigenen Auto oder Mietcamper das Land und sind dabei immer auf der Suche nach dem billigsten und zugleich besten Übernachtungsplatz. In den Städten wählen sie daher oft die Parkplätze an den Stränden, direkt vor der Haustür der Anwohner. Mitunter übernachten sie dort nicht nur für eine Nacht, sondern bleiben mehrere Tage bzw. Wochen (wenn sie vor Ort Arbeit gefunden haben) und richten sich häuslich ein. Stühle und Tische werden vor dem Fahrzeug aufgestellt und die öffentlichen Toiletten zum eigenen Bad umfunktioniert. Und wo ein Camper steht, folgt nicht selten danach ein weiterer. So wird aus einem kleinen Parkplatz am Straßenrand mittlerweile allzu oft ein unautorisierter Campingplatz.

Da sich an vielen solcher Plätze keine Verbotsschilder befinden, übernachten die Backpacker dort rechtlich gesehen nicht illegal, womit der Gemeinde die Hände gebunden sind. Inzwischen holen die Behörden dieses Versäumnis nach und bringen vermehrt in den Vororten *no camping*-Schilder an, besonders an beliebten Stellplätzen. Die Kontrollen finden meist nachts statt, da man die Backpacker so auf frischer Tat ertappt. Je nach Vorgaben kommen die illegalen Camper mit einer Verwarnung davon oder müssen ein Bußgeld bezahlen. Auch auf öffentlichen Toiletten verbieten inzwischen deutliche Hinweise die tägliche Waschroutine oder das Wäschewaschen.

Neuseeland als Vorreiter

Neuseeland ist hinsichtlich des *freedom camping* deutlich strikter unterwegs als Australien und plakatiert seit Jahren zahlreiche Plätze und Parkanlagen, auch außerhalb der Großstädte, mit Verbotshinweisen. Der Unmut über verantwortungslose Touristen und ihr eigenes, erhöhtes Umweltbewusstsein haben sie berechtigterweise dazu angespornt.

Steht auf einem Park- oder Rastplatz ein *no camping-* oder *no overnight*-Schild, wird aus dem *wild camping* grundsätzlich illegales Camping. Darüber hinaus ist es prinzipiell verboten, am Straßenrand zu übernachten oder auf Parkplätzen von Geschäften bzw. inmitten der Wohngebiete. Wer dabei erwischt wird, riskiert nicht nur ein unsanftes Wecken, sondern auch eine satte Strafe. Mitunter lässt sich

Campen am Straßenrand ist illegal

jedoch ein Parken unmittelbar am Straßenrand nicht vermeiden – nämlich dann, wenn die Weiterfahrt zu gefährlich wird. So hatten wir uns einst einen *campground* für die Nacht auserkoren, der jedoch nach ausgiebiger Erkundung des Geländes nur für einen 4WD in Frage kam. Da es bereits stockdunkel war und die Augen langsam schlapp wurden, übernachteten wir an der Einfahrt zur *rest area* ziemlich direkt neben der Straße.

12.6 Übernachtungsfinder

Der Selbstfahrer in Australien hat zahlreiche Möglichkeiten, seinen Schlafplatz für die Nacht zu finden. Dabei kann er die klassischen Printausgaben der Campingplatz-Broschüren, Reiseführer etc. nutzen oder er verlässt sich bei der Suche ganz auf das Internet. Denn mittlerweile ist das Campingerlebnis Australien auch in der digitalen App-Welt angekommen. Nach unseren Erfahrungen lohnt sich eine Kombination aus beiden. Die Onlineportale listen oftmals selbst die kleinsten *campgrounds* auf und werden regelmäßig aktualisiert, meist von anderen Nutzern. Ist man jedoch in Gegenden unterwegs, in denen der Handyempfang bescheiden bzw. nicht vorhanden ist, kann die gedruckte Ausgabe plötzlich von unschätzbarem Vorteil sein.

Campingbroschüren der Touristen-informationen helfen bei der Stellplatzsuche

Die Vermieter bestücken ihre Camper mit einem Campingplatzverzeichnis derjenigen Ketten, mit denen sie Rabattaktionen vereinbart haben. Möchte der Miete allerdings auch in Nationalparks oder auf *rest areas* übernachten, lohnt der Gang in die Touristeninformationen. Ein kurzer Plausch mit den Mitarbeitern kann darüber hinaus nicht schaden. Persönliche Empfehlungen sind mitunter mehr Wert als jede Reiseführer-Empfehlung.

Da sich der Suchtrend mittlerweile deutlich Richtung Smartphone verlagert, kann der Selbstfahrer eine Vielzahl möglicher Apps herunterladen. Diese sind meist, zumindest zu Beginn, kostenfrei und lassen sich mit Ausnahme der GPS-Funktion auch offline, also ohne Handy- und Internetempfang, nutzen. Auch die Vermieter bedienen diesen Bedarf, indem sie eigene App-Anwendungen kostenfrei bereit stellen. Die App von Britz, Maui und Mighty gibt einen Überblick über Campingplätze, Unterkünfte sowie öffentliche Toiletten, LPG-Flaschenbefüllungen, Tankstellen und Entsorgungsstellen in der Nähe. Auch Geldautomaten, Supermärkte, Polizei, Krankenhäuser, Touristeninformationen, Waschsalons – ja selbst öffentliche Mülleimer und Duschen – werden bei Bedarf angezeigt. Darüber hinaus ist es, Internetempfang vorausgesetzt, möglich, mit dem Vermieter in Kontakt zu treten oder aber günstige Preisdeals zu empfangen.

Im Folgenden möchte ich zwei Übernachtungsfinder näher vorstellen, die uns in den vergangenen Jahren bei der Suche nach einem Nachtlager zuverlässig geholfen haben und daher absolut eine Empfehlung wert sind.

Camps/Caravan Parks Wide Australia

Der Camps Wide Australia ist wohl die Reisebibel schlechthin für einen australischen *road trip*. Mittlerweile in 8. Auflage erhältlich, führt der dicke Straßenkartenwälzer den Fahrer kreuz und quer durch Australien. Die Autoren Philip und Cathryn Fennell sind Australier und selbst begeisterte Camper. Seit 2001 sind sie unterwegs und testen die Campingplätze ihrer Heimat. Hier erhält der Fahrer also geprüftes Wissen aus erster Hand!

Der englischsprachige Reiseführer listet nicht nur die Straßen auf, sondern auch sämtliche günstige bzw. kostenlose Campingmöglichkeiten entlang der Strecke. In der aktuellen Ausgabe entspricht das nicht weniger als 3900 Camping-Spots. Darunter befinden sich *rest areas*, Nationalparks, *station stays* und abgelegene *campgrounds*. Teurere Campingplätze werden nur aufgeführt, wenn sie sehr abgelegen, sehr gut ausgestattet oder in einer gewissen Weise einzigartig sind. Große Campingplatzketten wie BIG4 findet der Urlauber hingegen in der Pendant-Ausgabe Caravan Parks Australia Wide. Der Nachzügler ist mittlerweile in 4. Auflage erhältlich und führt knapp 2300 Campingplätze auf.

Die Wide Australia Reiseführer sind zwar mächtig, aber übersichtlich nach Bundesstaaten gegliedert. Eine Vielzahl an Landkarten deckt jeden noch so abgelegenen Winkel des Kontinents ab. Parallel sind die möglichen Schlafplätze nummerisch aufgeführt und werden auf den Folgeseiten näher vorgestellt. Piktogramme

Der Camps Wide Australia listet *rest areas* wie diese im Outback auf

sowie ein wenig Fließtext informieren den Leser über die Ausstattung, Kontaktdaten und Anfahrt. So lässt sich auf den ersten Blick erkennen, ob der Stellplatz auch ohne 4WD oder mit größeren Wohnmobilen erreicht werden kann und ob dort Trinkwasser, Toiletten, Duschen oder Barbecues vorhanden sind.

Ebenso anbei ist eine Liste mit öffentlichen Entsorgungsstationen sowie weiterführende Kontaktangaben, z. B. zur Beantragung von *permits* für das Befahren von Aborigines-Land sowie Telefonnummern der Pannenhilfe oder des Wetterdienstes – unverzichtbare Informationen vor allem für diejenigen, die weiter abseits unterwegs sind. Nicht erwähnt sind hingegen Sehenswürdigkeiten. Beim Camps/Caravan Parks Wide Australia handelt sich um einen Helfer bei der Suche nach dem richtigen Weg bzw. dem passenden Schlafplatz. Da das gute Stück darüber hinaus nicht gerade günstig ist (derzeit 75 € bzw. vor Ort 50 AUD), lohnt sich der Kauf eigentlich nur für alle Selbstfahrer, die länger unterwegs sind.

Wiki Camps ist einfach zu handhaben

Beide Reiseführer sind mittlerweile als Camps Australia-App für derzeit 2,99 AUD/Monat verfügbar. Während Apple-Nutzer die App sowohl auf ihrem iPad als auch iPhone nutzen können, ist sie für Android-Nutzer hingegen nur für die Tablets von Samsung erhältlich.

Wiki Camps

Eine App, die wir während unseres letzten Urlaubes ausgiebig genutzt und getestet haben, war Wiki Camps Australia. Sie ist auch für andere Länder wie Neuseeland und Kanada verfügbar. Mithilfe dieser App kann der Selbstfahrer sämtliche Übernachtungsmöglichkeiten in unmittelbarer Nähe finden. Die Auswahl reicht von kostenfreien *rest areas* bis hin zu kostenpflichtigen Campingplätzen. Daneben werden vereinzelt Sehenswürdigkeiten aufgeführt, wenngleich diese nicht im Vordergrund stehen. Ein großer Vorteil der App: Jeder Nutzer kann einen gefundenen Stellplatz hinzufügen, bestehende Angaben kommentieren oder ggf. korrigieren sowie Fotos des *campgrounds* hochladen. Vergangenes Jahr waren so bereits mehr als 18.000 Einträge hinterlegt, Tendenz steigend.

Der Download und Gebrauch der App ist für Android-Geräte ab dem Tag des Herunterladens für 14 Tage kostenlos. Man sollte die App also nicht bereits in Deutschland installieren. Nach zwei Wochen kann der Nutzer die App für derzeit 4,75 € uneingeschränkt verlängern. Apple-User müssen die App für aktuell 5,99 € kaufen. Die Einrichtung eines Nutzerkontos ist nicht nötig. Darüber hinaus kann die Kartenansicht und damit die Schlafplatzsuche auch offline genutzt werden.

Über eine Listen- oder Kartenansicht werden sämtliche Campingplätze und *rest areas* der Region aufgeführt. Um die Auswahl einzuschränken, kann der Nutzer die Schlafplätze nach bestimmten Kriterien filtern, z. B. nach Bundesstaaten oder Ausstattungsmerkmalen. Außerdem besteht die Möglichkeiten, sich weitere Details wie die Verfügbarkeit von Duschen, Toiletten, Telefonempfang, Lage, Freizeitmöglichkeiten sowie ggf. Preise anzeigen zu lassen.

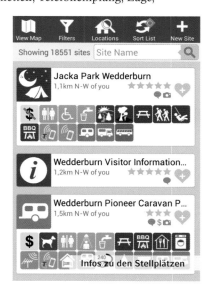

Wiki Camps Australia listet dank großer Aktualität massig Stellplätze auf, auch an den entferntesten Punkten. Allerdings hält sich die Zuverlässigkeit mitunter in Grenzen. Nachdem wir mithilfe der App eine vielversprechende *rest area* gefunden hatten, stellten wir vor Ort fest, dass sie nur für einen 4WD befahrbar ist. Des Weiteren ist laut Anwendung beinahe jeder freie Stellplatz entlang der Highways eine *rest area*, ohne dass sie als solche offiziell ausgeschildert ist und so auch nicht in einem Reiseführer wie dem Camps Wide Australia erwähnt wird. Gerade im Dunkeln sucht man als Fahrer daher mitunter vergeblich nach der besagten *rest area*. Dem Nutzen der App stehen die aufgeführten Kritikpunkte jedoch nicht im Weg.

13. Unterbrechungen und Pannen

Die Gefahr von Buschbränden ist im Sommer besonders hoch in Australien

13. Unterbrechungen und Pannen

Pannen – sie sind keinem Urlauber zu wünschen, aber in der Planung möglichst einzukalkulieren. Mietfahrzeuge sind Gebrauchsgegenstände. Egal, für welche Camperkategorie sich der Selbstfahrer entscheidet, ob neuwertig oder low-cost, groß oder klein: Unterbrechungen können jedem widerfahren, sie können unverschuldet sein oder selbst verursacht. Wer sie erlebt, sollte mit einer gewissen Leichtigkeit an die Lösung des Problems herangehen, um den restlichen Urlaub nicht mit schlechter Laune zu verbringen. Rückblickend hatte ich auf allen Camperreisen eine Panne. Diese waren Gott sei Dank kleineren Ausmaßes und ließen sich relativ schnell beheben. Nichtsdestotrotz brachten sie unseren Zeitplan ein wenig ins Schleudern. Natürlich war das in diesem Augenblick ärgerlich. Ein Ausflug zum Mechaniker gehört nicht unbedingt auf die To-do-Liste in Australien, wenngleich das ein sehr amüsantes Erlebnis sein kann. Im Nachhinein konnten wir jedoch darüber schmunzeln und brachten eine tolle Geschichte mit nach Hause.

13.1 Sicheres Fahren

Um in Australien von einem Ziel zum nächsten zu kommen, muss der Urlauber deutlich mehr Kilometer zurück legen als in der Heimat. Gerade auf den Hinterlandstraßen bietet die Sicht aus dem Fenster kaum Abwechslung fürs Auge. Die Streckenführung ist überwiegend gerade, die vorbeiziehende Landschaft eintönig, nur ab und an durchbrechen Ortschaften die Monotonie. Besonders extrem fällt Urlaubern dies z. B. auf dem Stuart Highway oder bei der Durchquerung der Nullarbor-Ebene auf: Endlos scheinen sich die Highways dahin zu ziehen. Ein anderes Fahrzeug zeigt sich nur selten. Gelegentlich hüpft ein Känguru umher. Links und rechts ziert wildes Buschland die Szenerie, soweit das Auge reicht.

Deutliche Schilder am Straßenrand erinnern daran, eine Pause einzulegen

Hier von einer erhöhten Unfallgefahr zu reden, scheint absurd. Aber genau diese Monotonie der Streckenführung in Kombination mit langen Distanzen kann die Konzentration beim Fahren erheblich beeinträchtigen. Australien ist sich des Risikos bewusst. 20 Prozent aller Unfälle werden hier durch Übermüdung des Fahrers verursacht. Entlang der Highways befinden sich daher riesige Plakate, die mitunter sehr direkt und anschaulich auf die Gefahren durch Erschöpfung oder Sekundenschlaf am Steuer aufmerksam machen. Sie fordern dazu auf, möglichst alle zwei Stunden mindestens 15 Minuten eine Pause einzulegen, um einen Kaffee zu trinken, sich die Beine zu vertreten und die Augen umherschweifen zu lassen, auch wenn es gerade nicht viel zu sehen gibt – und selbst dann, wenn das Ziel schon in greifbarer Nähe liegt.

TIPP: Coffee for free

Mitunter schenken die *visitor centres* kostenlosen Kaffee für Autofahrer aus. Damit ist der kurze Zwischenstopp nicht nur lohnenswert, um nach bisher unbekannten Sehenswürdigkeiten zu fragen, sondern auch, um mit einem Koffeinschub erfrischt weiterzufahren.

Die Vermieter halten sich in ihren Infobroschüren und auf ihrer Website mit Hinweisen zum sicheren Fahren in Australien nicht zurück. Gerade die Budget-Anbieter scheuen sich nicht, ihre tendenziell jüngeren und weniger fahrer probten Mieter mit deutlichen Worten für dieses Thema zu sensibilisieren. Doch trotz aller Warnungen und Vorkehrungen lässt es sich manchmal nicht vermeiden, dass der Selbstfahrer einen Unfall verursacht.

Unfallhäufigkeiten in Australien

- 14 % Frontalzusammenstoß (Minutenschlaf, Unaufmerksamkeit)
- 27 % Vorfahrt genommen (Unaufmerksamkeit)
- 8 % Kontrollverlust über Fahrzeug (überhöhte Geschwindigkeit, nasse Straßen)
- 11 % Auffahrunfall
- 27 % Alleinunfall (Überschlag in Folge Wildwechsel, überhöhter Geschwindigkeit)

Auch die ungewohnten Straßenbedingungen verlangen nach einer erhöhten Konzentration des Urlaubers. Große bzw. schnelle Fahrzeuge verursachen auf den Schotterstraßen dichte Staubwolken, die die Sicht für den dahinter oder vorbei Fahrenden erheblich beeinträchtigen können. Besser ist es, genügend Abstand zu halten oder die Geschwindigkeit zu drosseln. Auf losem Belag drehen darüber hinaus die Reifen schneller durch bzw. verlieren an Halt. In Kurven und auf abfallendem Gelände sollte der Fahrer daher vom Gas gehen und scharfes Abbremsen vermeiden. Bei einer geteerten Straße ist die Kante unter Umständen nicht befestigt, sondern besteht aus losem Belag. In diesem Fall spricht man von *soft edges*. Wer entgegenkommenden *road trains* ausweichen möchte oder einfach zu weit links fährt und dabei die Kante ungünstig erwischt, kann schnell ins Schleudern geraten und die Kontrolle über das Fahrzeug verlieren.

An Baustellen gilt erhöhte Vorsicht

TIPP: Zum Sicheren Fahren

- jemanden über die geplante Route informieren, gerade bei Touren ins Outback
- Fahrzeug regelmäßig überprüfen (Öl- und Kühlwasser, Reifen)
- Straßen- und Wetterbedingungen beachten
- Warnschilder am Straßenrand ernst nehmen
- regelmäßig Pausen machen bzw. Fahrer wechseln
- nicht abseits ausgewiesener Wege unterwegs sein
- genügend Essen und Trinken dabei haben
- im Fall einer Panne am Fahrzeug bleiben
- auf besondere australische Straßenbedingungen Rücksicht nehmen: Wildwechsel etc.
- sich an den Linksverkehr erinnern!

Wer seine Sicherheit beim Fahren vorab festigen möchte, kann unter folgendem Link ein Quiz zu verschiedenen australischen Fahrsituationen und Verkehrsbestimmungen durchführen:
www.driverknowledgetests.com/learners-permit/tourist

13.2 Unfall- und Pannengefahren

Der Urlauber wird es nicht gerne hören – aber gerade wer mit dem eigenen Fahrzeug unterwegs ist, wird am Straßenrand zunächst mehr tote als lebendige Kängurus sehen. Wildwechsel sind eine allgegenwärtige Gefahr auf australischen Straßen, vor allem außerhalb der Städte. Gerade zur Dämmerung und während der Nacht ist das Risiko besonders hoch, wenn die Tiere durch das Licht angelockt werden. Wer in der Dunkelheit unterwegs ist, sollte also besser runter vom Gas gehen und auf einen plötzlichen Wildwechsel gefasst sein. Hüpft ein Känguru auf die Straße, heißt es, abzubremsen und das Tier ggf. durch Hupen zu verscheuchen. Auf keinen Fall sollte der Fahrer dem Tier ausweichen, da bei diesem Fahrmanöver die Gefahr eines *single vehicle rollover* besteht, also des Überschlags.

Häufiger Anblick im Outback – leider

Doch nicht nur Kängurus, sondern auch andere Tiere wie Emus, Rinder, Wildpferde oder Kamele stehen mitunter plötzlich unverhofft auf der Straße. Während die Trucks spezielle *roo/bull bars*, also Frontschutzbügel, am Fahrzeug haben, um Wildunfälle abzufangen, ist die Karosserie eines Wohnmobils dem Wildunfall schutzlos ausgeliefert. Der Sachschaden am Fahrzeug wäre entsprechend hoch, von möglichen Personenschäden einmal abgesehen.

Versicherungsschutz bei Wildunfällen

Bei Abschluss einer Zusatzversicherung des Vermieters sind Wildunfälle prinzipiell inkludiert, allerdings nur bei Fahrten während des Tages. Wer zur Dämmerung oder bei Nacht außerhalb von Städten unterwegs ist, erhöht das Risiko eines Wildunfalls und fährt damit im Sinne des Vermieters fahrlässig. Kommt es dann zu einem Unfall, ist der Schaden nicht durch die Versicherung gedeckt und der Mieter haftet in voller Höhe. Fahrten in der Dunkelheit sollten also bestenfalls vermieden werden.

Zu den üblichen Pannen in Australien gehören zudem geplatzte Reifen und Steinschläge. Gerade wenn ein *road train* vorbei rauscht, ist ein umherfliegender Kieselstein nicht weit entfernt. Schneller, als man schauen kann, hat sich in der Windschutzscheibe ein kleiner Riss breit gemacht. Extreme Hitze und langes Fahren beanspruchen zudem die Reifen. Bei längeren Fahrten und hohen Außentemperaturen schadet es nicht, die Reifen während einer Pause abkühlen zu lassen. Gleiches, nur verstärkt, gilt für den Motor. So mussten wir einmal im Hochsommer mit dem Auto einer Bekannten am Straßenrand stehen bleiben, da das rote Warnlicht und die Temperaturanzeige des Motors nichts Gutes versprachen. Ein Überhitzen des Motors ist die häufigste Ursache dafür,

Auch Emus kreuzen ungeniert die Straßen

Keine Seltenheit: geplatzter Reifen am Straßenrand

mit dem Wagen in Australien liegenzubleiben. Kühlwasser und Ölstand sind daher unbedingt jeden Morgen aufs Neue zu kontrollieren.

Weitere, in der Regel selbst verschuldete Unterbrechungsgefahren, gerade bei Urlaubern, sind ein leerer Tank bzw. eine leere Batterie. Wir hatten beides: In Sydney ging unserer Hauptbatterie die Puste aus, als wir nach einer durchzechten Silvesternacht anscheinend vergessen hatten, die Scheinwerfer auszumachen. Am Morgen danach war zwar die Milch im Kühlschrank noch kühl, allerdings wollte der Motor nicht mehr starten. Gott sei Dank arbeitet die *roadside assistance* auch an Feiertagen. Das Benzin hingegen ging uns in Neuseeland aus. Da uns das in Australien genauso hätte passieren können, erwähne ich es hier. Wir hatten uns ein wenig mit dem Spritverbrauch und der Toleranz der Tankanzeige verschätzt. Zwar kamen wir an einigen Tankstellen vorbei, allerdings war uns dort das Benzin zu teuer und so spekulierten wir auf fallende Preise im nächsten Ort. Der ließ jedoch länger auf sich warten als gedacht. Und so gluckste der Motor plötzlich ein paar Mal auf, ehe wir mit letztem Schwung auf eine *rest area* hinauf rollten. Glücklicherweise stand dort ein anderer Camper, der uns in den nächsten Ort fuhr. Mit einem Benzinkanister in der Hand trampten wir schließlich zum Fahrzeug zurück. Auch in Australien sollte der Selbstfahrer nicht auf günstigere Benzinpreise setzen, wenn der Tank bedrohlich gegen Null strebt. Gerade im Hinterland sind die Tankstellen spärlich gesät. Schilder am Straßenrand informieren darüber, wann die nächste Zapfsäule kommt. So kann der Fahrer abschätzen, ob er mit seiner Tankfüllung reicht oder doch lieber nachfüllt. Im Zweifelsfall ist jede Tankstelle mitzunehmen, die am Horizont erscheint. Denn helfende Autofahrer lassen im australischen Busch mitunter lange auf sich warten.

Schilder am Straßenrand verweisen auf mögliche Gefahren

Neben Unfallrisiken, die auf das Fahrverhalten zurückzuführen sind, kann auch das Wohnmobil selbst für eine längere Zwangspause sorgen. Sicherlich werden die Fahrzeuge regelmäßig gewartet, dennoch kann ein Vermieter nicht ausschließen, dass plötzlich ein Mangel auftritt, der zuvor nicht absehbar war. Ein Camper ist ein Alltagsgegenstand, der beinahe täglich in Gebrach ist. Und dessen exakte „Haltbarkeit" lässt sich genauso wenig vorhersagen wie die des heimischen Staubsaugers. Ein plötzlicher Schaden ist zutiefst ärgerlich, aber nicht gänzlich auszuschließen, Wartung und Pflege hin oder her.

> **TIPP: Keine Panik**
>
> Im Fall eines Unfalls oder einer Panne heißt es, nicht in Panik zu geraten. Sofern man eine Versicherung abgeschlossen hat und nicht vertragsbrüchig gefahren ist, sind keine finanziellen Folgen zu befürchten. Ebenfalls inkludiert ist die Mitgliedschaft in einem australischen Automobilclub. Eine Pannenhilfe rund um die Uhr ist, Handyempfang vorausgesetzt, also gewährleistet.
>
> Darüber hinaus sind die Australier freundliche Gefährten. Mit einer Wahrscheinlichkeit von 99 % hält ein Einheimischer an, sobald er am Straßenrand ein liegengebliebenes Fahrzeug sieht. Sich gegenseitig zu helfen, ist Down Under eine Selbstverständlichkeit, selbst wenn es sich dabei nur um die Mitfahrgelegenheit in den nächsten Ort handelt. Gerade wer in abgelegenen Gebieten gestrandet ist, sollte daher beim Fahrzeug bleiben.

Auf unserer ersten Campertour pfiff es plötzlich aus unserem Auspuff, was dazu führte, dass wir ungewollt einen halben Tag in Newcastle verbrachten, um den Schaden reparieren zu lassen. Ein anderes Mal meinte plötzlich der elektrische Fensterheber auf der Beifahrerseite kaputt gehen zu müssen – natürlich, während das Fenster gerade geöffnet war. Da wir im Winter unterwegs waren, wurde es bei einstelligen Außentemperaturen mit 100 km/h auf dem Highway durchaus frostig.

13.3 Information des Vermieters

Egal, um welche Art von Panne oder Unterbrechung es sich handelt – der Vermieter ist schnellstmöglich, spätestens innerhalb von 24 Stunden darüber in Kenntnis zu setzen. Kommt der Fahrer dieser Pflicht nicht nach, erlischt sein Versicherungsschutz.

Im Mietpreis inkludiert sind grundsätzlich eine kostenlose Pannenhilfe der Roadside Assistance sowie die Nutzung einer 24-Std-Service-Hotline des Vermieters. Letztere steht zumeist auf dem Zündschlüssel, sodass man diese immer griffbereit hat und nicht erst danach suchen muss. Mitunter kann das Problem direkt am Telefon behoben werden. Schließlich

Immer daran denken, das Wohnmobil auch abzuschließen

kennen die Vermieter ihre Fahrzeuge in- und auswendig und können so manches Problem via Fernwartung unkompliziert beheben. In anderen Fällen reicht es, wenn die *roadside assistance* hinzugerufen und der Fehler am Straßenrand beho-

Der tägliche Ölcheck ist wichtig

ben wird, wie im Fall unserer leeren Batterie in Sydney. Ist der Schaden schwerwiegender, heißt es notgedrungen, ab in die Werkstatt. In diesem Fall fragt der Vermieter den Fahrer nach seinem aktuellen Standpunkt und vermittelt einen Mechaniker in der Nähe. Meist kontaktiert der Vermieter diesen im Voraus und stellt sicher, das freie Kapazitäten vorhanden sind. In dicht besiedelten Gebieten ist die nächste Werkstatt oft nicht weit, andernorts muss der Fahrer mitunter noch etwas Strecke zurücklegen. Ist an ein Vorwärtskommen nicht mehr zu denken, organisiert der Vermieter einen Abschleppdienst. Sofern dieser nicht in ein abgelegenes Gebiet fahren muss, ist der Service kostenfrei, andernfalls trägt der Mieter die Kosten.

In der Werkstatt wird der Schaden behoben, ohne dass der Mieter in Vorkasse treten muss. Die Rechnung geht direkt an den Vermieter. Dem Urlauber bleibt nichts weiter übrig als Däumchen drehen und auf eine fixe Reparatur zu hoffen. Als wir unseren Wagen bezüglich des Fensterhebers einweisen mussten, verloren wir mit Telefonaten, Anfahrt und eigentlicher Reparatur gute zwei Stunden. Mehr Zeit geht verloren, falls der Mechaniker nicht jedes benötigte Ersatzteil auf Lager hat oder der Schaden schwerwiegender ist und das Fahrzeug ggf. über Nacht in der Werkstatt bleiben muss. Sofern der Schaden durch die Versicherung abgedeckt ist, trägt der Vermieter die Übernachtungskosten.

Allem Ärger zum Trotz kann der Besuch einer Werkstatt Down Under ein amüsanter Zeitvertreib sein: Die australische Unbekümmertheit bringt es mit sich,

Werkstatt im Aussie Stlye

dass auch die dortigen Werkstätten nicht den Eindruck vermitteln, den man daheim hat. Im Fall unseres defekten Fensterhebers steuerten wir den vom Vermieter genannten Mechaniker an – und landeten auf einer Pferdefarm! Zuerst meinten wir uns in der Adresse geirrt zu haben. Aber als uns schließlich der Hauseigentümer in seiner Mechanikerkluft winkend entgegenkam, wussten wir, hier sind wir richtig. Und siehe da: In der Garage zwischen Pferdekoppel und Haus befand sich die besagte Werkstatt. Ebenso eigentümlich war die Reparatur. Leider hatte der Mechaniker keinen passenden Ersatzmotor auf Lager, dafür umso mehr innovativen Tatendrang. Er nahm die komplette Türverkleidung ab, sägte ein Holzstück zurecht und klemmte es unter das Fenster. Er fragte uns, ob es stören würde, das

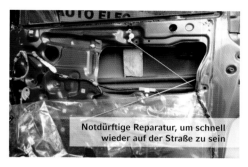

Notdürftige Reparatur, um schnell wieder auf der Straße zu sein

Fenster für den Rest der Miete nicht mehr öffnen zu können. Uns war das völlig gleich. Wir fragten nur kurz beim Vermieter nach, ob diese provisorische Reparatur in Ordnung ginge, was der Fall war. Perfekt. Es konnte weitergehen.

An diesem Beispiel zeigt sich einmal mehr die Unbeschwertheit der Australier, auch der Vermieter. Wenn sich ein Problem einfach beheben lässt, sollte man sich als Urlauber damit zufrieden geben, auch wenn es nicht der heimischen Norm und Qualität entspricht.

Eigenmächtige Reparaturen

Nicht ganz so locker sehen die Vermieter eigenmächtige Reparaturen. Lässt der Mieter eventuelle Mängel auf eigene Faust bei einer beliebigen Werkstatt beheben, ohne zuvor den Vermieter darüber in Kenntnis zu setzen, bleibt er unter Umständen auf den Reparaturkosten sitzen, selbst wenn der Schaden versichert war. Denn jeder Vermieter hat feste Vertragswerkstätten, in denen Schäden an ihren Fahrzeugen zu vereinbarten Konditionen behoben werden können.

Bei kleineren Schäden, deren Reparatur eine bestimmte Summe nicht übersteigt (ca. 200 AUD), kann der Mieter hingegen laut Vertragsbedingungen eigenmächtig eine Werkstatt beauftragen. In diesem Fall tritt der Fahrer in Vorkasse und erhält den Betrag nach Vorlage der Rechnung bei Abgabe des Wohnmobils zurück.

Ist der Mieter in einen Unfall verwickelt, greift eine vertraglich festgesetzte Prozedur. Nachdem zunächst die Polizei sowie ggf. ein Krankenwagen gerufen wurde, muss der Fahrer einen *motor vehicle accident report*, also einen Schadensunfallbogen, ausfüllen, der sich in den Vertragsunterlagen befindet. Darin sind Angaben zur eigenen Person und dem Camper sowie zu eventuellen Drittbeteiligten und deren Fahrzeugen zu machen. Darüber hinaus ist der Unfallhergang auf einer Zeichenvorlage skizzenhaft festzuhalten sowie zu beschreiben, d. h. Straße, Ort, Datum, Angaben zur Polizei und möglicher Zeugen.

> **Vorgehensweise bei Unfall**
> 1. Namen, Adresse usw. vom beteiligten Fahrer und eventueller Zeugen geben lassen
> 2. Keine Schuldzuweisung machen, darüber entscheidet Versicherung
> 3. Unfall bei Polizei melden, ungeachtet der geschätzten Reparaturkosten
> 4. Schadensunfallbogen ausfüllen
> 5. Schaden sowie Nummernschilder der Fahrzeuge fotografieren, wenn möglich von verschiedenen Blickwinkeln
> 6. Vermieter innerhalb der nächsten 24 Std. über Unfall informieren

Nachdem der Unfallhergang erfasst und vor Ort abgewickelt ist, kann der Mieter ein Ersatzfahrzeug des Vermieters in Anspruch nehmen. Dies ist allerdings abhängig von Verfügbarkeit, Standort und verbleibender Mietdauer. Unabhängig von der Schuldfrage des Unfalls trägt der Mieter die Anfahrtskosten zum nächsten Depot grundsätzlich selbst. Unter Umständen zeigt sich der Vermieter diesbezüglich kulant. Hat der Mieter den Unfall verursacht, trägt er trotz eventuell abgeschlossener Versicherung die Kosten für die Ausfalltage des beschädigten Campers.

> **TIPP: Erreichbarkeit mit dem Handy**
> Um im Fall eines Unfalls oder einer Panne Hilfe rufen zu können, sollte mindestens ein funktionstüchtiges Handy vorhanden sein. Um dabei nicht in Unkosten zu geraten, kann sich der Selbstfahrer unkompliziert eine australische SIM Card mit Prepaid-Tarif besorgen. Den besten Empfang auch außerhalb der Städte bieten Telstra und Optus. Wer offroad unterwegs ist, sollte darüber hinaus ein Satellitentelefon einpacken. Denn Handyempfang gibt es dort draußen mit Sicherheit nicht.

13.4 Kritische Wetterverhältnisse

Der australische Petrus zeigt sich gelegentlich etwas mürrisch. Unabhängig davon, in welcher Saison der Reisende gerade unterwegs ist, sollte er sich daher regelmäßig über die Wetterverhältnisse vor Ort informieren.

Überschwemmung

Die bereits in Teil 1 erwähnte Regenzeit, aber auch anhaltende Niederschläge im Rest des Landes führen mitunter dazu, dass einzelne Abschnitte oder längere Passagen einer Straße überflutet sind. Davon betroffen sind nicht nur unbefestigte Zufahrtsstraßen, sondern auch die geteerten Highways. Oft liegt die Ursache bei einem sogenannten *creek*, also einem Wasserzulauf, der entlang des Highways verläuft. In der Regel führt dieser keinen Tropfen Wasser und ist damit für den Fahrer im ausgedörrten Zustand auch nicht erkennbar. Sobald es jedoch ein wenig mehr regnet, steht der angrenzende Teil der Straße unter Wasser. Auch ausgetrocknete Flussbetten, deren Pegelmesser nur selten das Wasser bis zum Halse steht, verwandeln sich bei Dauerregen rasend schnell in reißende Ströme und schneiden ganze Städte von der Außenwelt ab. Wer einmal im Sandbett des Todd River in Alice Springs gestanden hat, dem fällt diese Vorstellung enorm schwer, doch es zeigt einmal mehr, dass mit Mutter Natur in Australien nicht zu spaßen ist.

Bei gefluteten Straßen heißt es, vorsichtig fahren

Hat der Selbstfahrer Glück, ist nur eine Straßenhälfte von der Überschwemmung betroffen. In diesem Fall kann er unter Berücksichtigung des Gegenverkehrs auf die andere Fahrbahn ausweichen und so das Flutwasser umfahren. Unter keinen Umständen sollte tiefes oder gar fließendes Flutwasser mit einem Mietcamper durchfahren werden. Zu groß wäre das Risiko für Mensch und Fahrzeug. Schäden, die in diesem Zusammenhang am Wohnmobil entstehen, sind aufgrund fahrlässigen Fahrens durch keine Versicherung abgedeckt – der Mieter haftet in voller Höhe! Eine kurzweilige Badeeinlage mit einem Camper ist also bestenfalls zu vermeiden, selbst wenn es sich nur um eine scheinbar kleine Pfütze auf der Straße handelt. Es lässt sich nie wirklich abschätzen, wie tief das Wasser tatsächlich ist. Gerade bei *creeks* kann sich in der Fahrbahn eine Senke befinden, die infolge der Überschwemmung nicht sichtbar ist. Wer dort mit dem Wagen hinein fährt, kommt unter Umständen in einer Badewanne wieder hinaus. Da die Innenausstattung eines Campers meist aus Holz ist, führt nur ein wenig Wasser zu aufgeschwemmten Möbeln – schwerwiegendere Schäden an Motor etc. ein-

Flutwasser darf nicht durchfahren werden

mal außer Acht gelassen. Außerdem kann das Flutwasser, sofern es bereits mehrere Tage lang steht, erhebliche Schäden am Straßenbelag verursacht haben, die sich dem prüfenden Blick des Fahrers entziehen. Für den prinzipiell nicht versicherten Unterboden wären die Auswirkungen verheerend.

Überschwemmte Straßen sind für den Mieter ärgerlich, da sie einen Zwangsstopp im Reiseverlauf bedeuten. Selbst wenn das Wasser allmählich zurückweicht, ist der Fahrbahnbelag mitunter so in Mitleidenschaft gezogen, dass die Straße für Instandsetzungsarbeiten weiterhin geschlossen bleibt. Im besten Fall kann der Urlauber das betroffene Gebiet auf anderen Straßen umfahren und so den Zeitverlust reduzieren. Gibt es keine alternative Strecke, muss er ausharren oder umkehren, sofern das Mietende naht. Ist es dem Reisenden nicht möglich, die geplante Niederlassung rechtzeitig zu erreichen, sollte er den Vermieter darüber schnellstmöglich in Kenntnis setzen. Gegebenenfalls fallen Gebühren für eine verspätete Rückgabe oder ein Änderung des Abgabedepots an.

> **TIPP: Stürmische Zeiten**
> Mieter eines Hochdachcampers werden stärkere Winde schnell im Fahrgefühl merken. Denn aufgrund des höherliegenden Daches sind sie besonders „rüttelanfällig" für Sturmböen. In diese Fällen heißt es, runter vom Gas, Hände fest ans Steuer und ordentlich dagegen lenken.

Buschbrände

Neben Überschwemmungen gehören Buschbrände zu den wiederkehrenden Gefahren im australischen Wetterkalender. Anhaltende Hitze und Trockenheit sowie kräftige Winde erhöhen ebenso das Risiko wie Unachtsamkeit und Fahrlässigkeit. Nicht nur Blitzeinschläge, sondern auch weggeworfene Zigarettenstummel haben in den letzten Jahren leider immer wieder für verheerende Buschfeuer gesorgt. Kleinere Brände hingegen gehören Down Under aufgrund der extremen klimatischen Verhältnisse zum sommerlichen Alltag. Oft werden diese sogar vorsätzlich gelegt, um ausgedörrtes Land unter Kontrolle abbrennen zu lassen und damit größeren, katastrophalen Bränden entgegenzuwirken.

Besonders hoch ist die Waldbrandgefahr in den Sommermonaten (Oktober bis April) bzw. zur Trockenzeit (Juni bis Oktober). Während dieser *bush fire danger period* gilt für den Selbstfahrer also erhöhte Aufmerksamkeit. Am Straßenrand

Nachwirkungen eines Buschfeuers

und in den Ortschaften sind sogenannte *fire danger ratings*-Schilder aufgestellt, die über die aktuelle Buschbrandgefahr in der Region informieren. Sie geben nicht an, wie hoch die Wahrscheinlichkeit eines Feuers derzeit ist, sondern welche Auswirkungen ein Brand hätte, würde es zu diesem Zeitpunkt ausbrechen. Die Skala reicht von „gering" bis „katastrophal" und wird regelmäßig angepasst. Je höher die Waldbrandgefahr ist, desto wahrscheinlicher wird durch die örtlichen Behörden eine *fire ban* ausgesprochen. In diesem Fall ist der Umgang mit Feuer stark eingegrenzt bzw. strengstens verboten. Darunter fallen offene Feuer, auch auf Campingplätzen, Grillen mit Kohle oder das bloße Anzünden von Streich-hölzern. Der Betrieb von Gas- bzw. elektrischen Grills und das Anzünden von Zigaretten ist hingegen gestattet, sofern sich in unmittelbarer Nähe keine ent-
flammbaren Gegenstände befinden. Ein Feuerverbot gilt entweder für einzelne Orte oder ganze Regionen und wird täglich neu festgelegt.

Ist die Buschbrandgefahr während der eigenen Reisezeit außerordentlich hoch, sollte sich der Selbstfahrer über eventuell gefährdete Streckenabschnitte oder *fire bans* regelmäßig auf dem Laufenden halten: Besonders hilfreich und aktuell sind die Inter-

Schilder informieren über die Buschbrandgefahr

Bei einer *total fire ban* gilt absolutes Feuerverbot

netseiten und Social Media Kanäle bzw. Apps der staatlichen Feuerwehrstellen. Hier bekommt der Urlauber nicht nur einen Überblick über die Gefahrenlage in seiner Region, sondern erhält Auskünfte über derzeitige Feuer und ihren Verlauf sowie geplante bzw. empfohlene Rettungsmaßnahmen. Auch die örtlichen Radiosender sowie Touristeninformationen versorgen Anwohner und Urlauber mit Informationsbroschüren und Updates zum Thema. Und schließlich heißt es, die Augen bzw. Nase offen zu halten. Rauch ist schon von Weitem sichtbar und auch zu riechen.

Wütet auf der geplanten Strecke ein Buschbrand, sollte der Urlauber kurz anhalten und die Situation abwägen: Kommen Fahrzeuge entgegen, die über die Lage Auskunft geben könnten? Gibt es eine Umgehungsstraße in der Nähe? Was berichten die Behörden? Mitunter handelt es sich um ein kontrolliertes Feuer, welches unbedenklich passiert werden kann. Andernfalls ist es ratsam, das gefährdete Gebiet zu verlassen. Abgelegene Regionen sollten bei erhöhter Brandgefahr prinzipiell gemieden werden.

> Verhaltensregeln bei nahendem Buschfeuer
> - Auto nicht auf der Fahrbahn, sondern am Straßenrand parken
> - Warnlichter an, Fenster und Türen verschließen, Motor ausschalten
> - auf den Fahrzeugboden legen, Wasser trinken
> - Mund mit feuchtem Tuch bedecken
> - Feuerwand vorbeiziehen lassen
> - vorsichtig aussteigen, auf Hilfe warten

Durchfährt der Urlauber ein von Buschbränden betroffenes Gebiet, ist der Anblick für ihn erschreckend und erstaunlich zugleich. Ebenso wie der Australier sind auch die Flora und Fauna Down Unders wahre Stehaufmännchen und zeigen sich nach einer Naturkatastrophe zwar getroffen, aber nicht gebrochen. Wir passierten auf unserer letzten Tour südlich von Perth völlig unerwartet einen Wald, in dem zwei Wochen zuvor ein Feuer gewütet hatte. Obwohl alle Brände gelöscht waren, glühten noch immer einzelne Baumstämme. Der Himmel leuchtete orange, der Boden war aschgrau, die Luft roch nach Rauch. Doch so unheimlich die Atmosphäre war – unsere Stimmung entspannte sich, sobald wir die ersten saftig grünen Grasbüschel entdeckten, die bereits hier und da aus der Erde hervorlugten. Davon einmal abgesehen, brachte der vergangene Buschbrand unsere Schlafplatzplanung für die Nacht durcheinander. Denn der *campground*, den wir uns zuvor ausgesucht hatten, war von den Feuern ebenfalls betroffen und bis auf Weiteres geschlossen. Eine *rest area* kam für uns ebenso nicht in Frage, da die Luft sehr stickig war und uns die Vorstellung, nachts im Nirgendwo zwischen glühenden Bäumen zu schlafen, nicht ganz behagte. So fuhren wir notgedrungen weiter, bis uns wieder üppiges Grün und frische Luft umgab.

Die Natur erholt sich von einem Feuer

Fahren im Winter

Schneefälle treten in Australien meist nur in den alpinen Gegenden zwischen New South Wales und Victoria auf. Wer hier im Winter unterwegs sein möchte, fragt beim Vermieter besser nach Schneeketten. Aber auch in den tiefer liegenden Regionen ist es keine Seltenheit, dass die Temperaturen im Süden des Kontinents nachts unter 0° C fallen und es daher zu Bodenfrost kommt. Glatteis bzw. Blitzeis kennen die Australier also ebenso wie wir – sie nennen es *black ice*.

14. Alltag im Camper

Ein Gefühl von Freiheit bestimmt den Alltag

14. Alltag im Camper

Die ersten Tage bzw. Nächte im Wohnmobil werden sicherlich ungewohnt sein. „Wie ging das nochmal mit dem Bettaufbau?" und „Wo verstauen wir nur unser Gepäck?" sind typische Fragen, die einem Camperurlauber zu Beginn leichtes Kopfzerbrechen bereiten. Erfahrungsgemäß lässt jedoch die Vertrautheit nicht allzu lange auf sich warten und der Alltag im Wohnmobil folgt routinierten Abläufen.

14.1 Gepäck und Ordnung

Eine große Rolle spielt dabei das mitgebrachte Gepäck. Dieses sollte nicht zu üppig ausfallen und vor allem leicht zu verstauen sein. Aufgrund des begrenzten Stauraums im Fahrzeug, gerade in den kleineren Modellen, sind Hartscha-

Das Gepäck lässt sich bestens zwischen den Sitzen verstauen

lenkoffer absolut unpraktisch. Stattdessen eignen sich Reisetaschen oder Rucksäcke, da sich diese hervorragend in freie Lücken knautschen lassen und so keinen Platz wegnehmen bzw. Stolperstelle sind. Aber auch ein weicherer Koffer lässt sich mühelos unterbringen – nämlich auf den Vordersitzen.

Denn der Urlauber wird zumindest in den Vans und Hochdachmodellen nicht drum herum kommen, das Gepäck alltäglich hin und her zu räumen. Während es sich bei der Fahrt im Innenraum befindet, wechselt es spätestens abends den Platz, wenn es an der Zeit ist, die Sitzecke bettfertig zu machen. Dafür lagern wir unsere Koffer bzw. Taschen immer auf den Sitzen in der Fahrerkabine und können so

bei Bedarf vom Innenraum ohne große Verrenkungen nach vorn ins Gepäck greifen. Am Morgen, sobald das Bett wieder abgebaut und das Frühstück verspeist ist, wird der Koffer einfach wieder an seinen angestammten Platz gestellt. *Too easy,* wie der Australier sagt. Kleinere Gegenstände, an die der Reisende häufig auch zwischendurch heran muss, lassen sich hingegen prima in den Fächern und Schränken des Campers verstauen. Mieter eines großen Motorhomes hingegen werden auch für die Unterbringung der Kleidung ausreichend Platz im Fahrzeug finden.

Darüber hinaus sollten Dinge des alltäglichen Bedarfs während des Trips an einem festen Platz verstaut sein, z. B. die Kulturtasche, Spiele, Schreibzeug oder die Taschenlampe. So spart man sich das lästige Suchen in allen Ecken und Winkeln des Fahrzeugs. Denn wer spätestens nachts auf einer *rest area* auf die Toilette muss und vergessen hat, wo die Stirnlampe liegt, wird das Durcheinander verfluchen. Bestimmte Sache wie Reisebro-

Ordnung ist das halbe Leben – auch im Camper

schüren, Sonnenbrille oder auch Ladekabel gehören in die Fahrerkabine, da der Urlauber diese tendenziell eher während der Fahrt benötigt als im Standmodus.

Auch wenn Putzen sicherlich nicht zu den Lieblingsbeschäftigungen während des Urlaubs zählt, bringt der Alltag in einem Wohnmobil eine gewisse Unordnung mit sich. So ist es immer wieder erstaunlich, wie viel Müll sich allein durch Verpackungen innerhalb kürzester Zeit ansammelt. Da im Camper kein großer Mülleimer vorhanden ist, sollte der Abfall besser täglich auf der *rest area* oder dem Campingplatz entsorgt werden. So lassen sich vor allem üble Gerüche, die sich in der Enge eines Campers schnell einnisten, vermeiden. Ebenso ist es ratsam, das benutze Geschirr vor jeder Weiterfahrt zu reinigen. Andernfalls klappert dieses während der Fahrt in der Spüle hin und her oder fällt ggf. bei einer scharfen Bremsung heraus. Handelt es sich dabei nicht um Plastikgeschirr, ist beim nächsten Stopp erst einmal ein Scherbenhaufen zu beseitigen.

Und schließlich schadet es nicht, das Wohnmobil ab und an auszufegen. Wer besonders oft am Strand unterwegs ist, wird staunen, wie schnell sich Sand im Fahrzeug breit machen kann. Im undankbaren Fall von Dauerregen kann es in einem Wohnmobil mitunter nicht nur schnell dreckig, sondern auch ungemütlich werden. Klamme Kleidung trocknet nur schwer und riecht bekanntermaßen muffig. Wenn

Auch ein Camper muss mal unter die Dusche

möglich, sollte der Selbstfahrer in diesem Fall nicht nur regelmäßig zum Handfeger greifen, sondern auch einen Trockner in der Nähe in Anspruch nehmen.

Auch wenn es nicht zu den Pflichten eines Mieters gehört, mit dem Wohnmobil durch eine Waschanlage zu fahren, bleibt einem manchmal nichts anderes übrig. Aufgrund einer Baustelle fuhren wir einmal über mehrere Kilometer auf unbefestigter Straße. Unser strahlend weißer Camper hatte anschließend eine wunderbar rote Schlammverzierung, die sich mit jedem Ein- und Ausstieg auf meiner Kleidung breit machte. Im nächsten Ort gönnten wir daher unserem Wohnmobil eine Waschkur, die nur wenige Dollar kostete.

14.2 Tägliche Routine

Gerade in den ersten Tagen wird der tägliche Morgen bzw. Abend noch etwas holprig verlaufen. Die Wege im Camper sind zunächst ungewohnt, die Ausstattung und Funktionen noch nicht ganz vertraut. Selbst in einem großen Motorhome findet das Leben plötzlich auf deutlich kleinerem Raum statt. Daran muss sich auch die körperliche Motorik mitunter erst einmal gewöhnen, allen voran

Das Wohnmobil im Nachtmodus

beim Auf- und Abbau des Bettes. Doch spätestens nach zwei Tagen wissen die Hände ganz genau, was sie zu tun haben und die Zuständigkeiten sind fest verteilt.

Am ersten Miettag ist es ratsam, den Stellplatz für die Nacht noch bei Tageslicht zu erreichen, damit der erstmalige Umbau nicht im Dunkeln bei minimalem Licht stattfindet. Morgens bauen wir das Bett grundsätzlich wieder in die Sitzecke zurück, um dort vor allem abends gemütlich zu sitzen und den kommenden Tag zu planen bzw. Karten zu spielen oder Postkarten zu schreiben. Es gibt aber auch Mieter, die es beim Bett belassen und während des Tages alles darunter bzw. darauf verstauen. Hier muss wohl jeder Reisende sein eigenes Komfortlevel finden.

Einer Routine bedarf es ebenso bei der alltäglichen Stellplatz-Organisation. Der *road trip* bringt es mit sich, dass der Urlauber meist jede Nacht an einem anderen Ort verbringt und damit immer wieder aufs Neue „Wurzeln schlagen" muss, wenn auch nur für kurze Zeit.

Checkliste abends – Am Stellplatz angekommen
- Camper an den Strom anschließen, falls vorhanden
- Umgebungen erkunden, solange es noch hell ist
- Gasflasche aufdrehen und ein leckeres Essen kochen
- bei Bedarf Wäsche waschen
- Gepäck verstauen
- Bett aufbauen
- Gasflasche zudrehen, Lichter ausschalten

Ein ähnlicher Rhythmus pendelt sich für den Morgen danach ein, wenn es heißt, den Camper für die Weiterfahrt startklar zu machen.

Wasser lässt sich auf jedem Campingplatz nachfüllen

Checkliste morgens – Den Stellplatz verlassen
Innen
- Betten abbauen, Bettwäsche verstauen
- Abwasch machen, Spüle leeren
- Türen und Schubfächer fest verschließen
- Kühlschrank fest verschließen
- Geschirr und Zubehör sicher verstauen
- Gardinen zurückziehen
- Fenster schließen
- Wasserpumpe ausschalten
- Müll entsorgen

- Wassererhitzer, Klimaanlage, Ofen ausschalten
- TV-Monitor einfahren

Außen
- ggf. Markise und Außentreppe einfahren
- falls zuvor geöffnet, Gasflasche wieder zudrehen
- Wassertanks auffüllen
- Abwassertanks leeren
- Wasserschlauch und Stromkabel abziehen
- Campingstühle und Tisch verstauen
- ggf. Heckklappe schließen
- ggf. Hebeböcke anheben
- Gepäck sicher verstauen
- Öl- und Kühlwasserstand kontrollieren
- Reifendruck kontrollieren

Fahrerkabine
- Straßenkarten/GPS parat
- Getränke auffüllen, Snacks einpacken
- Geldbörse, Führerschein, Ausweis verstauen
- Smartphone, Kamera am Mann und aufgeladen
- Sonnenbrillen dabei
- Windschutzscheibe prüfen und ggf. reinigen
- Tankanzeige kontrollieren

Je nach gewähltem Fahrzeugmodell ist eine regelmäßige Leerung der Abwassertanks erforderlich. Diese dürfen nur an dafür eingerichteten *waste points* oder

Dump Point **zur Abwasserentleerung**

dump points erfolgen, die sich auf den Campingplätzen bzw. auf größeren *rest areas* befinden. Das Abwasser der Toilette, das sogenannte *black water*, sammelt sich meist in einer separaten Kassette, wie man es von einer chemischen Bio-Toilette kennt. Für die Leerung nimmt der Reisende den Kanister heraus und kippt den Inhalt in die dafür vorgesehene Abwasseröffnung des *dump point*. Anschließend wird die Kassette von innen sowie außen durchgespült und mit ein wenig Wasser inkl. Reinigungstablette aufgefüllt. Um den Abwassertank, den *grey water tank*, von Spüle und Dusche zu leeren, verbindet der Mieter diesen mittels eines im Camper vorhandenen Schlauchs mit der dafür vorgesehen Öffnung des *waste point*. Mit jedem Auffüllen des Frischwassertanks sollte auch der Abwassertank geleert werden.

14.3 Kochen im Camper

Zugegeben – die Küchenzeile eines Campers bietet nicht allzu viel Entfaltungs-möglichkeiten, um darin ein sterneverdächtiges Gänge-Menü zuzubereiten, wenngleich die Ausstattung der Motorhomes dem verdächtig nahe kommt. Mit der Größe des Wohnmobils steigt nicht nur das Fassungsvermögen des Kühl-schranks, sondern auch die Anzahl der Herdplatten und damit die Möglichkei-ten, auf dem Teller allabendlich für Abwechslung zu sorgen. Töpfe, Pfannen & Co. sind in ausreichender Menge vorhanden, um Pasta oder Hähnchenbrust zu servieren, je nachdem, wie viel Freude der Mieter am Kochen hat. Anderen hin-gegen vergeht bei 40 Grad Außentemperatur jeglicher Geschmack auf warme Hausmannskost. Sie bevorzugen stattdessen leichtes Essen wie Salate oder Sand-wichs. Dem kulinarischen Genuss sind in einem Mietcamper jedenfalls (fast) keine Grenzen gesetzt. Wem die eigene Wohnmobilküche zu eng wird, der kann auf die Gemeinschaftsküchen der Campingplätze oder an die öffentlichen Grill-plätze ausweichen. Ein saftiges Steak schmeckt eh besser, wenn es von einem *barbie* und nicht aus einer Pfanne kommt.

> TIPP: Kochen bei offenem Fenster
> Wer im Camper kocht, sollte währenddessen unbedingt für frische Luft sor-gen. So werden nicht nur üble Essensgerüche vertrieben – auch eventuelle Gasrückstände verflüchtigen sich.

Da mein Mann und ich auf unseren Campingtrips zu den eher mäßig engagierten Köchen gehören, möchte ich mir an die-ser Stelle nicht anmaßen, leckere Camping-Rezepte aufzuführen. In dieser Hinsicht bieten die zahlreichen Onlineportale Ab-hilfe, auf denen erfahrene Cam-per ihre eigenen Kochempfeh-lungen weitergeben. Auch die

Die Küchen in den Wohnmobilen sind bestens ausgestattet

Vermieter oder Campingplatzbetreiber stellen auf ihren Seiten oder gar in Büchern Kochvorschläge zur Verfügung. Wer nach abwechslungsreichen Campergerichten Ausschau hält, wird im Internet auf jeden Fall fündig.

Während wir in der heimischen Küche durchaus gerne den Kochlöffel schwin-gen, halten wir es auf unseren *road trips* eher bescheiden. Zum Frühstück gibt es meist Müsli oder Toast, manchmal gesellt sich noch Rührei oder Bacon hinzu. Als Wachmacher dienen Tee oder Instant-Kaffee, dessen Geschmack je nach Gelin-

Grüne Snacks sollten bei einer Campertour nicht fehlen

gen der Dosierung durchaus lecker sein kann. Leider gibt es in einem Camper keinen Kaffeevollautomaten. Die Auswahl an Teesorten in den Supermärkten beschränkt sich übrigens typisch britisch weitestgehend auf schwarzen und grünen Tee. Nach deutschen Klassikern wie Pfefferminz- oder Hagebuttentee sucht der Urlauber mitunter vergebens.

> **TIPP: Toast ohne Toaster**
> Wer am Morgen nicht auf seinen knusprigen Toast verzichten möchte und keinen Toaster zur Verfügung hat, hält seine Brotscheibe einfach für einige Zeit über die offene Gasflamme des Camperherdes. Der Geschmack erinnert zwar an ein rauchiges Grillaroma, aber schmecken tut es trotzdem.

Zum Lunch eignen sich wunderbar selbstgemachte Wraps oder Sandwichs. Die Zubereitung ist herrlich einfach: Salatmischung, Käse, Thunfisch oder Geflügel und ein Schuss Barbecue-Sauce – fertig ist der Snack für zwischendurch. Wer es

Wraps sind ein guter Lunchsnack

typisch australisch mag, garniert sein Sandwich zusätzlich mit Rote Beete. Australier lieben die knallig rote Knolle, am liebsten in Essig eingelegt. Alternativ zur eigenen Zubereitung bieten die Cafés und Tankstellen bzw. *roadhouses* entlang der Strecke leckere einheimische Snacks wie *toasted sandwichs*, *meat pies*, *dim sims* oder *sausage rolls*. Wenngleich man sich über den Nährwert, Geschmack und Hang, alles mit Teig zu ummanteln, streiten kann, gehören diese Happen doch irgendwie zu einer Selbstfahrerreise dazu und sollten unbedingt einmal ausprobiert werden. Natürlich gibt es Down Under ebenso die bekannten Fast-Food-Ketten, bei denen Reisende auch entlang deutscher Autobahnen gerne Pause machen. In Australien sind sie ungleich verlockender, da sie ihren Gästen kostenloses WLAN anbieten. Nicht selten sieht man dort vor allem junge Urlauber mit ihren Laptops oder Tablets sitzen und hinauszögernd eine Cola schlürfen. Übrigens: McDonalds heißt in Australien Maccas, Burger King ist Hungry Jacks.

TIPP: Typische Aussie *road trip* Snacks

- Tim Tam's: einheimische Keks-Ikone mit Schokoladenüberzug und verschiedensten Füllungen, u. a. Schwarzwälder Kirsch
- Anzac Cookies: Keks aus Haferflocken, mit jeder Menge Butter und Sirup vermengt
- Shapes: würziger Cracker mit verschiedenen Geschmacksrichtungen, z. B. Chicken Flavour oder Pizza
- Lamingtons: Biskuitkuchen, in Schokoladensauce und Kokosraspeln gewälzt
- Sausage Roll: Blätterteigrolle mit zerriebener Wurstfüllung
- Meat Pie: Teigtasche, gefüllt mit Hackfleisch, Hähnchen oder auch Gemüse
- Dim Sims: Teigknödel mit Fleisch- oder Gemüsefüllung, frittiert oder gedämpft
- Vegemite: Brotaufstrich aus Hefeextrakt, geliebt oder gehasst
- Fish & Chips: Pommes mit Fisch, häufig ganzes Filet statt kleiner Stückchen
- Damper: Brot aus Weizenmehl, Wasser und Salz, über dem Lagerfeuer aufgebacken

---

Die etwas gesünderen Snack-Varianten im Vergleich zu Süßigkeiten oder frittierten Bissen sind sicherlich Müsliriegel, Trockenfrüchte, Nüsse oder auch geschnittenes Gemüse mit Dip. Diese lassen sich ohne Probleme auch während der Fahrt essen und besänftigen das leichte Bauchknurren zwischendurch.

Wer abends nicht unbedingt kochen möchte oder die Nase voll von Nudeln hat, gönnt sich den Besuch eines Restaurants oder Pubs. Letztere sind im Vergleich zu den Res-

Absolut beliebter Snack – Tim Tam's

Ein *barbie* gehört einfach zum Campen mit dazu

taurants günstiger und bieten die etwas urige Atmosphäre sowie oft auch ein tolles Fotomotiv. Das Essen wird in der Regel direkt am Tresen bestellt, bezahlt und auch selbst abgeholt, genauso wie die Getränke. Das Trinkgeld kann der Urlauber hier getrost sparen. Auf jeder Speisekarte eines Pubs stehen Steak und Chicken Parmigiana, ein paniertes Schnitzel mit Schinken, Tomatensauce und Käse überbacken. Für Fleischliebhaber ist kein Australien-Trip komplett, ohne eines der typischen Pub-Gerichte probiert zu haben.

> *bush food*
> Ganz andere kulinarische Genüsse bietet das sogenannte *bush tucker* – pflanzliche oder tierische Nahrungsmittel, die seit jeher von den Aborigines verzehrt werden und allmählich fester Bestandteil der australischen Küche geworden sind. Dazu gehören neben den Macadamianüssen auch Honigameisen oder Witchetty-Maden.

14.4 Budget-Planung

Die vorangegangenen Kapitel behandelten mit Themen wie der Reisezeit, dem Campertyp, dem Einkauf, der Übernachtung oder dem Tanken bereits wesentliche Kostenfaktoren einer Selbstfahrerreise in Australien. Um dem Urlauber die anfallenden Kosten etwas konkreter vor Augen zu führen, ist nachfolgend beispielhaft ein Budget aufgestellt, basierend auf Durchschnittswerten.

Grundlage des Budget-Beispiels ist die Miete eines Britz Hitop Campervans für 30 Tage, Abholung Mitte Oktober in Melbourne, Abgabe Mitte November in Brisbane, 2 Personen

Budget-Beispiel	Kostenfaktoren	Kosten in AUD
Camper		
Mietkosten	100 AUD/Tag	3000
Versicherung	45 AUD/Tag	1350
Extras	Extra-Fahrer, Campingstühle	320
Einweggebühr		165
Benzin	1,30 AUD/l 70-l-Tank, 13 l/100 km, Strecke 1700 km	350
Übernachtung	Durchschnittlich 25 AUD/Nacht Mix aus Campingplatz, *rest area*, Nationalparks	750
Sonstiges		
Mautgebühren	Melbourne, Sydney, Brisbane	30
Verpflegung	30 AUD/Tag (2 Personen)	900
		6855

Im Budget nicht berücksichtigt sind u. a. eventuelle Preisvergünstigen durch Campervermittler bei Vorabbuchung, die Kosten für den Hin- und Rückflug, die Wahrnehmung touristischer Angebote oder eventuelle Einsparungen vor Ort, z. B. durch Benzin-Gutscheine etc.

14.5 Camping-Etikette

Australiern eilt der Ruf voraus, überaus gastfreundlich und hilfsbereit zu sein – zu Recht, wie gerade Selbstfahrer feststellen werden. Egal, ob man mit plattem Reifen am Straßenrand steht oder auf dem Campingplatz nach weniger bekannten Attraktionen fragt – die Aussies sind äußerst zuvorkommend und teilen nur zu gerne ihre Erfahrungen und Geschichten, gerade wenn es um das Thema Campen geht. Ebenso gespannt lauschen sie wiederum den Erlebnissen des Urlaubers und sind immer wieder überrascht, welche Ecken dieser bereits entdeckt hat.

Umso wichtiger ist es, dass man sich stets bewusst ist, nur Gast in diesem Land zu sein. *Wild camping* hat erste feine Risse im Verhältnis zwischen Australiern und

Respect the locals – man ist schließlich nur Gast in Australien

fahrenden Touristen aufgezeigt, wenngleich daran die Backpacker eine wesentliche Mitschuld tragen.

Während einer Wohnmobilreise sollte sich der Urlauber also stets an die offensichtlichen sowie ungeschriebenen Campingregeln halten, um die Herzlichkeit und Gastfreundlichkeit der Australier nicht unnötig zu strapazieren. Dazu bedarf es nicht mehr als eines gesunden Menschenverstands und respektvollen Miteinanders.

Respektvolles Camping

- *No camping-* oder *no overnight stay-*Schilder weisen auf Plätze hin, an denen nicht übernachtet werden soll und darf.

- Das Aufschlagen des Nachtlagers inmitten eines Wohngebietes ist ebenfalls untersagt. Dieses Gebiet ist Rückzugsort für Anwohner und nicht für Touristen.

- Beim *freedom camping* ist der Stellplatz nur für kurze Zeit in Anspruch zu nehmen und nicht als permanenter Schlafplatz zu nutzen.

- Ohne Erlaubnis darf kein Privatgrundstück betreten werden.

- Öffentliche Toiletten sollten nicht als privater Waschsalon für Körper oder Kleidung umfunktioniert werden.

- Beim Verlassen des Stellplatzes sind keine Spuren zu hinterlassen.

- Auf andere Stellplatz-Nachbarn ist Rücksicht zu nehmen.

- Gemeinschaftlich genutzte Anlagen wie der Grill oder die Campingplatzküche sind nach eigener Nutzung zu reinigen.

Nachhaltiges Camping

- Beim Campen im Outback oder in den Nationalparks ist Rücksicht auf die Natur zu nehmen. Es sollte nur auf ausgewiesenen Stellplätzen übernachtet werden, um weder Boden noch Pflanzen zu beschädigen.

- Ist kein WC in der Nähe, sind die Hinterlassenschaften mindestens 100 Meter vom Stellplatz und einer eventuellen Wasserstelle entfernt sowie ca. 15 Zentimeter tief zu begraben und mit Erde zu bedecken.

- Geschirr ist möglichst nicht in Wasserläufen oder im See zu reinigen. Andernfalls ist für die Mitnahme biologisch abbaubarer Reinigungsmittel zu sorgen.

- *Leave no trace*: Jeglicher Müll ist mitzunehmen bzw. ordnungsgemäß zu entsorgen. Essen oder sonstige Reste dürfen nicht in der Erde vergraben werden, da Tiere diese wieder ausgraben könnten.

- Wilde Tiere sollten weder gefüttert noch gestreichelt werden, da sie sich sonst an die Zufütterung gewöhnen oder von den Lebensmitteln krank werden könnten.

Sicheres Camping

- Befestigte bzw. ausgewiesene Straßen sind möglichst nicht zu verlassen, um die Wildnis zu schützen. Auch ist die Gefahr so gering, sich zu verirren bzw. in unwegsamem Gelände stecken zu bleiben.

- Straßensperrungen sind strikt zu befolgen.

- Reißende Wasserläufe sollten nicht durchquert werden.

- Bei einem nahenden Buschfeuer ist möglichst auf eine alternative Route auszuweichen oder umzukehren.

- Zu Zeiten erhöhter Waldbrandgefahr sind eventuelle *fire bans* zu befolgen. Im Fall eines offenen Feuers ist dieses klein und kontrollierbar zu halten. Nur am Boden liegendes, abgestorbenes Brennholz sollte dafür verwendet werden. Anschließend ist das Feuer vollständig mit Wasser oder Erde zu löschen.

- Nachtfahrten sollten besser aus Rücksicht auf Wildwechsel vermieden werden.

Teil 4
Die Route – Auf ins Vergnügen

Endlose Weiten voraus – fehlender Gegenverkehr lässt tolle Fotomotive zu

In Australien reiht sich eine *scenic route* an die nächste, an jedem drittem Kreisverkehr ist ein neuer *tourist drive* ausgeschildert. Der Selbstfahrer hat die Qual der Wahl, auf welcher Panoramastrecke er Down Under entlang touren möchte. In den meisten Fälle verlangt es die verfügbare Zeit, sich auf einige wenige davon zu konzentrieren. Die immense Fläche von 7,69 Mio. Quadratkilometer lässt eine Erkundung querfeldein kaum zu, es sei denn, man ist mehrere Monate unterwegs. Doch wer einmal in Australien war, kommt meistens wieder. Insofern kann der Urlauber zunächst getrost die Ostküste erkunden und sich einfach beim zweiten Besuch die Westküste vornehmen.

Eine beeindruckende Kulisse bieten die Themenrouten allesamt. Einige davon stechen allerdings besonders hervor – unter ihnen natürlich die Great Ocean Road. Sucht man in der Reiseliteratur nach den schönsten *road trips* der Welt, taucht die legendäre Küstenstraße in Victoria mit absoluter Sicherheit in der Liste auf. Wer also in Melbourne aufbricht, ist geradezu verpflichtet, einmal auf ihr entlang zu fahren, selbst wenn er eigentlich in die entgegengesetzte Richtung nach Sydney unterwegs ist. Auch andere Strecken auf dem Fünften Kontinent bieten beim Blick aus dem Fenster reichlich Spektakel, wie die Great Alpine Road in den Victorian Alps. Als höchst gelegene und das ganze Jahr über passierbare Straße verspricht sie ein Bergpanorama, das der Reisende so vielleicht nicht von Australien erwartet. Andere Routen hingegen bestätigen die Vorstellung von der großen Leere des Outback. So durchquert der Fahrer auf dem Eyre Highway die berüchtigte, trostlose Nullarbor-Ebene und tourt zugleich auf dem längsten geradlinigen Streckenabschnitt Australiens: Ganze 145,6 Kilometer ziehen ohne eine einzige Kurve im Straßenverlauf vorbei. Für Offroad-Fahrer hingegen ist die Bezwingung der Gibb River Road erklärtes Fahrziel.

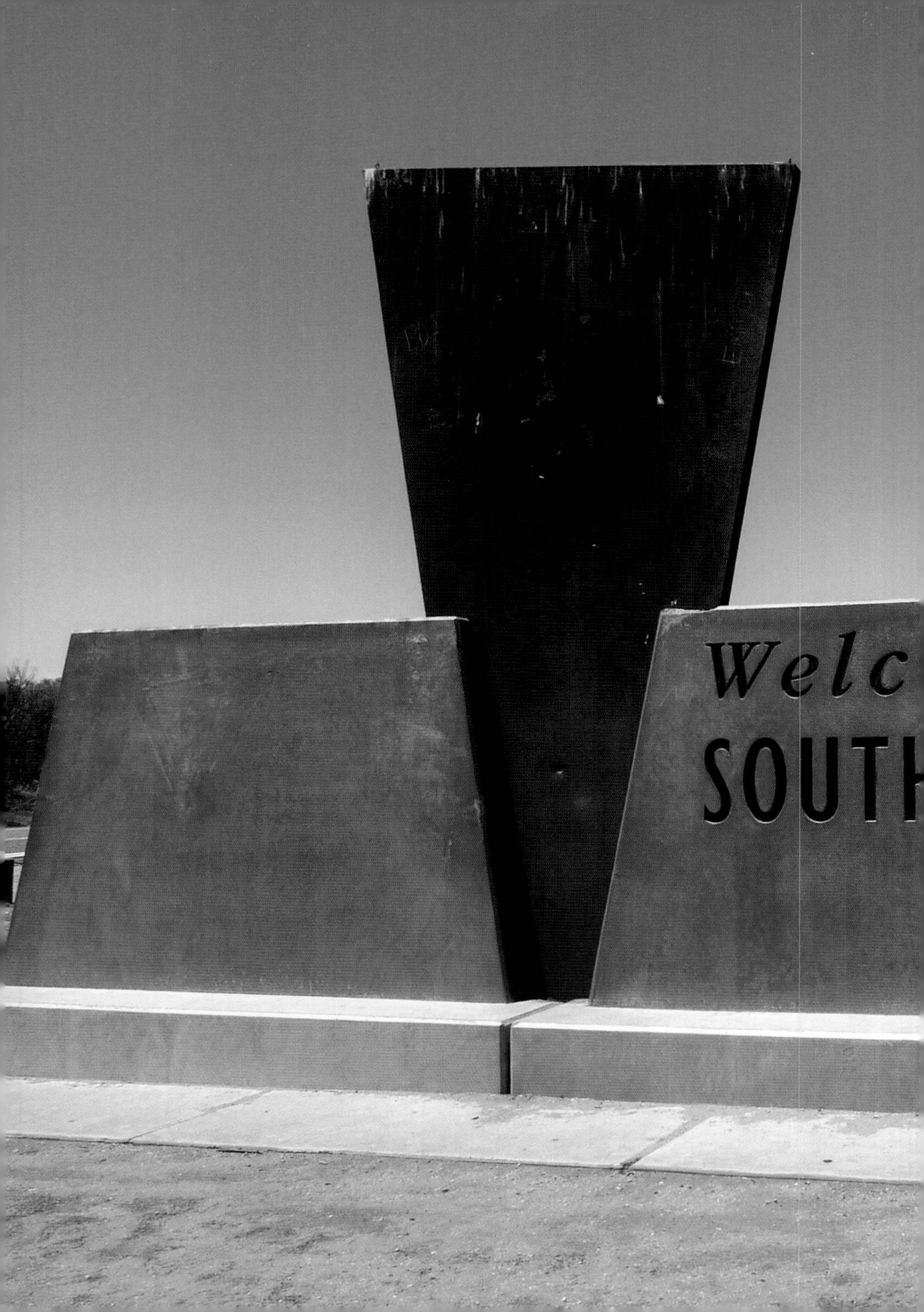
Welc
SOUTH

15. Klassische Routen

Der Stuart Highway verbindet das Northern Territory mit South Australia

15. Klassische Routen

Im Folgenden sind die beliebtesten Selbstfahrerstrecken Australiens kurz aufgeführt. Auf den Websites und in den Broschüren der Fremdenverkehrsämter findet der Reisende dazu detaillierte Routenvorschläge, die nach Regionen oder auch Themen unterschieden sind. Seien es Trips, die den kulinarischen Genüssen der Urlauber folgend durch Weingebiete führen oder entlang der Goldfields der Vergangenheit Australiens auf der Spur sind – langweilig wird es auf den Straßen Down Unders sicherlich nicht.

Routen, die eine spektakuläre Aussicht versprechen

- Captain Cook Highway, QLD – kurvenreiche Küstenstraße zwischen Cairns und Mossman mit der Aussicht auf Regenwald und Great Barrier Reef
- Grand Pacific Drive, Sea Cliff Bridge, NSW – 665 m langes, übers Meer hinausragendes Fahrvergnügen zwischen Sydney und Wollongong
- Great Eastern Highway, WA – ab Merredin immer tiefer ins Outback hinein mit nur einem steten Begleiter, der Wasser-Pipeline nach Kalgoorlie
- Great Ocean Road, VIC – malerische Strandkulisse geht über in eine raue Steilküsten-Szenerie
- Chester Pass Road, WA – durch den Stirling Range National Park hindurch, im Angesicht des Bluff Knoll-Gipfels
- West Coast Wilderness Way, TAS – umgeben von der rauen, zerklüfteten Natur des UNESCO-Welterbes

15.1 Die Ostküste

Die Ostküste Australiens ist mit Abstand die beliebteste Region für Selbstfahrertouren – zumindest für Erstbesucher. Zwischen Sydney und Cairns jagt ein touristisches Highlight das Nächste, seien es paradiesische Traumstrände, idyllische Städte oder eine aufregende Unterwasserwelt. Längere Zeiten am Stück fährt der Urlauber hier selten – dafür passiert zu viel entlang der Strecke. Innerhalb kurzer Zeit bekommt der Selbstfahrer an der Ostküste sozusagen am meisten geboten. Dafür teilt er sich jedoch die Straße mit zahlreichen Gleichgesinnten.

Pacific Coast Touring Route, New South Wales
Zwischen Harbour und Story Bridge
Streckenverlauf: Sydney – Central Coast – Hunter Valley – Port Macquarie – Coffs Harbour – Byron Bay – Gold Coast – Brisbane
Streckenlänge: 1001 km
Empfohlene Reisedauer: 6-7 Tage

Streckenhighlights:
- Hunter Valley
- Port Stephens
- Port Macquarie
- Kempsey
- Dorrigo National Park, Waterfall Way
- Byron Bay
- Mt. Warning
- Gold Coast
- Lamington National Park, Tamborine National Park, Springbrook National Park

Pacific Coast Touring Route, Queensland

Regenwald trifft auf Korallenriff

Streckenverlauf: Brisbane – Fraser Island – Bundaberg – Rockhampton – Mackay – Townsville – Cairns
Streckenlänge: 1784 km
Empfohlene Reisedauer: 10 Tage

Streckenhighlights:
- Glass House Mountains
- Moreton Island, North Stradbroke Island
- Sunshine Coast
- Fraser Island
- Hervey Bay
- Bundaberg
- Agnes Waters/Town of 1770
- Whitsunday Islands
- Magnetic Island
- Mission Beach
- Great Barrier Reef

Great Tropical Drive, Queensland (z. T. 4WD)

Jenseits von Cairns

Streckenverlauf: Cairns – Port Douglas – Cooktown – Mareeba – Charters Towers – Townsville – Cairns
Streckenlänge: 1529 km
Empfohlene Reisedauer: 13 Tage

Streckenhighlights:
- Port Douglas
- Mossman Gorge

- Daintree Rainforest
- Cape Tribulation
- Atherton Tablelands
- Undara Volcanic National Park
- Innot Hot Springs
- Charters Towers
- Mission Beach
- Great Barrier Reef

Im tropischen Norden zwischen Regenwald und Ozean

Weiterführende Infos unter:

- www.grandpacificdrive.com.au
- www.pacificcoast.com.au
- www.visitnsw.com/things-to-do/drives-and-road-trips
- www.queensland.com/en-my/plan-your-trip/holiday-type/driving-holidays
- www.drivenorthqueensland.com.au

15.2 Die Südostküste

Die dicht besiedelte Region zwischen Adelaide, Melbourne und Sydney ist auf übersichtlicher Größe besonderes facettenreich. Schillernde Metropolen, üppige Regen- und Eukalyptuswälder, kilometerlange Sandstrände und imposante Gebirgszüge bilden die Kulisse eines abwechslungsreichen *road trips*, für den auch wenige Tage ausreichen.

Sydney-Melbourne Coastel Drive, New South Wales & Victoria

Der Blockbuster unter den *road trips*

Streckenverlauf: Sydney – Nowra – Batemans Bay – Eden – Lakes Entrance – Foster – Phillip Island – Melbourne

Streckenlänge: 1384 km

Empfohlene Reisedauer: 7 Tage

Streckenhighlights:
- Royal National Park
- Sea Cliff Bridge
- Blowhole, Kiama
- Hyams Beach, Jervis Bay
- Pebbly Beach, Murramarang National Park
- Ben Boyd National Park
- Mallacoota
- Gippsland Lakes
- Wilson Promontory National Park
- Penguin Parade, Phillip Island
- Mornington Peninsula

Das Highlight aller Küstenstraßen – die Great Ocean Road

15. Klassische Routen

Great Southern Touring Route, Victoria
Victoria im Querschnitt
Streckenverlauf: Melbourne – Geelong – Port Fairy – Halls Gap – Ballarat – Melbourne
Streckenlänge: 842 km
Empfohlene Reisedauer: 5 Tage

Streckenhighlights:
- Bells Beach, Torquay
- Otway National Park, Cape Otway Lighthouse
- Shipwreck Coast
- Twelve Apostles, Loch Ard Gorge
- Grampians National Park
- Goldfields: Ararat, Ballarat
- Daylesford

Great Alpine Road, Victoria
Der Gipfelstürmer unter den Routen
Streckenverlauf: Wangaratta – Bright – Omeo – Metung
Streckenlänge: 339 km
Empfohlene Reisedauer: 3 Tage

Streckenhighlights:
- Mount Buffalo National Park
- Alpine National Park
- Victorian High Country
- Mount Hotham, Mount Beauty, Bogong und Falls Creek
- Gippsland Lakes, Ninety Mile Beach

Southern Ocean Drive, Victoria & South Australia
Unterwegs auf der Great Ocean Road
Streckenverlauf: Melbourne – Geelong – Warnambool – Robe – Victor Harbor – Adelaide
Streckenlänge: 1000 km
Empfohlene Reisedauer: 5 Tage

Streckenhighlights:
- Great Otway National Park, Cape Otway Lighthouse
- Twelve Apostels, Loch Ard Gorge
- Cape Nelson State Park, Cape Bridewater
- Mt. Gambier
- Blue Lake

- Naracoorte Caves National Park
- Coorong National Park
- Fleurieu Peninsula

Weiterführende Infos unter:
- www.sydneymelbournetouring.com.au
- www.visitvictoria.com/Things-to-do/Touring-routes
- www.southaustralia.com/de-de/travel-experiences/
  experience-category-1
- www.roadtrips.southaustralia.com
- www.greatsoutherntouring.com.au

15.3 Das Red Centre

Der Anblick des Uluru im Sonnenauf- oder untergang gehört zu den Highlights eines Australienbesuchs. Allerdings liegt die heilige Stätte der Aborigines tausende Kilometer weit weg von den großen Metropolen der Küste. Während der Fahrer ins tiefste Outback des Kontinents vorstößt, laufen die Kilometer auf dem Tacho nur so dahin. Belohnt wird er mit einer atemberaubenden Szenerie und dem Gefühl, mit sich und der Welt allein zu sein.

Explorers Way, South Australia & Northern Territory (z. T. 4WD)
Ab durch die Mitte
Streckenverlauf: Adelaide – Coober Pedy – Alice Springs – Tennant Creek – Katherine – Darwin
Streckenlänge: 4405 km
Empfohlene Reisedauer: 14 Tage

Streckenhighlights:
- Flinders Ranges National Park
- Coober Pedy
- Painted Desert
- Uluru-Kata Tjuta National Park
- Kings Canyon
- Alice Springs
- Devils Marbles
- Daly Waters Historic Pub
- Nitmiluk National Park, Katherine Gorge
- Mataranka Hot Springs
- Adelaide River

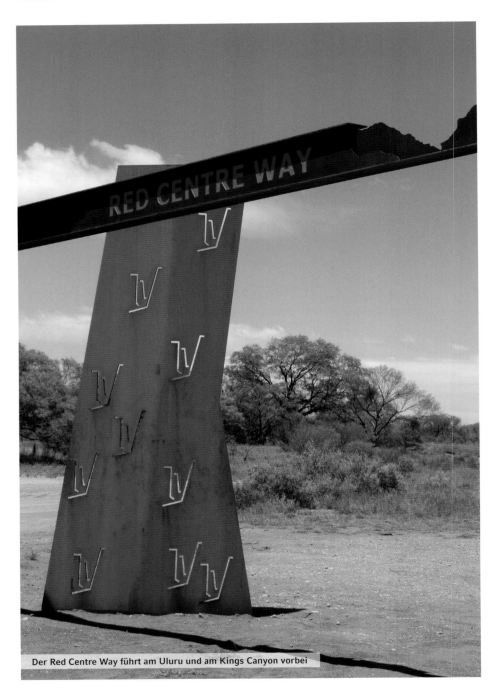

Der Red Centre Way führt am Uluru und am Kings Canyon vorbei

Im Herzen des Kontinents
Streckenverlauf: Alice Springs – West MacDonnell Ranges – Glen Helen – Watarrka National Park – Uluru-Kata Tjuta National Park – Alice Springs
Streckenlänge: 1135 km
Empfohlene Reisedauer: 5-7 Tage

Streckenhighlights:
- Serpentine Gorge, Glen Helen Gorge
- Finke National Park
- Palm Valley
- Tnorala (Gosse Bluff)
- Kings Canyon
- Uluru, Kata-Tjuta
- Rainbow Valley

Weiterführende Infos unter:
- www.southaustralia.com/de-de/travel-experiences/experience-category-1
- www.roadtrips.southaustralia.com
- www.travelnt.com/en/things-to-do/self-drive-touring

15.4 Das Top End

Richtung Darwin zieht es nur die wenigsten Campingurlauber – zu stark ist die touristische Konkurrenz im Süden bzw. an der Ostküste. Dabei bietet das Top End gerade mit dem Kakadu National Park, dem größten Nationalpark des Kontinents, eine beeindruckende landschaftliche und kulturelle Sehenswürdigkeit. Hier oben eilt der Selbstfahrer weniger von einer Attraktion zur nächsten, sondern lässt vielmehr das große Ganze auf sich wirken.

Unter Krokodilen und Wasserfällen
Streckenverlauf: Darwin – Kakadu National Park – Pine Creek – Litchfield National Park – Darwin
Streckenlänge: 1125 km
Empfohlene Reisedauer: 5 Tage

Streckenhighlights:
- Mary River National Park

- Twin Falls, Jim Jim Falls
- Ubirr Rock, Nourlangie Rock
- Katherine Gorge, Edith Falls
- Cutta Cutta Caves Nature Park
- Magnetic Termite Mounds
- Florence Falls, Tolmer Falls, Wangi Falls
- Adelaide River

Welcome
to the
Aboriginal Lands
of
Kakadu National Park

Der Kakadu National Park ist UNESCO Welterbe

Savannah Way, Queensland, Northern Territory, Western Australia
(z. T. 4WD)
Auf gesamter Länge von Ost nach West
Streckenverlauf: Cairns – Burketown – Katherine – Kununurra – Broome
Streckenlänge: 3700 km
Empfohlene Reisedauer: 30 Tage

Streckenhighlights:
- Atherton Tablelands
- Barron Gorge National Park
- Caranbirini Conservation Reserve
- Lost City
- Katherine Gorge, Edith Falls
- Gregory National Park
- Timber Creek

- Keep River National Park
- Lake Argyle
- Purnululu National Park
- Halls Creek
- Wolfe Creek Crater

Weiterführende Infos unter:
- www.australiasoutback.de/de-DE/Aktivitäten/Touren/Selbstfahrer.aspx
- www.tourismtopend.com.au/naturesway
- www.savannahway.com.au

15.5 Die Westküste

Die Westküste steht auf dem Plan vieler, die ein zweites Mal nach Australien reisen. Der größte Bundesstaat Down Under bietet das volle Kontrastprogramm zum Rest des Landes. Fernab der Touristenströme ist der Urlauber hier noch unter sich. Die endlosen Straßen teilt er beinahe ausschließlich mit Kängurus, ebenso wie die Strände und Nationalparks. Nachts verliert er sich nicht in den Straßenfluchten der Städte, sondern im Anblick der Milchstraße in einer pechschwarzen Nacht.

Indian Ocean Drive, Western Australia (z. T. 4WD)
Outback trifft Ozean
Streckenverlauf: Perth – Geraldton – Carnarvon – Shark Bay – Exmouth – Broome
Streckenlänge: 3400 km
Empfohlene Reisedauer: 16-18 Tage

Streckenhighlights:
- Nambung National Park, Pinnacles
- Kalbarri National Park
- Hamelin Pool
- Shark Bay
- Monkey Mia
- Ningaloo Reef
- Cape Range National Park
- Mt. Augustus
- Karijini National Park
- Eighty Mile Beach

Southwest & Golden Outback, Western Australia (z. T. 4WD)

Schöner geht nimmer

Streckenverlauf: Perth – Kalgoorlie-Boulder – Esperance – Albany – Margaret River – Perth

Streckenlänge: 2480 km

Empfohlene Reisedauer: 12 Tage

Streckenhighlights:

- Wave Rock
- Lake Ballard
- Kalgoorlie-Boulder
- Cape Le Grand National Park
- Fitzgerald River National Park
- Stirling Range National Park
- Valley of the Giants
- Elephant Rocks, Green Pool
- Gloucester Tree, Bicentennial Tree
- Leeuwin-Naturaliste National Park
- Caves Road: Jewel Cave, Mammoth Cave
- Hamelin Bay

Weiterführende Infos unter:

- www.westernaustralia.com/de/Things_to_See_and_Do/Suggested_Iti-neraries/Pages/Suggested_Itineraries.aspx
- www.australiascoralcoast.com/itineraries/drive-itineraries
- www.australiasgoldenoutback.com/outback-australia-drive-routes

Durch die tasmanische Wildnis zu fahren, hat mitunter etwas Unwirkliches

15.6 Tasmania

Es gibt Landkarten Down Unders, auf denen Tasmania schlichtweg fehlt. Nicht nur Touristen, sondern auch Einheimische vergessen mitunter, dass die Insel tatsächlich zu Australien gehört. Und das, obwohl sich der Kontinent nirgends rauer und ungezähmter zeigt. Völlig berechtigt zählt die Wilderness Tasmanias zum UNESCO-Welterbe. Wer hier mit dem Camper unterwegs ist, fühlt sich nicht nur des Wetters, sondern auch der Landschaft wegen plötzlich weit weg vom Rest des Landes. Kein Wunder – die Fährüberfahrt dauert knapp neun Stunden.

Circle Tasmania, Tasmania
Durch die tasmanische Wildnis
Streckenverlauf: Hobart – Freycinet National Park – Launceston – Stanley – Cradle Mountain – Strahan – Hobart
Streckenlänge: 1270 km
Empfohlene Reisedauer: 6 Tage

Streckenhighlights:
* Port Arthur Historic Site
* Eaglehawk Neck, Blowhole, Tasmans Arch, Waterfall Bay
* Freycinet National Park, Wineglass Bay
* Bay of Fires
* Launceston: Cataract Gorge
* Cradle Mountain-Lake St. Clair National Park
* Queenstown
* Lake St. Clair

Weiterführende Infos unter:
* www.discovertasmania.com.au/what-to-do/self-drive
* www.tasmaniavisitorsguide.com.au/touring.php

16. Offroad-Routen

Am Lucky Beach im Cape Le Grand Nationalpark entlang fahren – ein Traum

16. Offroad-Routen

Wer sich Down Under auf unwegsames Gelände traut, benötigt nicht nur fahrerisches Geschick im Umgang mit einem Geländewagen, sondern auch den Hang zur Einsamkeit. Die Offroad-Strecken Australiens versprechen Abgeschiedenheit und eine dramatische Szenerie. Sie befinden sich mehrheitlich im Outback des Landes. Doch auch entlang der Küsten und in den Gebirgen verlaufen waghalsige Schotterstraßen, die deutlich weniger Aufmerksamkeit erhalten, aber den Großen ihrer Klasse in nichts nach stehen. Und schließlich wäre da noch Fraser Island – die größte Sandinsel der Welt und nur mit einem 4WD befahrbar. Selbst ein offizieller Highway führt hier direkt am Strand entlang – auf Sand versteht sich. Festfahren ist garantiert und gehört zum Fahrspaß dazu.

Aufgrund des mittlerweile „hohen" 4WD-Aufkommens entlang beliebter Offroad-Routen sind einige unter ihnen, wie der Strzelecki Track, vergleichsweise gut ausgebaut. Die breiten Schotterpisten rütteln den Abenteurer zwar immer noch gut durch, bringen ihn jedoch nicht mehr unbedingt an die Grenzen seines Fahrkönnens. Andere hingegen gehören weiterhin zu den unangefochtenen Klassikern, wenn es um Herausforderung und Spaß zugleich geht. Dazu zählen die Gibb River Road oder die Canning Stock Route. Und schließlich kommen immer wieder neue Strecken dazu, um die 4WD-Fahrer bei Laune zu halten, so z. B. der Binns Track.

Offroad über Stock und Stein ist für viele pures Fahrvergnügen

Gibb River Road, Western Australia

Streckenverlauf: Derby – Kununurra
Streckenlänge: 660 km
Empfohlene Reisedauer: 8-9 Tage
Empfohlene Reisezeit: Mai - September

Weiterführende Infos unter:
- www.kimberleyaustralia.com/gibb-river-road.html
- www.derbytourism.com.au/about-the-area/gibb-river-road
- www.australiasnorthwest.com/Destinations/The_Kimberley/
  gibb-river-road

Outback Way, Western Australia, Northern Territory & Queensland

Streckenverlauf: Perth – Cairns
Streckenlänge: 4615 km
Empfohlene Reisedauer: 14 Tage
Empfohlene Reisezeit: April - Oktober

Weiterführende Infos unter:
- www.travelnt.com/en/things-to-do/self-drive-touring/outback-way

Anne Beadell Highway, Western Australia & South Australia

Streckenverlauf: Laverton – Coober Pedy
Streckenlänge: 1324 km
Empfohlene Reisedauer: 6 Tage
Empfohlene Reisezeit: Mai - September

Weiterführende Infos unter:
- www.laverton.wa.gov.au/anne-beadell-highway
- www.australiasgoldenoutback.com/outback-australia-drive-routes

16. Offroad-Routen

Gunbarrel Highway, Western Australia & Northern Territory

Streckenverlauf: Wiluna – Yulara
Streckenlänge: 1400 km
Empfohlene Reisedauer: 4 Tage
Empfohlene Reisezeit: April - September

Weiterführende Infos unter:
- www.australiasgoldenoutback.com/outback-australia-drive-routes

Abseits ausgetretener Pfade nördlich von Broome

Canning Stock Route, Western Australia

Streckenverlauf: Wiluna – Halls Creek
Streckenlänge: 1961 km
Empfohlene Reisedauer: 16 Tage
Empfohlene Reisezeit: Mai - August

Weiterführende Infos unter:
- www.canningstockroute.net.au
- www.australiasgoldenoutback.com/outback-australia-drive-routes

Strzelecki Track, South Australia

Streckenverlauf: Innamincka – Lyndhurst
Streckenlänge: 471 km
Empfohlene Reisedauer: 2-3 Tage
Empfohlene Reisezeit: April - Oktober

Weiterführende Infos unter:
- www.outbacktravellers.com.au/strzelecki-track
- www.raa.com.au/travel/blog/436

Birdsville Track, South Australia

Streckenverlauf: Marree – Birdsville
Streckenlänge: 517 km
Empfohlene Reisedauer: 2-3 Tage
Empfohlene Reisezeit: April - Oktober

Weiterführende Infos unter:
- www.traveloutbackaustralia.com/discovering-birdsville.html
- www.thegreynomads.com.au/where-to-go/south-australia/1523/
- www.birdsvilleroadhouse.com.au/birdsville-from-south

Oodnadatta Track, South Australia

Streckenverlauf: Marree – Marla
Streckenlänge: 620 km
Empfohlene Reisedauer: 2-3 Tage
Empfohlene Reisezeit: April - Oktober

Weiterführende Infos unter:
- www.traveloutbackaustralia.com/oodnadatta-track.html
- www.pinkroadhouse.com.au/oodnadatta-track
- www.swissnomads.ch/2014/11/oodnadatta-track
- www.mynrma.com.au/travel/holiday-ideas/sa/the-oodnadatta-track.htm

Sunset im Auto am Strand – perfekter Ausklang eines Tages

Cape York Track / Old Telegraph Track, Queensland

Streckenverlauf: Cooktown – Seisa
Streckenlänge: 848 km
Empfohlene Reisedauer: 24 Tage
Empfohlene Reisezeit: Mai - Oktober

Weiterführende Infos unter:
- www.cape-york-australia.com/old-telegraph-track.html
- www.pistenkuh.de/1/reise-infos/australien-old-telegraph-track.html
- www.cooktownandcapeyork.com/go/cape/old-telegraph-track

Simpson Desert French Line, South Australia & Queensland

Streckenverlauf: Dalhousie Springs – Birdsville
Streckenlänge: 439 km
Empfohlene Reisedauer: 3 Tage
Empfohlene Reisezeit: Mai - September

Weiterführende Infos unter:
- www.simpsondesert.fl.net.au
- www.traveloutbackaustralia.com/outback-destinations/simpson-desert-guide.html
- www.outbackqueensland.com.au/attractions/french-line-simpson-desert

Binns Track, South Australia & Northern Territory

Streckenverlauf: Mt. Dare – Timber Creek
Streckenlänge: 2191 km
Empfohlene Reisedauer: 10 Tage
Empfohlene Reisezeit: April - August

Weiterführende Infos unter:
- www.travelnt.com/en/things-to-do/self-drive-touring/binns-track
- www.macdonnellranges.com/binns-track-visitors-information-guide.htm
- www.outbacktravelaustralia.com.au/destinations-travel-destinations/the-binns-track-february-2014

BILLABONG
ROADHOUSE
HAPPINESS
IS AN
INSIDE
JOB :)

Teil 5
Der Anhang – Auf einen Blick

Losfahren und glücklich sein – Camping in Australien machts möglich

Das Beste kommt bekanntlich zum Schluss. Im Fall dieses Ratgebers handelt es sich dabei um eine Ansammlung nützlicher Internetseiten und persönlicher Tipps. Mögliche Reiseveranstalter sowie Vermieter werden ebenso aufgeführt wie die Websites der Fremdenverkehrsämter, um nach Buchung ausgiebig die Route zu planen. Bevor man in den Flieger steigt, hilft eine Packliste dabei, das Wichtigste für eine Camperreise im Gepäck zu haben. Eine zu erstellende Playlist sorgt später für den richtigen Soundtrack auf der Fahrt. Vor Ort heißt es schließlich, mit der Einkaufsliste in der Hand das Wohnmobil startklar für die Reise zu machen und im Verlauf der nächsten Tage bzw. Wochen den perfekten Stellplatz für die Nacht zu finden. Damit der Urlauber während der gesamten Planung und vor Ort nicht sprachlos ist, hilft ein Camping-ABC bei der Überwindung etwaiger Deutsch-Englisch-Hürden.

Und auch wenn man gar nicht erst daran denken möchte – ein Überblick möglicher Bußgeldbeträge ist ebenso anbei wie die Notfallnummern und Websites der Automobilclubs. Doch die dürfen getrost während der Reise ignoriert werden.

I. Camping ABC

Fahrzeug

A

air conditioner = Klimaanlage
anchor point = Ankerpunkt im Fahrzeuggehäuse
automatic = Automatik
awning = Markise

B

baby seat = Babyschale
barbecue (barbie) = Grill
black water = Abwasser der Toilette
blinkers = Blinker
booster seat = Sitzerhöhung für Kinder
bowl = Schüssel
brakes = Bremsen
bull bar = Frontschutzbügel
bumper = Stoßstange

C

camping chair = Campingstuhl
camping table = Campingtisch
central locking = Zentralverriegelung
child seat = Kindersitz
cigarette lighter = Zigarettenanzünder
clutch = Kupplung
cooking utensils = Kochzubehör
cooling water = Kühlwasser
crockery = Geschirr
cruise control = Tempomat
cup = Tasse
cutlery = Besteck
cutting/chopping board = Schneidebrett

D

diesel = Diesel
dip stick = Peilstab für Ölstand
dual battery system = Duales Batteriesystem
duvet/doona = Decke

E

engine = Motor
engine hood/bonnet = Motorhaube
esky = Kühlbox
exhaust = Auspuff

F

fan = Ventilator
fire extinguisher = Feuerlöscher
fog lights = Nebelscheinwerfer
freezer = Tiefkühler
fridge = Kühlschrank
frying pan = Bratpfanne
fuel = Kraftstoff
fuse = Sicherung

G

gas bottle = Gasflasche
gas cooker = Gaskocher
gas stove = Gasherd
gas tap = Gasanschluss/-hahn
gear = Gang
gear box = Getriebe
glove box = Handschuhfach
GPS= Navigationsgerät
grey water = Abwasser der Spüle/Dusche
grill tray = Grillrost

H

hand brake = Handbremse
heater = Heizung
high beam = Fernlicht

I

immobilizer = Wegfahrsperre
indicator = Blinker

J

jack = Wagenheber

K

kettle = Wasserkocher, Teekessel

L

laundry = Waschküche
linen = Bettwäsche
long wheel base = langer Radstand
LPG = Liquid Petroleum Gas (Auto-/Propangas)

M

manual = Gangschaltung
microwave = Mikrowelle

O

oil = Öl

P

parkers/parking light = Standlicht
petrol = Benzin
pillow = Kissen
plate = Teller
plate number = Autokennzeichen
pot = Topf
power cord = Stromkabel
power point = Steckdose
power steering = Servolenkung
power windows = elektrische Fensterheber

R

radiator = Radiator
rear vehicle glass = Heckscheibe
rearview mirror = Rückspiegel
recharge = aufladen
roo bar = Frontschutzbügel
roof rack = Gepäckträger

S

seat belt = Sicherheitsgurt
self contained camper = Camper mit in sich geschlossenem Abwassersystem
sheet = Bettlaken
shower = Dusche
side mirror = Seitenspiegel
side vehicle glass = Seitenscheibe
sink = Spül-/Waschbecken
skylight = Dachfenster

sleeping bag = Schlafsack
spare wheel = Ersatzrad
steering wheel = Lenkrad
strainer = Sieb

T

tap = Anschluss, Hahn
teather strap = Fangleine, zusätzlich zum Dreipunktegurt
tow bar = Anhängerkupplung
towel = Handtuch
transmission = Getriebe
tyre = Reifen
tyre pressure = Reifendruck

V

vehicle registration = Autokennzeichen

W

water pump = Wasserpumpe
water tank = Wassertank
wheel = Rad
window wiper = Scheibenwischer
windscreen = Windschutzscheibe

Miete/Kauf

A

administration fee = Bearbeitungsgebühr
approval = Genehmigung
availability = Verfügbarkeit

B

bond = Kaution
booking = Buchung
branch = Niederlassung
breach of rental agreement = Vertragsbruch
business hours = Geschäftszeiten

C

cancellation = Stornierung
check in = Abgabe des Campers

check out = Abholung des Campers
compensation = Entschädigung
confirmation = Bestätigung
cover = Versicherungsdeckung
credit card imprint = Kreditkartendurchschlag
credit card surchage = Kreditkartengebühr
CTP = Personen-Haftpflichtversicherung
customer = Kunde

D
damage = Schaden
deposit = Anzahlung
depot = Niederlassung
differential/diff = Differenzial
driver = Fahrer
driving license = Führerschein
drop-off = Abgabe des Campers

E
excess = Selbstbehalt
exchange rate = Wechselkurs
exclusion = Ausschluss
extra driver = weiterer Fahrer

G
green slip = CTP

H
hirer = Mieter

I
indemnity = Schadensersatz
insurance = Versicherung
invoice = Rechnung

L
liability = Haftung
log book = Fahrzeugbrief

M
multiple rentals = Mehrfachmiete

O

oneway fee = Einweggebühr

P

payment = Bezahlung
permission = Erlaubnis
pick-up = Abholung des Campers
pink slip = mechanische Untersuchung des Fahrzeuges, ähnlich TÜV
pre-purchase fuel = im Voraus bezahlte Tankfüllung
pre-purchase gas (PGO) = im Voraus bezahlte Gasfüllung
processing fee = Bearbeitungsgebühr

R

receipt = Rechnung
refill charges = Auffüllgebühren
registration/rego = Registrierung des Fahrzeuges
refund = Erstattung
rental = Miete
rental agreement = Mietvertrag
rental duration = Mietdauer
rental extension = Mietverlängerung
renter = Mieter

S

soiling fee = Gebühr bei verschmutzter Fahrzeugrückgabe
stamp duty = administrative Gebühr beim Autokauf
statutory declaration = eidesstattliche Versicherung

T

terms & conditions = Vertragsbedingungen
third party vehicle/liability insurance = Kfz-Haftpflichtversicherung
tyre cover = Reifenversicherung

U

unlimited kilometres = unbegrenzte Freikilometer

V

vehicle = Fahrzeug
vehicle condition report = Übergabeprotokoll
vehicle exchange = Fahrzeugaustausch

W

warranty = Garantie
willful misconduct = mutwilliges Fehlverhalten
windscreen cover = Versicherung für die Windschutzscheibe

Fahren/Campen

A

accident = Unfall

B

barbie = Barbecue, Grillen
black ice = Eis auf der Fahrbahn
to bog = sich festfahren
breakdown = Panne

C

cabin = Mietbungalow auf einem Campingplatz
campground = Campingplatz/Zeltplatz
campsite = Stellplatz auf Campingplatz
caravan park = Wohnwagen/Holiday-Park
car park = Parkplatz
car wash = Waschanlage
cattle crossing = Viehtrieb
CBD = Central Business District
chipped windscreen = Steinschlag in der Windschutzscheibe
construction site = Baustelle
cross wind = Seitenwind

D

dead end = Sackgasse
dip = Senke
dirt road = unbefestigte Straße
dump point = Entsorgungsstation für Abwasser
dunny = Komposttoilette

E

ensuite = mit eigenem Bad

F

fatigue = Erschöpfung/Ermüdung
ferry = Fähre
fireplace = Feuerstelle
flat tire = Platten
flooding = Überschwemmung der Straße

G

garage = Werkstatt
give way = Vorfahrt
gravel road = Schotter-/Kiesstraße
grid = Gitter in der Straße zwecks Viehtrieb
guard rail = Leitplanke

H

hard shoulder = befestigter Seitenstreifen
height limit = max. erlaubte Fahrzeughöhe
hose = Schlauch

I

infringement = Verstoß gegen die Verkehrsordnung
intersection = Kreuzung

J

jerry can = Benzinkanister

L

leak = Leck, undichte Stelle
lookout = Aussichtspunkt

M

maintenance = Wartung, Instandhaltung
malfunction = Fehlfunktion
map = Land- oder Straßenkarte
mechanic = Mechaniker
microsleep = Sekundenschlaf
motor vehicle accident report = Unfallbericht/Schadensanzeige
motorway = Schnellstraße

N

no parking = Parkverbot
no standing = Halteverbot

O

offroad = auf unbefestigten Straßen unterwegs sein
on site tent/van = Zelt/Wohnwagen zur Miete auf Campingplatz
to overheat = überhitzen
to overtake = überholen
overtaking lane = Überholspur

P

pedestrian crossing = Fußgängerübergang
penalty = Strafe
permit = Durchfahrerlaubnis
petrol station = Tankstelle
playground = Spielplatz
power nap = kurzes Nickerchen gegen Müdigkeit
powered site = Stellplatz mit Stromanschluss
public toilet = öffentliche Toilette
puncture = Reifenpanne durch Einstich

Q

quarantine = Quarantäne

R

railway crossing = Bahnübergang
repair = Reparatur
rest area = Rastplatz
retrieval = Bergung des Autos
roadhouse = Raststätte mit Tankstelle (und oft Übernachtungsmöglichkeit)
roadside assistance = Australischer ADAC
road train = Lkw bis zu 53,5 m lang, bis zu 100 t schwer
road work = Straßenbauarbeiten
rollover = Überschlag
roundabout = Kreisverkehr

S

sealed road = befestigte Straße
service station (servo) = Tankstelle
side road = Seitenstraße
single vehicle rollover = Überschlag ohne Einwirkung Dritter

snow chain = Schneekette
soft shoulder = unbefestigter Seitenstreifen
speed camera = Blitzer
speed limit = zugelassene Höchstgeschwindigkeit
speeding fine = Bußgeld für überhöhte Geschwindigkeit
stock = Viehherden
swag = australischer Schlafsack mit integrierter Matratze

T

tent = Zelt
toll = Mautgebühr
toll free number = kostenlose Hotline
tollway/toll road = Mautstraße
tourist drive = sehenswerte Route, Panoramastrecke
tourist information = Touristeninformation
tow-away zone = Abschleppzone
towing = abschleppen
traffic = Verkehr
traffic offence = Verkehrsdelikt
traffic light = Ampel
traffic ticket = Strafzettel
to turn = abbiegen

U

u-turn = Kehrtwende
unleaded = bleifrei
unpowered site = Stellplatz ohne Stromzufuhr
unsealed road = unbefestigte Straße

V

vacancy = freie Stellplätze auf Campingplätzen
vehicle = Fahrzeug
vehicle write off = Totalschaden des Fahrzeuges
viewing platform = Aussichtspunkt
visitor centre = Besucherzentrum/Touristeninformation

W

waste point = Entsorgungsstation für Abwasser
wildlife crossing = Wildwechsel
workshop = Werkstatt

II. Wichtige Internetseiten und Kontaktadressen

Reisetipps und Länderinformationen rund um Australien

Offizielle Homepage von Tourism Australia	www.australia.com/de-de
Australian Capital Territory	www.visitcanberra.com.au
New South Wales	www.visitnsw.com, www.sydney.com
Northern Territory	www.australiasoutback.de
Queensland	www.queensland.com/de
South Australia	www.southaustralia.com/de
Tasmania	www.discovertasmania.com.au
Victoria	www.visitmelbourne.com/de www.visitvictoria.com
Western Australia	www.westernaustralia.com/de

Automobilclubs

Australian Automobile Association	www.aaa.asn.au
National Roads and Motorists' Association (ACT, NSW)	www.mynrma.com.au
Automobile Association of the Northern Territory	www.aant.com.au
Royal Automobile Club of Queensland	www.racq.com.au
Royal Automobile Association of South Australia	www.raa.com.au
Royal Automobile Club of Tasmania	www.ract.com.au
Royal Automobile Club of Victoria	www.racv.com.au
Royal Automobil Club of Western Australia	www.rac.com.au

Notfallnummern

Polizei, Krankenwagen, Feuerwehr	000
State Emergency Service (Flut, Sturm)	13 25 00
Polizeiassistenz	13 14 44
Notrufnummer für Touristen	1300 555 135
Automobilclub	13 11 11

Wetterbedingungen

Informationen zum Wetter, inkl. aktueller Warnmeldungen	www.bom.gov.au
Australian Capital Territory	http://esa.act.gov.au
New South Wales	www.ses.nsw.gov.au/news
Northern Territory	www.pfes.nt.gov.au/Fire-and-Rescue.aspx
Queensland	www.ruralfire.qld.gov.au
South Australia	www.alert.sa.gov.au/map
Tasmania	www.alert.tas.gov.au
Victoria	www.emergency.vic.gov.au
Western Australia	www.dfes.wa.gov.au/alerts

Straßenbedingungen

Australian Capital Territory	www.tams.act.gov.au
New South Wales	www.livetraffic.com
Northern Territory	www.roadreport.nt.gov.au
Queensland	http://131940.qld.gov.au
South Australia	http://traffic.sa.gov.au www.dpti.sa.gov.au/OutbackRoads
Tasmania	www.transport.tas.gov.au
Victoria	http://traffic.vicroads.vic.gov.au
Western Australia	www.mainroads.wa.gov.au

(Stand Oktober 2016)

III. Übersicht Vermieter

Vermieter	Intro	Kategorie
Travellers Autobarn www.travellers-autobarn. de	Seit 1993 im Geschäft und seit jeher vorrangig auf Backpacker spezialisiert. Neben der Miete auch Verkauf von Fahrzeugen.	Budget
Jucy Rentals www.jucy.com.au	2001 in Neuseeland gegründet. Junges Unternehmen mit jungem Publikum, knallige Fahrzeuge.	Budget
Hippie Camper www.hippiecamper.com	2006 von der Apollo Gruppe mit Zielgruppe Backpacker gegründet. Trendiges 70er Jahre Design. „Rockin' road trips for happy campers"	Budget
Spaceships www.spaceshipsrentals. com.au	In Neuseeland gegründet und mittlerweile auch in Australien vertreten. Fahrgefühl wie PKW, mit der Ausstattung eines Campers.	Budget
Tassie Motor Shacks www.tassiemotorshacks. com.au	Australischer Vermieter, der seine Flotte ausschließlich auf Tasmanien anbietet.	Budget/Economy
Mighty Campers www.mightycampers. com.au/	Preisgünstige Marke der thl Gruppe.	Budget
Cheapa Campa www.cheapacampa.com.au	Preisgünstige Marke der Apollo Gruppe. „Freewheeling on any budget"	Budget
Camperman www.campermanaustralia. com	Australisches Familienunternehmen mit Fokus auf Budget-Reisende. Ausschließlich Hochdachcamper im Angebot.	Budget
Britz Rentals www.britz.com.au	Größte Autovermietung der Asien/Pazifik-Region mit der neuesten Flotte an Allrad-Campern. Gehört zur thl Gruppe. „No Boundaries"	Economy
Apollo Motorhome Holidays www.apollocamper.com	1985 gegründetes Familienunternehmen und einer der führenden Wohnmobilvermieter in Australien. „Travel at your own pace ..."	Economy

Niederlassungen	Mindestalter	Fahrzeugflotte	Fahrzeug-alter
Brisbane, Cairns, Darwin, Melbourne, Perth, Sydney	18 Jahre Höchstalter 75 Jahre	7 Modelle (Kombi, Minivans, Hochdachcamper) für bis zu 5 Personen	3 Jahre und älter
Adelaide, Brisbane, Cairns, Gold Coast, Melbourne, Sydney	18 Jahre	5 Modelle (Minivans, Hochdachcamper, Motorhomes) für bis zu 6 Personen	4 Jahre und älter (Innenausbau 2010 und neuer)
Brisbane, Cairns, Melbourne, Perth, Sydney	18 Jahre	2 Modelle (Minivans, Hochdachcamper) für bis zu 3 Personen	4 Jahre und älter
Brisbane, Cairns, Melbourne, Sydney	18 Jahre	3 Modelle (Minivans) für bis zu 2-4 Personen (variierende Anzahl an Sitz- und Schlafplätzen)	ältere Modelle
Hobart	18 Jahre	6 Modelle (Minivans, Hochdachcamper, Sprintermodelle) für bis zu 3 Personen	4 Jahre und älter
Adelaide, Alice Springs, Brisbane, Cairns, Darwin, Melbourne, Perth, Sydney	18 Jahre	6 Modelle (Hochdachcamper, Motorhomes) für bis zu 6 Personen	2 Jahre und älter
Adelaide, Alice Springs, Brisbane, Broome, Cairns, Darwin, Melbourne, Perth, Sydney	21 Jahre	6 Modelle (Hochdachcamper, Sprintermodelle, große Motorhomes, Geländewagen) für bis zu 6 Personen	3 Jahre und älter
Adelaide, Airlie Beach, Brisbane, Cairns, Gold Coast, Melbourne, Sydney, Townsville	19 Jahre	6 Modelle (Hochdachcamper) für bis zu 5 Personen	4 Jahre oder älter
Adelaide, Alice Springs, Brisbane, Broome, Cairns, Darwin, Hobart, Melbourne, Perth, Sydney	21 Jahre	12 Modelle (Minivan, Hochdachcamper, Sprintermodelle, Motorhomes, Geländewagen) für bis zu 6 Personen	bis zu 4/5 Jahre
Adelaide, Alice Springs, Brisbane, Broome, Cairns, Darwin, Hobart, Melbourne, Perth, Sydney	21 Jahre	10 Modelle (Hochdachcamper, Sprintermodelle, Motorhomes, Geländewagen) für bis zu 6 Personen	bis zu 3 Jahre

Vermieter	Intro	Kategorie
Cruisin Motorhomes www.cruisinmotorhomes.com.au	Kleinerer Vermieter mit Wurzeln auf Tasmanien, seit 1999 auf dem Markt.	Economy
Let`s Go Motorhomes www.letsgomotorhomes.com	Durch Zusammenschluss kleinerer Familienunternehmen entstanden. Mehr als 20-jährige Erfahrung. Ehemals Around Australia Motorhomes.	Economy
Maui Rentals www.maui.com.au	Premium-Marke der thl Gruppe. Seit April 2016 sind auch die Wohnmobile der Marke Kea Camper in der Marke Maui integriert.	Premium
Star RV Rentals www.starrv.com	Premium-Marke der Apollo Gruppe. Neueste und luxuriöse Fahrzeugflotte. „Exploring in style"	Premium

Weitere Vermieter von Geländewagen:
- Crickey Camper Hire (crikeycamperhire.com.au)
- Redsands Campers (www.redsandscampers.com.au)

Niederlassungen	Mindestalter	Fahrzeugflotte	Fahrzeu-galter
Brisbane, Gold Coast, Hobart, Launceston, Sydney	21 Jahre Höchstalter 79 Jahre	6 Modelle (Hochdachcamper, Sprintermodelle, Motorho-mes) für bis zu 6 Personen	bis zu 4 Jahre
Adelaide, Brisbane, Cairns, Darwin, Melbourne, Perth, Sydney	25 Jahre (jünger auf Anfrage) Höchstalter 75 Jahre	6 Modelle (Hochdachcamper, Sprintermodelle, Motorho-mes) für bis zu 6 Personen	bis zu 5 Jahre
Adelaide, Alice Springs, Brisbane, Broome, Cairns, Darwin, Hobart, Melbourne, Perth, Sydney	21 Jahre	5 Modelle (Sprintermodelle, Motorhomes) für bis zu 6 Personen	bis zu 2 Jahre
Brisbane, Cairns, Melbourne, Sydney	21 Jahre	4 Modelle (Sprintermodelle, Motorhomes) für bis zu 6 Personen	bis zu 12 Monate

Anhang

Vermieter	Freikilometer	Mindest- und Einwegmiete	Standard Kaution/Selbstbehalt
Travellers Autobarn	unbegrenzt	Mindestmiete ab 5 Tage Einwegmiete 200, 300 bzw. 700 AUD	2.500 AUD
Jucy Rentals	unbegrenzt	Mindestmiete ab 5 Tage Einwegmiete 150 AUD	3.000 AUD
Hippie Camper	unbegrenzt	Mindestmiete ab 7 Tage, zur Hochsaison ab 10 Miettage Einwegmiete 200 AUD	3.000 AUD
Spaceships	unbegrenzt	Mindestmiete ab 5 Tage, zur Hochsaison ab 10 Miettage keine Gebühr für Einwegmieten	3.000 AUD
Tassie Motor Shacks	unbegrenzt	Mindestmiete ab 7 Tage keine Einwegmieten	4.000 bzw. 5.500 AUD, je nach Alter
Mighty Campers	unbegrenzt	Mindestmiete ab 5 Tage, zur Hochsaison ab 10 Miettage Einwegmiete 165 bzw. 250 AUD	3.500 bzw. 5.000 AUD, je nach Modell
Cheapa Campa	unbegrenzt (2WD), 300 km/Tag (4WD)	Mindestmiete ab 5 Tage, zur Hochsaison ab 10 Miettage Einwegmiete 260 bzw. 350 AUD	2.700 bzw. 5.000 AUD, je nach Modell
Camperman	unbegrenzt	Mindestmiete ab 5 Tage ggf. Einwegmiete 150 bzw. 250 AUD	500 bzw. 2.500 AUD, je nach Alter
Britz Rentals	unbegrenzt (2WD), 300 km/Tag (4WD)	Mindestmiete ab 5 Tage, zur Hochsaison ab 10 Miettage Einwegmiete 165 bzw. 250 AUD	5.000/7.500/8.000 AUD, je nach Modell

Zusatzversicherungen	Mitnahme von Kindern	Durch. Tages-mietpreis *
- Midway Protection (16 AUD /Tag, 1.200 AUD Selbstbehalt) - Protection Plus (25 AUD/Tag, 0 AUD Selbstbehalt)	Keine Mitnahme von Kindern jünger als 6 Monate. Darüber hinaus je nach Modell Anbringung von Baby- oder Kindersitzen möglich.	37 – 109 AUD
- Chance It (20 AUD /Tag, 1.500 AUD Selbstbehalt) - Stress Free (25/30/40 AUD/Tag, 0 AUD Selbstbe-halt)	Keine Mitnahme von Kindern jünger als 6 Monate. Darüber hinaus je nach Modell Anbringung von Baby- oder Kindersitzen möglich.	34 – 135 AUD
- Liability Reduction Option (22 AUD/Tag, 0 AUD Selbstbehalt) - Value Pack (30 AUD/Tag, 0 AUD Selbstbehalt, plus Zusatzleistungen)	Keine Mitnahme von Kindern bis ca. 7 Jahre möglich.	35 – 65 AUD
- Reduction Option I (20 AUD /Tag, 1.500 AUD Selbstbehalt) - Reduction Option II (30 AUD/Tag, 0 AUD Selbstbehalt)	Keine Mitnahme von Kindern unter 8 kg. Darüber hinaus je nach Modell Anbringung von Baby- oder Kinder-sitzen möglich.	55 – 70 AUD
- Option I (25 AUD /Tag, 1.500/2.000 AUD Selbstbehalt) - Option II (45 AUD/Tag, 0 AUD Selbstbehalt)	Keine Mitnahme von Kindern unter 8 kg. Darüber hinaus je nach Modell Anbringung von Baby- oder Kinder-sitzen möglich.	50 – 150 AUD
- Reduction Option (29/39 AUD /Tag, 0 AUD Selbstbehalt)	Je nach Modell Anbringung von Baby- oder Kindersitzen möglich.	80 – 180 AUD
- Reduction Option I (18/24 AUD /Tag, 1.200/2.500 AUD Selbstbehalt) - Reduction Option II (28/39 AUD/Tag, 0 AUD Selbstbehalt) - Value Pack (37,50/48,75 AUD/Tag, 0/500 AUD Selbstbehalt, plus Zusatzleistungen)	Keine Mitnahme von Kindern jünger als 6 Monate. Darüber hinaus je nach Modell Anbringung von Baby- oder Kindersitzen möglich.	75 – 240 AUD
- keine weitere Zusatzversicherung	Je nach Modell Anbringung von Baby- oder Kindersitzen möglich.	85 – 150 AUD
- Reduction Option (45/49 AUD/Tag, 0 AUD Selbstbehalt)	Je nach Modell Anbringung von Baby- oder Kindersitzen möglich.	90 – 210 AUD

Vermieter	Freikilometer	Mindest- & Einwegmiete	Standard Kaution/Selbstbehalt
Apollo Motorhome Holidays	unbegrenzt (2WD), 300 km/ Tag (4WD)	Mindestmiete ab 5 Tage, zur Hochsaison ab 10 Miettage Einwegmiete 260 bzw. 350 AUD	5.000/7.500/8.000 AUD, je nach Modell
Cruisin Motorhomes	unbegrenzt	Mindestmiete ab 5 Tage, zur Hochsaison ab 7 Miettage Einwegmiete 260, 350 bzw. 410 AUD	5.000 AUD
Around Australia Motorhomes	unbegrenzt	Mindestmiete ab 7 Tage Einwegmiete 255, 295, 495 bzw. 800 AUD	6.000 AUD
Maui Rentals	unbegrenzt	Mindestmiete ab 5 bzw. 7 Tage, zur Hochsaison ab 10 Miettage Einwegmiete 165 bzw. 250 AUD	7.500 AUD
Star RV Rentals	unbegrenzt	Mindestmiete ab 7 Tage, zur Hochsaison ab 10 Miettage Einwegmiete 260 AUD	7.500 AUD
Crickey	unbegrenzt	Mindestmiete ab 7 Tage, zur Hochsaison ab 14 Miettage keine Einweggebühren	2.000 bzw. 6.000 AUD, je nach Modell

* Die Tagesmietpreise variieren stark und sind abhängig von vielen Faktoren. Die hier angegeben Preisspannen sollen lediglich eine Vorstellung geben. Sie beziehen sich auf eine Miete zwischen Mitte Oktober und Mitte November von Melbourne nach Brisbane und berücksichtigen jeweils das kleinste und größte Fahrzeugmodell des Vermieters.

Zusatzversicherungen	Mitnahme von Kindern	Durch. Tages-mietpreis *

- Reduction Option I
  (30/34 AUD/Tag, 2.500 AUD Selbst-
  behalt)
- Reduction Option II
  (45/49 AUD/Tag, 0/500 AUD Selbst-
  behalt)
- Value Pack
  (58,75/65 AUD/Tag, 0/500 AUD Selbst-
  behalt, plus Zusatzleistungen)
	Keine Mitnahme von Kindern jünger als 6 Monate. Darüber hinaus je nach Modell Anbringung von Baby- oder Kindersitzen möglich.	80 – 270 AUD

- Option 1
  (20 AUD/Tag, 2.500 AUD Selbstbehalt)
- Option 2
  (39 AUD/Tag, 300 AUD Selbstbehalt)
- Hassle Free Pack
  (48 AUD/Tag, 300 AUD Selbstbehalt,
  plus Zusatzleistungen)
	Keine Mitnahme von Kindern jünger als 6 Monate. Darüber hinaus je nach Modell Anbringung von Baby- oder Kindersitzen möglich.	75 – 250 AUD

- Collision Damage Waver
  (19/26 AUD/Tag, 2.000 AUD Selbst-
  behalt
- Maximum Protection Package
  (25/45 AUD/Tag, 450 AUD Selbstbe-
  halt)
	Keine Mitnahme von Kindern jünger als 6 Monate. Darüber hinaus je nach Modell Anbringung von Baby- oder Kindersitzen möglich.	80 – 260 AUD

- Reduction Option (45 AUD/Tag, 0 AUD Selbstbehalt)	Je nach Modell Anbringung von Baby- oder Kindersitzen möglich.	200 – 320 AUD

- Reduction Option
  (47 AUD/Tag, 0 AUD Selbstbehalt)
- Star Pack
  (65 AUD/Tag, 0 AUD Selbstbehalt, plus
  Zusatzleistungen)
	Keine Mitnahme von Kindern jünger als 6 Monate. Darüber hinaus je nach Modell Anbringung von Baby- oder Kindersitzen möglich.	220 – 300 AUD

- Sleep Well
  (9/55 AUD/Tag, 1.000/3.000 AUD
  Selbstbehalt)
- No Worries
  (12/75 AUD/Tag, 250/0 AUD Selbst-
  behalt)
	Mitnahme auf Anfrage	

IV. Reiseveranstalter

Fokus auf Campervermietung

- www.alacampa.com
- www.australia-travelteam.com
- www.australien-wohnmobile.de
- www.autoeurope.de
- www.autofahren-australien.de
- www.bestcamper.de
- www.billiger-camper.info
- www.camper24.de
- www.camperboerse.de
- www.camperdays.de
- www.camperhero.de
- www.camperoase.de
- www.cu-camper.com
- www.fairflight-australien.de
- www.fti-campermarkt.de
- www.holidaycamper.de
- www.motorhomerepublic.com
- www.rentacamper.de
- www.salamandatravel.com
- www.t-s-a.de
- www.tuicamper.com

Weitere Reiseveranstalter

- www.adacreisen.de
- www.adventure-holidays.com
- www.australiaplus.de
- www.boomerangreisen.de
- www.botg.de
- www.dertour.de
- www.explorer.de
- www.in-australien.com
- www.letsgotoaustralia.de
- www.meiers-weltreisen.de
- www.pioneer-tours.de
- www.statravel.de
- www.tourconsult.com

V. Unterkunftsverzeichnisse

Landesweite Campingplatzketten

BIG4 Holiday Parks	www.big4.com.au
Discovery Holiday Parks	www.discoveryholidayparks.com.au
Family Parks	www.familyparks.com.au
Top Parks	www.topparks.com.au

Campingplatz-Verzeichnisse

Allgemein	www.auscamps.asn.au www.australianexplorer.com/campsites www.campee.com www.campinaustralia.com.au www.campsaustraliawide.com www.exploreaustralia.net.au/Stay/Campsites www.findacamp.com.au www.letsgocaravanandcamping.com.au
Australian Capital Territory	www.visitcanberra.com.au/accommodation/find/caravan-and-camping
New South Wales	www.caravan-camping.com.au www.visitnsw.com/accommodation-caravan-and-camping
Northern Territory	www.ntcaravanpark.com.au www.travelnt.com/en/accommodation/caravan-and-camping-grounds
Queensland	www.caravanqld.com.au www.queensland.com/en-au/accommodation
South Australia	www.caravanandcampingsa.com.au www.sa-parks.com.au
Tasmania	www.caravanningtas.com.au www.caravanparkstasmania.com
Victoria	www.vicparks.com.au
Western Australia	www.caravanwa.com.au www.touristradio.com.au/caravan_parks_wa/

Rest Areas

Australien gesamt	www.exploreaustralia.net.au/Stay/Rest-areas www.campinaustralia.com.au/campfinder
Australian Capital Territory New South Wales	www.rms.nsw.gov.au/roads/using-roads/trip-information/rest-areas
Northern Territory	www.nt.gov.au/driving/safety/road-rest-stops-in-nt
Queensland	www.qld.gov.au/transport/safety/holiday-travel/stops/index.html
South Australia	www.data.sa.gov.au/data/dataset/rest-areas
Tasmania	www.exploreaustralia.net.au/Stay/Rest-areas/Tasmania
Victoria	www.racv.com.au/wps/wcm/connect/racv/Internet/Primary/travel/before+you+go/plan+your+rest+stops
Western Australia	www.mainroads.wa.gov.au/UsingRoads/TouringWAMaps/Pages/RestAreas.aspx

Nationalparks

Australien gesamt	www.environment.gov.au/parks
Australian Capital Territory	www.environment.act.gov.au/parks-conservation/parks-and-reserves
New South Wales	www.nationalparks.nsw.gov.au
Northern Territory	www.nt.gov.au/leisure/parks-reserves
Queensland	www.nprsr.qld.gov.au
South Australia	www.environment.sa.gov.au/parks
Tasmania	www.parks.tas.gov.au
Victoria	www.parkweb.vic.gov.au
Western Australia	www.parks.dpaw.wa.gov.au

VI. Packliste

Nach mehreren Campertouren in Australien gehören folgende Dinge unserer Erfahrung nach auf jeden Fall ins Gepäck:

Adapter für 240V Steckdosen	In Australien kosten diese deutlich mehr. Mit einem zusätzlichen Verteilerstecker lassen sich mit nur einem Adapter mehrere Dinge gleichzeitig aufladen.
Adapter für Zigarettenanzünder	So können Geräte wie Smartphone und Kamera während der Fahrt aufgeladen werden. Sehr praktisch, wenn man nicht jede Nacht auf einem Campingplatz mit Stromzufuhr übernachtet.
Taschenmesser	Kann in jeder Lebenslage behilflich sein, aber bitte nicht ins Handgepäck packen!
Stirn- und/oder Taschenlampe	Wer auf einer *rest area* übernachtet, tappt vor der Campertür sprichwörtlich im Dunkeln. Um beim nächtlichen Toilettengang nicht verloren zu gehen, ist eine Taschenlampe Retter in der Not. Mit einer Stirnlampe hat man darüber hinaus beide Hände frei, um z. B. den Gashahn von außen fürs Kochen aufzudrehen.
Ersatzbatterien für Stirnlampe	Besser bereits zu Hause mit einpacken. So steht man mitten im Nirgendwo nicht plötzlich ohne Licht da.
Erste-Hilfe-Set	Nicht jeder Camper verfügt über ein Erste-Hilfe-Set. Um für kleine Unfälle zwischendurch gewappnet zu sein, rentiert sich die Mitnahme eines eigenen Sets.
Mikrofaser-Handtücher	Die Handtücher, die sich bereits im Camper befinden, trocknen vor allem bei kälteren Temperaturen nur langsam. Mikrofaser-Handtücher hingegen sind vielleicht nicht ganz so weich auf der Haut, aber dafür besonders saugfähig und schnell trocknend. Sie bewähren sich vor allem für Trips außerhalb des Hochsommers und nehmen im Gepäck kaum Gewicht oder Platz ein.
Travelsheets	Die Inlets sind ähnlich wie Schlafsäcke, nur deutlich dünner und platzsparender. Wer nicht die Bettwäsche des Vermieters nutzen möchte, sondern lieber in seiner eigenen Decke schläft, nimmt am besten Travelsheets, z. B. der Firma Cocoon, mit. Außerdem sind gerade im Sommer die Schlafsäcke bzw. Decken der Wohnmobile oft zu dick für einen angenehmen Schlaf.
Ohrstöpsel	Ohrstöpsel versprechen nicht nur auf dem Flug einen erholsamen Schlaf ohne Triebwerksgeräusche. Auch Camper sind sehr hellhörig. Vielleicht schnarcht der eigene Reisegefährte kaum, dafür aber der Mann im benachbarten Wohnmobil umso mehr. Und wer in der freien Natur nächtigt, überhört so auch einige unbekannte, beängstigende Geräusche im Busch gegenüber.

Wäscheleine	Es reicht jegliche Art von fester Schnur, um die Wäsche an der frischen Luft zu trocknen. Gerade im australischen Hochsommer geht das sehr schnell und man spart die Dollars für den Trockner.
Solar-Dusche	Eine Solardusche empfiehlt sich vor allem für Reisende, die nicht vorhaben, jede Nacht auf dem Campingplatz zu verbringen. So muss man auf einer *rest area* nicht auf die erfrischende Dusche verzichten.
Mückennetz, Head-Net	Je tiefer man ins Hinterland fährt, desto häufiger trifft man auf wild vor dem Gesicht gestikulierende Australier. Ursache der augenscheinlichen Grobmotorik sind die ungemein lästigen *bush flies*. Um die Fliegen dauerhaft abzuwehren, hilft nur ein Mückennetz auf dem Kopf. Wer ganz sicher im Outback unterwegs ist und Geld sparen möchte, kauft es sich bereits in der Heimat.
Biologisch abbaubares Shampoo, Spülmittel etc.	Ein unbedingtes Muss für Reisende, die in „freier Natur" übernachten und keine Nasszelle in ihrem Camper haben. Aus eigener Erfahrung kann ich „Wilderness Wash" von Sea to Summit empfehlen. Das Flüssigkonzentrat eignet sich sowohl für die Körperpflege als auch zum Abwasch sowie zum Reinigen der Wäsche und kann unbedenklich in freier Natur genutzt werden.
Handseife bzw. -desinfektionsgel	Nicht nur für den Toilettengang, sondern auch für zwischendurch praktisch, wenn gerade kein Waschbecken inkl. Seife zur Hand ist. Denn das ständige Auftragen von Sonnencreme, kombiniert mit Schwitzen und Snacks lassen die Hände sehr schnell klebrig werden. Abhilfe verspricht die „Pocket Soap", ebenfalls von Sea to Summit. Die kleinen, getrockneten Blättchen passen in jede Hosen- oder Handtasche und lösen sich bei Kontakt mit Wasser in Seife auf. Sie sind auch als Shampoo, Duschgel und Waschmittel erhältlich.
Stift und Papier	Unverzichtbar beim Schreiben von Postkarten oder Einkaufslisten.
Karten- und Würfelspiele	Diese lassen sich platzsparend verstauen und sorgen abends oder bei schlechtem Wetter auf dem Rast- oder Campingplatz für Unterhaltung, auch in größerer Gruppe mit den Platz-Nachbarn.

VII. Individuelle Camperausstattung

Grundausstattung

- ausreichend Wasser (3-5 l pro Person/Tag)
- Beleuchtung (Taschenlampe, Stirnlampe)
- Erste-Hilfe-Set, Sonnencreme
- Head-Net, Insektenschutzspray
- Toilettenartikel, Waschmittel, Seife
- Landkarten, Reiseführer, ggf. GPS
- bei Bedarf: Zelt mit Zubehör, Schlafsack
- Taschenmesser, Feuerzeug
- Lebensmittel

Offroad-Ausstattung

- Kompass, Satellitentelefon
- Spaten, Schaufel, Axt
- Seil, Panzerband, Sekundenkleber
- Wasseraufbereiter, Wasseraufbereitungstabletten
- noch mehr Wasser (mindestens 6 l/Tag plus Reserve für weitere 3-4 Tage)
- Nahrungsmittel (für geplante Reisezeit plus Reserve für 3-4 Tage)
- Erste-Hilfe-Set
- Reservebenzin
- mindestens 2 Ersatzreifen
- Werkzeug/Zubehör: Reifenmontierhebel, Reifendruck-Messgerät, Druckluft-kompressor, Isolierband (Elektro-Band), Ersatzkeilriemen, Kühlerschlauch, Kühlwasser, Motoröl, Getriebeöl, Zündkerzen, Sicherungen, Kraftstofffilter etc.
- Bergungszubehör: Karten, Kompass, GPS, Wagenheber, Kreuzschlüssel, Reifen-Reparatur-Kits, Abschleppseil, Winde (Schlinge), *tree trunk protector*, Schäkel, Fußblock, Riemen, Überbrückungskabel etc.

Persönliche Ausstattung

- Reiseunterlagen, Reisepass
- internetfähiges Smartphone, Tablet, Netbook
- MP3-Player, tragbarer Lautsprecher
- Fotoapparat, Videokamera
- Ladezubehör, solarbetriebenes Ladegerät
- Kleidung für jedes Wetter
- Kopfbedeckung, Sonnenbrille
- feste und leichte Schuhe
- Wanderrucksack (Daypack)
- Stift und Papier
- Bücher, Kartenspiele, Spiele

VIII. Einkaufsliste

Lebensmittel
- Wasser (möglichst in großen Kanistern)
- „Cordial" (Fruchtsirup für Wasser)
- Saft
- Milch
- Salz und Pfeffer (kleine Streuer)
- Zucker (möglichst in kleinen Tüten)
- Instant-Kaffee, Tee, Kakao
- Toast, Brot
- Müsli, Cornflakes (Nutri Grain ist besonders lecker)
- Aufstrich, z. B. Marmelade, Honig, Vegemite oder Erdnussbutter (auch in kleinen Portionen erhältlich)
- Joghurt, Käse, Margarine/Butter
- Wraps (ideal als Lunch-Essen)
- Reis, Nudeln
- „Cold Meat" (Wurstaufschnitt, für Sandwiches)
- BBQ-Sauce, Ketchup, Mayonnaise
- „Packaged Food" (Tütenessen, fertig gemixt, z. B. Pancake Mix, Suppen, Instant Noodles)
- „Tin-Food"(Konservenessen, z. B. Spaghetti, Baked Beanes, aber auch Thunfisch)
- Obst/Gemüse
- Snacks (Müsli-Riegel, Cracker, Kekse)
- Brat-Öl (in praktischen Spraydosen erhältlich)

Drogerie
- Sonnencreme
- Insektenschutz
- Toilettenpapier
- Waschmittel
- Shampoo, Duschgel
- Spülmittel
- Duftstern (für Winter, wenn nicht oft gelüftet)

Weiteres Zubehör
- Müllbeutel (alternativ gratis Plastiktüten von Supermärkten)
- Stoffbeutel
- Papiertücher, Servietten
- Streichhölzer, Feuerzeug
- Klarsichtfolie, Alufolie

IX. Playlist

Fahrten ins Hinterland Australiens bringen es leider mit sich, dass nicht nur der Handy-, sondern auch der Radioempfang häufig auf der Strecke bleibt, sobald der letzte Sendemast im Rückspiegel verschwindet. Wer also nicht nur den Motoren des Campers lauschen möchte, sollte sich vor Abfahrt einen guten Soundtrack zusammenstellen. Bei einigen Vermietern kann man einen Adapter hinzu buchen, der über den Zigarettenanzünder mit dem Radio verbunden wird und daran MP3-Player oder Smartphone anschließen. Viele Wohnmobile verfügen außerdem über einen AUX-Eingang. Allerdings gehört letzterer gerade bei älteren Campermodellen nicht zur Standardausstattung. In diesem Fall muss wohl auf die CD-Sammlung zurückgegriffen oder ein tragbarer Lautsprecher gekauft werden.

Musik ist natürlich immer pure Geschmackssache, aber folgende Songs untermalen regelmäßig unsere Touren durch Down Under und geben daher vielleicht ein wenig Inspiration:

- Beautiful Day – U2
- Big Love – Lindsay Buckingham
- Blister in the sun – Violent Femmes
- Bohemian Rapsody – Queen
- Born to be wild – Steppenwolf
- Bright side of the road – Van Morrison
- California Dreamin' – Mamas and The Papas
- Cassy O' – George Ezra
- Disparate Youth – Santigold
- Dog Days are over – Florence and the Machine
- Drive – R.E.M.
- Fast car – Tracy Chapman
- Fly away – Lenny Kravitz
- Free – Rudimental fet. Emeli Sande
- Go your own way – Fleetwood Mac
- Going up the country – Canned Heat
- Home – Edward Sharpe & The Magnetic Zeros
- I'm gonna be – The Proclaimers
- Island in the sun – Weezer
- Learn to fly – Foo Fighters
- Learning to fly – Tom Petty
- Life is a highway – Tom Cochrane
- Little Lion Man – Mumford & Sons
- Living on a prayer – Bon Jovi

- On the road again – Willie Nelson
- Rather be – Clean Bandit feat. Jess Glynne
- Route 66 – Nat King Cole
- Running on empty – Jackson Browne
- Sitting on the dock of a bay – Otis Redding
- Soak up the sun – Sheryl Crow
- Something in the water – Brooke Fraser
- Someway over the rainbow – Israel Kamakawiwo'ole
- Stay the night – James Blunt
- Sultans of swing – Dire Straits
- Summerlong – Kathleen Edwards
- Sweet home Alabama – Lynyrd Skynyrd
- Take it easy – The Eagles
- Take me home (country roads) – John Denver
- Taking the long way – Dixie Chicks
- The Wanderer – Dion

Aussie Klassiker

- Beds are burning – Midnight Oil
- Boys from the bush – Lee Kernaghan
- Don't dream it's over – Crowded House
- Do the stomp – The Snowdroppers
- Down Under – Men at Work
- Follow the sun – Xavier Rudd
- G'day g'day – Slim Dusty
- Give me a home among the gum trees – John Williamson
- Going back home – Stephen Pigram
- Highway to Hell – AC/DC
- Into the blue – Kylie Minogue
- I touch myself - Divinyls
- I've been everywhere – Lucky Starr
- Khe Sanh – Cold Chisel
- Resolution – Matt Corby
- Somebody likes you – Keith Urban
- Time to wander – Gypsy & the Cat
- You're the voice – John Farnham

Notizen

X. Übersicht Bußgelder

Bußgelder für Verkehrsdelikte liegen in Australien mitunter deutlich höher als hierzulande. In Fällen wie überhöhter Geschwindigkeit bekommt der Fahrer den Bußgeldbescheid entweder unmittelbar bei Kontrolle ausgehändigt oder er-

	ACT	NSW	NT
Fahren unter Alkoholeinfluss*	550-2250 AUD	bis zu 3300 AUD**	bis zu 1300 AUD
Geschwindigkeitsüberschreitung*	236-1821 AUD	112-2306 AUD	150-1000 AUD
Fahren ohne Gurt	404 AUD	319 AUD	500 AUD
Telefonieren beim Fahren	386 AUD	319 AUD	250 AUD
Rote Ampel überfahren	389 AUD	425 AUD	240 AUD
Vorfahrt nehmen	389 AUD	319 AUD	100 AUD
Stopp-Schild überfahren	389 AUD	319 AUD	80 AUD
Blinken vergessen	236 AUD	177 AUD	60 AUD
Auto unbeaufsichtigt verlassen, z. B. mit steckendem Zündschlüssel, laufendem Motor***	159 AUD	106 AUD	40 AUD

*   Bußgelder sind gestaffelt nach Höhe der Promillegrenze- bzw. Geschwindigkeitsüberschreitung
**   Bußgeldhöhe richtet sich nach gerichtlicher Entscheidung
*** Angaben konnten nicht zu jedem Bundesstaat gefunden werden bzw. werden nicht überall unter Strafe gestellt

hält diesen per Post/Mail (in diesem Fall der Vermieter). Bußgeldbescheide für „geringere Vergehen", z. B. falsches Parken, werden an der Windschutzscheibe befestigt und sollten sofort beglichen werden, um eine Weiterleitung an den Vermieter und damit eine zusätzliche Bearbeitungsgebühr zu vermeiden.

QLD	SA	TAS	VIC	WA
bis zu 3298 AUD**	ab 577 AUD**	bis zu 3000 AUD **	455-645 AUD **	400-2500 AUD
157-1099 AUD	163-975 AUD	80-900 AUD	190-758 AUD	100-1000 AUD
353 AUD	341 AUD	300 AUD	303 AUD	550 AUD
353 AUD	315 AUD	300 AUD	455 AUD	400 AUD
353 AUD	437 AUD	140 AUD	379 AUD	300 AUD
353 AUD	313-403 AUD	140 AUD	265 AUD	300 AUD
353 AUD	403 AUD	140 AUD	303 AUD	300 AUD
70-94 AUD	298 AUD	100 AUD	152 AUD	100 AUD
		70-100 AUD	152 AUD	

Stichwortverzeichnis